LES MIENS

DU MÊME AUTEUR

ŒUVRES

L'ERREUR, roman, Gallimard, 1953, nouvelle édition en 1984 (Gallimard).
LE TEMPS QUI RESTE, essai d'autobiographie professionnelle, Stock, 1973. Nouvelle édition enrichie et corrigée, Gallimard, 1984. (Prix international de la Presse.)
LE REFUGE ET LA SOURCE, récit, Grasset, 1977.
L'ÈRE DES RUPTURES, essai, Grasset, 1979. (Prix Aujourd'hui.)
DE GAULLE ET L'ALGÉRIE, Seuil, 1986.
LES RELIGIONS D'UN PRÉSIDENT, essai sur les aventures du mitterrandisme, Grasset, 1988.
CETTE GRANDE LUEUR À L'EST, entretiens avec Youri Afanassiev, Maren Sell, 1989.
LA BLESSURE, récit, Grasset, 1992.
L'AMI ANGLAIS, nouvelles, Grasset, 1994. (Prix Albert-Camus.)
VOYAGE AU BOUT DE LA NATION, Seuil, 1995.
DIEU EST-IL FANATIQUE ?, *essai sur une religieuse incapacité de croire*, Arléa, 1996.
AVEC LE TEMPS, *carnets 1970-1998*, Grasset, 1998. (Prix Méditerranée ; Prix du Mémorial 1999.)
SOLEILS D'HIVER, *carnets 1998-2000*, Grasset, 2000.
ŒUVRES AUTOBIOGRAPHIQUES, Grasset, 2002.
LETTRES DE FRANCE, *après le 11 septembre*, Saint-Simon, 2002.
LA PRISON JUIVE, Odile Jacob, 2003.
LA GUERRE ET LA PAIX, *Israël-Palestine (Chroniques 1956-2003)*, Odile Jacob, 2003.
CET ÉTRANGER QUI ME RESSEMBLE *(Entretiens avec Martine de Rabaudy)*, Grasset, 2004.
AVEC CAMUS. *Comment résister à l'air du temps*, Gallimard, 2006.
ISRAËL, LES ARABES, LA PALESTINE. *(Chroniques 1956-2008)*, préfaces d'Elie Barnavi et Elias Sanbar, Galaade éditions, 2008.

ÉDITIONS DE POCHE

Folio (Gallimard)
LE REFUGE ET LA SOURCE, préface de Roland Barthes.
L'AMI ANGLAIS, préface de Claude Roy.
CET ÉTRANGER QUI ME RESSEMBLE *(Entretiens avec Martine de Rabaudy)*, 2006.

Livre de Poche (Hachette)
L'ERREUR, présentation d'Albert Camus.
LE TEMPS QUI RESTE.
L'ÈRE DES RUPTURES, préface de Michel Foucault.
LES RELIGIONS D'UN PRÉSIDENT.
LA BLESSURE.
AVEC LE TEMPS.
SOLEILS D'HIVER.

Arléa-Poche
VOYAGE AU BOUT DE LA NATION.
DIEU EST-IL FANATIQUE ?, *essai sur une religieuse incapacité de croire.*

Odile Jacob
LA PRISON JUIVE, 2005.

(Suite en fin d'ouvrage)

JEAN DANIEL

LES MIENS

BERNARD GRASSET

PARIS

ISBN 978-2-246-74651-5

A Michèle, bien sûr.

[...]
O gens que je connais
Il me suffit d'entendre le bruit de leurs pas
Pour pouvoir indiquer à jamais la direction qu'ils ont prise
Il me suffit de tous ceux-là pour me croire le droit
De ressusciter les autres
Un jour je m'attendais moi-même
Je me disais Guillaume il est temps que tu viennes
Et d'un lyrique pas s'avançaient ceux que j'aime
Parmi lesquels je n'étais pas
Les géants couverts d'algues passaient dans leurs villes
Sous-marines où les tours seules étaient des îles
Et cette mer avec les clartés de ses profondeurs
Coulait sang de mes veines et fait battre mon cœur
Puis sur terre il venait mille peuplades blanches
Dont chaque homme tenait une rose à la main
Et le langage qu'ils inventaient en chemin
Je l'appris de leur bouche et je le parle encore
Le cortège passait et j'y cherchais mon corps
Tous ceux qui survenaient et n'étaient pas moi-même
Amenaient un à un les morceaux de moi-même
On me bâtit peu à peu comme on élève une tour
Les peuples s'entassaient et je parus moi-même
Qu'ont formé tous les corps et les choses humaines
Temps passés Trépassés Les dieux qui me formâtes
Je ne vis que passant ainsi que vous passâtes
Et détournant mes yeux de ce vide avenir
En moi-même je vois tout le passé grandir

Rien n'est mort que ce qui n'existe pas encore
Près du passé luisant demain est incolore
Il est informe aussi près de ce qui parfait
Présente tout ensemble et l'effort et l'effet [1]

1. Guillaume Apollinaire, « Cortège », *Alcools*.

Préface

Le besoin d'évoquer certains des êtres qui ont illuminé mon parcours me tenaille depuis que j'ai découvert qu'ils occupaient mes nuits. Une étrange grâce m'est ainsi donnée de revivre parmi tous ces disparus qui ont emporté une partie de moi-même et qui, de ce fait, me la restituent. Ils m'accompagnent. Je m'appuie volontiers sur eux pour conjurer la hantise devant le grand vide qui rendra orphelin de toute protection. Le besoin de les faire revivre exprime alors à la fois un réconfort et une gratitude. On connaît le merveilleux mot de Picasso à Matisse : « Le jour où l'un de nous disparaîtra, l'autre ne saura plus à qui parler de certaines choses. » J'ai trouvé le moyen, en évoquant un certain nombre de ceux qui ont compté pour moi, de continuer à leur parler. Et c'est là que réside l'ambition de mon titre : qu'ils soient célèbres ou non, qu'ils soient des adversaires attentifs plutôt que des amis, ils ont tous contribué à faire de moi ce que je suis et je les ai tous adoptés comme miens.

J'éprouve le besoin de préciser que la dimension inévitablement hagiographique d'un tel recueil ne reflète en rien des illusions que je pourrais encore avoir sur l'homme. En fait, je n'ai *jamais trouvé autre part que dans l'admiration les raisons d'un optimisme quelconque. La vie n'a de sens que celui que lui donnent les êtres que nous aimons. Je crois que la condition humaine est carcérale et qu'en même temps une force de vie incommensurable nous a été donnée pour briser de temps à autre quelques barreaux de la prison. Mais ni le respect inaltéré que j'ai de la création ni la disponibilité pour les moments de bonheur et pour les triomphes des sens n'arrivent à me faire oublier ce que les hommes sont conduits à faire à l'homme sous le regard ironique des dieux. J'aime que le penseur qui s'est livré à* des Exercices d'admiration, E.M. Cioran, *soit en même temps celui qui a voyagé constamment au bout du pessimisme.*

Les textes que l'on va lire n'ont eu pour règle dans leur succession que le moment de leur inspiration. Les uns viennent des nuits passées avec mes interlocuteurs et les autres du jour où ils m'ont quitté. Lorsqu'il s'est agi d'«adieux aux disparus», j'ai pris la liberté de corriger ou d'infléchir ce que le respect du rite et du cérémonial avait pu susciter à l'époque. Il m'est arrivé d'intervenir au présent dans un récit fait au passé. C'est l'un des caprices que je me suis autorisé.

La variété des rencontres que ma longévité m'a permis de continuer à faire, le profit que j'ai pu tirer de ces échanges ne sont pas tous reflétés dans ce recueil. Je conviens que rien n'est plus subjectif, sinon arbitraire, que le choix des textes ici publiés sur des personnes ou des personnalités qui sont toutes devenues, dans mon intime, des personnages. J'ai décidé en tout cas de n'évoquer que les disparus, ne voulant pas courir le risque de perdre le regard soudain infiniment précieux de ceux que j'aurais pu oublier.

Elle

Le jour où un instituteur a eu l'idée de nous demander de faire une rédaction sur le thème « Comment aimez-vous votre mère ? », j'ai eu la première révolte de mon enfance. J'étais déconcerté et même choqué à l'idée que l'on ose poser une telle question. La vivacité de ma réaction m'étonne encore aujourd'hui et sur le moment je n'aurais pas pu en parler comme je vais le faire ici. Mais il me semblait que l'on me demandait si j'étais une fille ou un garçon, si le ciel était bleu et si les oiseaux chantaient quand il pleuvait.

Ma mère était en moi, j'étais en elle, et cela ne regardait personne. Nous faisions ensemble partie de l'ordre du monde, de la planète ou sinon du cosmos. Nous faisions partie non pas de ce qui existait et qui pouvait cesser de l'être, mais de ce qui était. Nous représentions l'être sans lequel ne règne que le néant. J'avais environ huit ans et habituellement de bonnes notes en rédaction. Cette fois-là, j'ai eu 2 sur 20 parce que j'avais eu la prétention de juger la question qui m'était posée et de traiter en somme l'instituteur d'imbécile.

Pour moi, dans ma petite ville, dans ma petite rue, dans ma petite maison, il y avait ce que les autres appelaient la vie. Mais lorsque j'y pense, il y avait plus encore. Il y avait ce qui n'a pas de commencement ni de fin et cet ordre des choses dont seulement un dieu pouvait garantir ou justifier la pérennité.

Je viens de placer la barre très haut et poursuivre à ce niveau va m'être difficile. Je suis le seul survivant d'une famille de onze enfants. C'est-à-dire que pendant environ trente années, ma mère a donné naissance et a élevé, avec un dévouement obsessionnellement attentif, mes trois sœurs et mes sept frères. Cela veut dire aussi qu'elle méritait de penser tout de même et un peu à elle. Or cinq ans après le dixième, contrairement aux recommandations des médecins, je suis arrivé, nullement attendu, aucunement désiré et provoquant au surplus chez l'auteur de mes jours une maladie dont les soubresauts me faisaient trembler : l'épilepsie. Le nom même de cette maladie me donne aujourd'hui encore un malaise. Plus tard, j'ai appris que cette maladie avait ses lettres de noblesse et qu'entre autres Dostoïevski et Flaubert en avaient été les victimes. Mais ils n'avaient pas été, eux, dans leur enfance, contraints d'assister à l'intolérable spectacle des crises.

J'ai gardé le souvenir du médicament indispensable aux épileptiques, le Gardenal. Lorsque je sortais avec ma mère, j'en avais toujours moi-même quelques comprimés dans l'une des poches de ma veste. Elle avait ce que l'on appelle des *absences*, même après que l'on eut réussi à apprivoiser sinon à dompter sa maladie. Soudain, elle se figeait, elle bre-

douillait et elle posait sur moi un regard fixe de
détresse. Les médecins avaient recommandé qu'on la
mît à l'abri de toute émotion brutale. Il fallait lui
cacher certaines mauvaises nouvelles. Il fallait donc
lui mentir. C'est à cette époque que j'ai appris que la
vérité pouvait être meurtrière et cela devait toujours
me marquer. Pendant un temps, je me suis senti
malade comme elle, en elle, puisque nous ne faisions
qu'un. Et puis un jour je me suis senti responsable
aux deux sens du mot. D'abord parce que j'avais été
la cause de sa maladie et ensuite, soudain, avec la
puberté, parce que je voulais à tout prix acquérir la
force de la guérir. J'avais un beau-frère médecin qui
avait chez lui tous les livres sur le sujet. Je me cachais
pour les lire.

Pour autant et par miracle, entre deux crises, qui
d'ailleurs s'espaçaient, ma mère n'a jamais cessé
d'aimer la vie comme on savait l'aimer chez nous,
c'est-à-dire avec une confiance enracinée, comme si
les instants de répit et de joie devaient forcément succéder aux contrariétés et au désarroi. Je devais
apprendre plus tard que seuls les convalescents savent
ce que peut être un moment véritable de vie. Il y a
bien l'innocence, mais elle dure peu et elle est vite
menacée. Je ne sais pourquoi ma mère m'a fait partager, sans me le dire, cette conviction. Et elle n'a
jamais cessé de me bouleverser par le sens qu'elle
avait de la *compassion*. C'est le mot le plus juste. Elle
avait appris à souffrir avec les autres. Mais elle vivait
aussi comme si une sorte de force obscure ou de justice immanente procurait de bénéfiques répits à ceux
qui sortaient de la tourmente. De toute façon, elle

avait une expression conjuratoire : « Le pauvre ! »
Quel que fût l'être dont nous parlions, elle le plaignait à l'avance des souffrances qu'il n'avait pas
encore endurées, même s'il se croyait privilégié.

Ma mère chantait volontiers. Elle était accompagnée, dans l'évocation des opérettes 1900, par la
coiffeuse qui venait, tous les deux ou trois jours,
refaire son chignon. Ma mère n'avait rien d'une
« Jewish mama ». Elle n'a jamais rien fait pour me
garder près d'elle, m'empêcher de partir ou me
rejoindre. Il lui semblait que ce qu'il y avait d'elle en
moi devait s'envoler vers les grands espaces et que
l'aube devait tenir ses promesses. Elle me disait : « Tu
vas partir. Tu ne dois pas rester dans ce trou. » Et à
l'époque, curieusement, cela me semblait normal. Si
je partais, et quand je partirais, je l'emporterais en
moi.

J'ai raconté ailleurs[1] l'émotion qui m'étreignait
très tôt le matin, alors que je partageais la chambre
de mes parents parce qu'il n'y avait plus de place
ailleurs. Ma mère se levait avec précaution en croyant
pouvoir ne pas me réveiller, entrouvrait les persiennes, se mettait un châle et faisait sa prière en implo-
rant son dieu de protéger tous les siens. J'ai encore
dans les oreilles le timbre de cette cantate murmurée.

Il ne m'arrivait pas souvent de lui poser des questions, mais un jour je l'ai vue plus triste que d'habitude après sa prière. Elle m'a appris comme une
catastrophe qu'il était arrivé quelque chose de terrible sur notre terrasse. Je m'attendais au pire. Pour
elle, c'était bien le pire qui était arrivé : les voisins

---

1. Cf. *Le Refuge et la Source*, Grasset, 1977.

avaient décidé d'élever de deux étages leur maison, obstruant ainsi le somptueux spectacle que nous donnait la vue sur la montagne, sur cette partie magique de l'Atlas tellien qui domine les plaines de la Mitidja. La vue de cette montagne accompagnait le rythme de notre vie à toutes les saisons. D'abord, parce que, dans un coin de la terrasse, se trouvait la buanderie où on lavait à grande eau les immenses draps pendant la cérémonie de la lessive. Les draps étaient ensuite étendus sur des fils de fer et le parfum de la lessive s'engouffrait dans toute la maison. Ensuite, parce que nous pouvions jouer au football ou bien dormir sous les étoiles, à ciel ouvert, en mettant des matelas sur les tomettes lorsque les nuits devenaient tropicales. Chaque année, pendant les deux premières semaines de février, nous attendions que les cimes de Chréa devinssent neigeuses. C'était pour nous une fête et une fierté. Ne plus attendre la neige, ne plus la voir, était tout simplement inconcevable.

En fait, ma mère ne pensait qu'à mon père, qui montait sur la terrasse pour fumer sa seule cigarette de la journée. Il y était heureux et désormais ce bonheur simple et profond lui serait retiré. « La vie ne sera plus la même pour ton père, m'a dit ma mère. » Pas seulement pour lui, bien sûr, mais lui, à ses yeux et aux nôtres, le méritait plus que les autres. Je suis monté sur la terrasse avec elle et c'était comme si le ciel lui-même avait disparu, comme si le soleil ne nous réchaufferait plus, comme si on nous avait jeté un sort. Il y a eu des cris déchirants venant des terrasses voisines. On a entendu des protestations monter vers nous depuis les ruelles. Et j'ai vu sur le visage de

ma mère des larmes que je n'avais jamais encore
découvertes, même lorsque l'un de mes frères ou
l'une de mes sœurs était gravement malade. Et je
commençais à trouver que le « bon Dieu » ne pouvait être que sourd ou sadique pour lui infliger de
telles épreuves. Je crois que pour la première fois de
ma vie, l'idée du meurtre m'a paru dans l'ordre des
choses. Depuis, j'ai toujours détesté les murs. Je n'ai
pas attendu celui de Berlin ou celui de Jérusalem pour
haïr ce qui sépare, ce qui enferme. Sans notre vue sur
les montagnes, nous étions dans un ghetto.

Nous avons retrouvé l'espace et le soleil, la lumière
et la délivrance un jour où, ayant découvert que
j'étais, par la taille, un peu plus grand qu'elle, nous
avons dansé ensemble, comme c'était l'usage pour les
fêtes du 14-Juillet ou pour la fin de Pâques dans une
forêt maritime. On y célébrait la Mouna, qui était
une sorte de brioche judéo-espagnole. Et c'est un jour
de Mouna, tandis que je dansais avec elle, que je l'ai
entendue dire qu'elle savait que je partirais d'abord
pour Alger et puis pour le bout du monde. C'était la
guerre. C'est ce que j'ai fait. C'est en Tripolitaine
que j'ai reçu de ma plus jeune sœur le témoignage
d'amour le plus émouvant depuis qu'il y a des lettres
d'amour. Elle me disait qu'après qu'elles eurent
échangé quelques mots sur moi, ma mère avait ainsi
résumé leur conversation : « Quand Jean reviendra,
nous n'aurons plus le droit d'être malheureuses. »

Et quand je suis revenu, ce fut le bonheur à l'état
pur. A chacun de mes retours, plus tard, elle se sentait plus forte, plus lumineuse, plus rayonnante. Surtout, elle était fière, non pas de ce que j'étais devenu,

qui lui importait peu, et à quoi elle ne comprenait d'ailleurs pas grand-chose. Elle était fière que les autres me voient près d'elle et d'être, en somme, redevenue elle-même. Plus tard, pendant la guerre d'Algérie, elle ne m'a jamais dit un mot sur ce que lui disaient les voisins pour dénoncer mes positions. J'ai appris, il n'y a pas longtemps, que les miens avaient même été menacés de mort. Probablement ignorante, ma mère, elle, n'avait qu'une peur secrète : celle du moment où je repartirais. Je savais qu'elle se demandait si elle ne souffrirait pas davantage de me voir repartir qu'elle n'était heureuse de me voir arriver.

Souvent, à la réflexion, je me suis demandé ce que je pouvais faire de mieux dans la vie que de lui procurer une telle plénitude. Je me cherchais une excuse dans le fait qu'elle m'avait toujours poussé à partir et à me séparer d'elle. Mais je n'arrivais pas à me convaincre, sauf par l'idée que sans avoir réalisé les grandes choses qu'elle souhaitait pour moi, j'avais tout de même pu réunir près de moi les êtres qu'elle aurait aimés.

Je me suis posé la question, plus tard, de savoir si l'on n'était pas responsable, aussi, du bonheur que l'on procurait, même si l'on ne le partageait plus. Les textes classiques sur la mère, aujourd'hui, sont ceux de Romain Gary et d'Albert Cohen. Ce sont de grands témoignages par le fait que ces deux écrivains ont eu honte d'avoir eu honte de leur mère. Et que souvent ils ont vécu avec la peur d'avoir cette honte. Voilà une chose qui m'a été épargnée. J'ai toujours été fier de ma mère.

La chose que je regrette, c'est de n'avoir pas pu lui fermer les yeux quand elle s'est éteinte. J'étais alors blessé et je cherchais à survivre tandis que la vie se retirait d'elle. Je ne l'ai pas vraiment pleurée. Je ne me souviens d'aucun accablement particulier. Peut-être avais-je survécu pour elle et ce qu'elle emportait de moi en partant m'avait-il permis de lui survivre. Et ce qu'elle me laissait d'elle ne me quitterait jamais.

L'inoubliable en Vicente

Au fur et à mesure que la famille s'agrandissait, que mon père parvenait à une certaine aisance, quelques « bonnes », appellation que ma mère trouvait plus valorisante que celle de « femmes de ménage », se sont succédé dans la maison, que je croyais grande. J'ai pu en connaître quatre, deux musulmanes, des « mauresques » selon l'expression coloniale, Fatma et surtout Zohra, dont la beauté a souvent troublé mon adolescence, une juive, notre Rosette, qui nous accompagnait partout. Mais pendant plusieurs années, ma mère s'est appuyée sur une vraie domestique, presque une dame de compagnie, digne et discrète, une Espagnole qui s'appelait Esperanza. Elle portait chignon, se tenait droite, s'y prenait de manière à tout faire en évitant qu'on lui en donnât l'ordre ou même qu'on lui en fît la demande. Un seul être comptait dans sa vie, c'était son fils, Vicente. Mais elle ne semblait plus beaucoup apprécier qu'il lui rendît visite et qu'il eût à saluer ses maîtres depuis que mon père avait eu l'humiliante maladresse de le soupçonner de porter un béret de scout que j'étais supposé avoir perdu. Je devais garder un terrible souvenir de cette humiliation. A cette époque, mon ami d'adolescence, qui devait demeurer mon meilleur ami mais seulement jusqu'à la guerre d'Algérie, s'appelait Jean Bonneterre. Il portait beau, il était fier de son nom, d'être blond et d'avoir les yeux bleus. Il parlait de Brive-la-Gaillarde, la terre natale de ses grands-parents, comme Du Bellay de son petit Liré, il aimait le vélo, il rêvait d'imiter le vol des frégates qu'il avait vues évoluer dans le ciel des Antilles et il attendait le printemps pour voir les jeunes filles exposer leurs bras nus. Mes sœurs me disaient qu'il était amoureux de moi et je m'en accommodais.

Mais un jour, au moment de sortir de la maison, j'ai vu que Vicente m'attendait et qu'il voulait avoir avec moi une conversation en marchant jusqu'au jardin que l'on appelait alors Bizot. Il m'a dit qu'il savait par sa mère que je lisais beaucoup, que je parlais volontiers de certaines lectures d'écrivains qui l'intéressaient comme Romain Rolland, Maxime Gorki et Louis Guilloux. Et puis il s'est mis à parler de la révolution avec une éloquence et une érudition qui m'ont à la fois ébloui et décontenancé. Il m'a dit qu'il voulait me faire partager ses découvertes, en prenant soin de préciser qu'elles étaient loin des échanges que je pouvais avoir avec Jean Bonneterre dont il voulait à l'évidence m'éloigner. Il n'était plus possible, selon lui, d'ignorer qu'il existait un grand pays où l'on préparait l'avènement d'une société égalitaire et fraternelle. Ce pays, c'était l'Union soviétique, mais il fallait avoir lu les penseurs qui l'avaient conduit à l'entreprise la plus prodigieuse de l'humanité. Il m'intriguait et m'inquiétait à la fois. J'étais passionné de littérature et de musique et ne me voyais nullement disponible pour une conversion. Je devais finir tout de même par lui rendre visite dans ce qui était véritablement une chambre de bonne dont les murs étaient garnis de livres savants. La poésie et le roman n'y trouvaient pas leur place.

Vicente était grand, mince et sec. Il ressemblait parfois à l'acteur Gregory Peck et parfois à un Don Quichotte de Giacometti. Bien qu'andalou, il avait un maintien castillan mais, quoiqu'il ne parlât jamais de lui, il était intarissable sur ce qu'il engrangeait chaque jour grâce à ses lectures de Marx et de tous ses disciples. C'était cela, l'enseignement qu'il me promettait. Ce fils de femme de ménage avait trouvé dans le matérialisme historique un rôle qui le mettait au-dessus de sa condition mais aussi de la mienne. Il n'en finissait pas de me reprendre sur mes interprétations des notions de plus-value, d'aliénation, paupérisation des classes moyennes et de dictature du prolétariat. Il s'enchantait à la perspective d'une prochaine décomposition du capitalisme dont il pût être l'un des instruments. Il parlait du prolétariat comme d'une aristocratie et c'était à moi, désormais, qu'il revenait de tenter d'être accepté dans son club.

Il avait une façon à lui de dépecer du bout des doigts ces grenades qui appelaient pourtant les gestes les plus sensuels. Un jour, en buvant un jus de grenade qu'il venait de presser, il m'a parlé de la guerre d'Espagne. Il m'a dit que cela lui empoisonnait l'existence et qu'il en avait perdu le sommeil. Il m'a dit qu'à l'idée qu'un sinistre personnage nommé Franco pût écraser la République espagnole, il en perdait le goût de vivre. Parfois, il me paraissait ennuyeux à force de se vouloir l'un des acteurs possibles d'une histoire en train de se faire selon le schéma du matérialisme qu'il disait hégélien. Il m'a fait entrer dans un groupe d'action antifasciste appelé « Amsterdam-Pleyel ». Ce fut mon premier vrai contact avec ce que l'on appelait alors le peuple et qui était bien celui de Michelet, de Hugo, de Jean Renoir et de Marcel Carné. Ces hommes et ces femmes étaient liés par une fraternité que j'enviais et qui paraissait m'exclure. Je souffrais de sentir que je pouvais n'être pas des leurs. Il y avait parmi eux tous les échantillons possibles de l'humanité la plus simple, la plus généreuse et décidément la plus noble. Ces hommes étaient pauvres mais nullement miséreux, contestataires mais nullement malheureux, révolutionnaires parfois mais jamais amers. Comme s'ils avaient conscience qu'ils incarnaient une force et que c'était la seule qui fût digne. Un menuisier surtout me fascinait, qui ressemblait à la fois au Jean Gabin de jadis et au Daniel Auteuil d'aujourd'hui. Il était en train de lire l'*Histoire de la Révolution française* et il en parlait avec une émotion à la fois simple et contagieuse.

Ces réunions avaient lieu le dimanche matin vers midi. Il convenait alors de marquer qu'on n'allait pas à la messe. Il n'y avait pas de femmes. Il n'y avait, au moins au début, qu'un seul musulman, messager du Parti communiste algérien, qui était instituteur au collège franco-arabe et qui était aussi le seul à porter cravate. Il y avait des pauses pour boire et pour chanter et aussi pour entendre un imitateur qui nous donnait à tous un interminable fou rire. Je me souviens qu'il avait reconstitué un déjeuner imaginaire entre Léon Blum, Maurice Thorez et Edouard Daladier, les leaders du Front populaire. Dans la dérision c'était à la limite mais personne n'était idolâtre.

Enfin venait le moment où il était convenu que l'on écoutât mon Vicente. On trouvait bien que ce prolétaire était parfois un peu trop bavard et souvent trop abstrait. On l'interrompait pour lui poser des questions qui le conduisaient à rendre son discours plus efficacement pédagogique, et surtout à révéler un humour épicé de cruauté et de tendresse. Chacun des membres du groupe était contre le « grand capital », le « mur d'argent » et les « 200 familles ». Mais les vrais communistes étaient minoritaires et aucun n'avait la culture de Vicente. Il régnait donc et j'étais fier d'être son compagnon sinon son disciple. Il a été mon parrain dans ce milieu que je savais fermé aux « bourgeois ». Un jour, sans doute pour me faire encore mieux accepter de ses amis, il a voulu me faire parler de l'adhésion à la grande famille des prolétaires du célèbre camarade Louis Guilloux, un vrai prolétaire, un fils de cordonnier, un compagnon, bref « un des nôtres ». Mais précisément je n'étais pas des leurs puisque c'était le fils de notre femme de ménage qui l'évoquait. J'ai refusé. En fait, tous ces hommes m'intimidaient et, dans mon exaltation de néophyte, je décidai qu'ils m'étaient infiniment supérieurs. D'autant qu'un souvenir est associé à ce refus. Ce jour-là, les femmes et les enfants étaient venus un peu plus tôt que d'ordinaire chercher leurs hommes et une jeune fille, belle comme un Botticelli, m'a souri après avoir embrassé son menuisier de père. J'ai imaginé qu'elle comprenait mon silence.

C'est à cette époque que je fus frappé d'une maladie, une forme de rougeole, qui imposait alors la mise en quarantaine. Un temps interminable où je n'ai vu ni Bonneterre, que j'avais d'ailleurs négligé, ni surtout Vicente et les siens. Et quand vint la guérison, et quand j'ai pu me précipiter pour retrouver Vicente dans son groupe, j'ai appris qu'on ne l'y avait pas vu depuis quelques semaines. De fait, Esperanza avait caché qu'il avait rejoint les combattants républicains en Espagne. Quand je l'ai appris et que je lui ai demandé pourquoi elle me l'avait tu, elle m'a répondu qu'elle ne savait pas partager ses inquiétudes et qu'elle tenait à les garder pour elle. Il m'a semblé que son ton était un peu plus dur que d'ordinaire et en tout cas elle ne s'est nullement inquiétée de ma santé. Esperanza nous a quittés pour des raisons que j'ai oubliées, mais en très bons termes, surtout, avec ma mère. Je me souviens qu'elle m'a dit « Au revoir, Jean », alors que toutes les autres « bonnes » m'appelaient « Monsieur Jean ». Et cette fois je lui ai dit « Au revoir, madame ».

Et puis, et puis, est arrivé ce jour, entre tous funeste, qui enténèbre mes souvenirs. Un peu plus de trois mois après, j'ai rencontré Esperanza. Elle avait perdu sa superbe, elle était courbée et elle prenait le soleil sur un banc de la place d'Armes. Elle m'a dit : « Je suis fatiguée. » Je lui ai dit que j'étais heureux de la revoir. « C'est vrai ? » m'a-t-elle demandé. J'ai répondu alors : « Oui, Esperanza, c'est vrai. » Et elle a ajouté : « Tu sais que Vicente est mort ? » Elle m'a vu pâlir sous le choc. Et elle n'a rien fait pour m'en délivrer. Elle a ajouté : « Oui, Jean, Vicente, ton ami, mon fils, est mort. » Alors je me suis assis près d'elle et nous sommes restés silencieux mais d'une manière si dense et si intime, si fusionnelle qu'il me semble aujourd'hui avoir eu une vraie conversation avec elle. Nous regardions le sol. Et puis elle m'a pris par le bras et alors nous nous sommes contemplés l'un et l'autre longuement, sans un mot. A ce moment-là, je me suis senti mûrir d'un seul coup, vieillir de plusieurs années, et habité par une autre vision du monde, des choses et des êtres. Donc, on pouvait mourir. Donc, on pouvait combattre, risquer la mort et être tué. Donc, on pouvait disparaître à dix-sept ans. Je n'ai jamais oublié ce choc. La jeunesse ne m'a plus semblé être à l'abri de rien. C'était peut-être son tragique et sa gloire. Comme devait me l'apprendre bien plus tard l'helléniste Jean-Pierre Vernant lorsqu'il a célébré le sort d'Achille dans *L'Iliade* et le privilège de mourir jeune[1]. Surtout, je n'ai jamais oublié que Vicente était communiste. Comment il l'était, avec quelle droiture, avec quelle flamme, avec quelle confiance ! Je suis allé retrouver Jean Bonneterre, qui a deviné ma détresse et qui a proposé que nous allions à vélo vers la mer, à Daouda, qui se trouvait à quinze kilomètres de Blida. C'était une façon d'effacer Vicente, car rien, pour nous, ne résistait à la mer. J'ai refusé. Je n'avais aucune envie d'être heureux.

J'ai pensé aux premiers jours où Vicente venait à la maison voir sa mère. Je ne me doutais pas que je connaîtrais plus tard un autre fils de femme de

---

1. Je reviens sur cette évocation p. 340.

ménage qui finirait, lui, par avoir le prix Nobel. Mais je crois bien que depuis ce jour, je n'ai jamais pu accepter que l'on pût comparer la démarche d'un jeune homme qui va vers le sacrifice aux côtés de ses camarades à celle d'un jeune nazi. Rien, ni Hannah Arendt et sa conception du totalitarisme, ni François Furet et son procès de l'antifascisme, ni Claude Roy soutenant que l'on pouvait rechercher l'absolu dans tous les extrêmes, à gauche comme à droite, rien ni personne ne m'a jamais fait oublier Vicente Perez. Et quand il m'a fallu, plus tard, être déniaisé par les récits de Simone Weil, de Koestler, d'Orwell sur le massacre des anarchistes par les communistes, j'ai eu alors une réaction de rejet d'une violence bien difficile à comprendre aujourd'hui. Je refusais de toutes mes forces que l'on pût assassiner une seconde fois mon Vicente, le seul homme qui, dans sa pleine jeunesse, m'a fait prendre conscience qu'il y avait, en ce monde, autre chose que le soleil et la mer.

Henri Matisse : au commencement, la note bleue...

Qu'est-ce qui a bien pu nous arriver dans notre vision de la Méditerranée ? La mer et la mère. Nous l'avons transformée mille fois selon que les écrivains, eux d'abord, l'ont célébrée. Mais c'est avec l'influence que les peintres ont eue sur notre regard que le phénomène s'est magnifié. D'autant qu'en dépit du fait que la couleur, depuis Baudelaire, était l'apanage du Nord, alors que la violence de la lumière du Midi était supposée « rendre tout gris », pendant quinze années durant, ils sont tous arrivés de leurs contrées nordiques pour s'immerger dans la Méditerranée. Tous, et il serait trop long de les citer.

Je pense à Matisse et, bien sûr, à son bleu. Ce bleu inimitable par aucune main humaine et que seule la nature a imité, puisque nous l'y avons découvert. D'où vient-il ? Il paraît antérieur aux premiers voyages que Matisse fit en Corse puis à Saint-Tropez. C'est un bleu rêvé, imaginé dans l'extrême nord de la France, en Picardie, pendant longtemps. Sans doute va-t-il être enflammé par « l'émerveillement corse ».

Mais il est un reflet si infidèle de la réalité vue par tous que, d'une part, il va dérouter et, d'autre part, des marchands de tableaux russes lui découvriront une dimension byzantine, un « émail d'icône ». A d'autres, cela va rappeler les couleurs de l'art musulman, trésor du Louvre révélé à l'Exposition universelle de 1900 et que Matisse n'a pas cessé d'admirer. On devine que je ne suis pas omniscient, et notamment sur ce sujet. Mais depuis le temps que je la consulte, je finis par trouver mes repères dans l'œuvre monumentale de Pierre Schneider sur Matisse. Un de ces ouvrages qui justifient une vie et dont je ne cesse de vérifier la richesse et la pertinence.

Donc le bleu de Matisse était loin de la représentation que son époque avait de la Méditerranée. Dirat-on que les sources d'enrichissement jaillissent au Maroc ? D'abord, on l'oublie trop, le Maroc n'est pas la Méditerranée ; et ensuite il pleut tout le temps pendant le séjour du peintre à Tanger. Quant au voyage en Algérie, et plus précisément dans l'attachante ville saharienne, chantée par Gide, Matisse trouve qu'on peut tout y faire sauf peindre : la lumière y est trop brutale, trop crue. Peut-être pourra-t-on en faire quelque chose avec le souvenir. Il y aura « le souvenir de Biskra ». Suivons ce bleu, parce que c'est un parcours passionnant. Il est perçu comme persan, byzantin et musulman. Mais personne, d'ailleurs à juste titre, ne le rapproche de l'orientalisme issu de la grande école romantique de Delacroix, Fromentin, Chassériau, Dinet…

Mais où, somme toute, Matisse va-t-il trouver la consécration de son bleu ? Ce n'est pas dans le petit village sauvage et isolé de Saint-Tropez, où il a rejoint un moment Paul Signac. C'est à Collioure du temps que, résidant à Perpignan, il y contraignait son ami Derain à le rejoindre « sous peine de frustration très grave ». Il se trouve que l'an dernier, recevant un prix qui a précisément le nom de « Méditerranée », j'ai aperçu à certaines heures le bleu de Matisse dans le ciel de Collioure. On peut l'y attendre comme les jeunes amants romantiques attendaient, il y a quelques décennies, de voir le rayon vert surgir au moment du coucher de soleil.

Il y a pourtant, selon moi, quelque chose de commun entre la lumière qui brille sur les deux rives de la Méditerranée. Il n'y a jamais aucune raison d'être objectif en la matière. Mais je peux appuyer mon sentiment sur le regard avant tout de Van Gogh et sur ceux de Paul Klee et de Nicolas de Staël. Je pense qu'il y a un secret à percer dans les couleurs communes à certains tableaux. D'abord tous ceux qui sont peints depuis l'intérieur d'une pièce et où la lumière n'est perçue, grâce à une fenêtre largement ouverte, qu'à partir d'un lieu en somme « protégé ». C'est le cas de *La Sieste à Collioure* de Matisse et de quelques tableaux de Bonnard, Derain, Félix Vallotton. Mais la pièce est « protégée » de quoi? Mon idée est, depuis longtemps, que le secret des couleurs méditerranéennes réside dans l'incessant dialogue entre la lumière et la chaleur. J'ai tenté, naguère, de raconter l'histoire capricieuse de ce dialogue. C'est un dialogue conflictuel, plus ou moins vif selon les heures de la journée. A midi, c'est un véritable combat. Il est aussi éternel que nourricier. Tout est fait, dans ces pays, en principe, pour combattre le soleil mais aussi tout est fait, en même temps, pour s'y adosser. Jamais lutteur, en vérité, n'a nourri un tel attachement pour son adversaire. C'est un combat sans mise à mort et même sans vaincu ; combat où sont prises à chaque instant toutes les mesures de l'homme et de la vie.

Longtemps j'ai évoqué, avec toutes les tendres ambiguïtés de la nostalgie (« des pincements de bonheur », selon l'expression portugaise), ces lourds moments où, pour fuir ces accablements caniculaires, ma mère nous incitait à trouver refuge dans l'obscurité d'un couloir, près de la cage d'escalier, pour y puiser l'illusion de la fraîcheur et du répit. Mais non pour exprimer un rejet. Jamais.

Je peux avancer que la mémoire du corps retient toujours présent le voluptueux conflit avec la lumière et la chaleur. Il devient clair, alors, que la lutte opposée à l'excès des pesanteurs torrides des étés méditerranéens n'est jamais entreprise pour en triompher totalement. Il y a bien des persiennes tenues closes, mais il faut sentir filtrer le message de la présence solaire ; il y a les voûtes, toutes défensives ; mais aussi les terrasses, toutes d'accueil. L'eau bénie, recherchée, invoquée, l'eau des mers et des torrents, des sources et des oasis, des lacs et des oueds, l'eau miraculeuse, primordiale, celle des premiers baptêmes et des derniers mouroirs ; comment ignorer qu'elle est impliquée, appelée par la grande combustion perpendiculaire de l'éternel midi ? L'eau pour et par la chaleur ; nous vivons sous cette loi de l'alternance. *Sol y sombra,* c'est l'harmonie voulue par les dieux. Si l'un ou l'autre devient inaccessible, alors s'insinue le déséquilibre. Les exaltations vespérales et les euphories nocturnes délivrent certes d'un feu terrible, mais elles ont été tout le jour nourries par lui, et c'est bien dans cette succession harassante d'intensités que se préparent, précoces, torrentueuses, éphémères aussi, les triomphales fulgurances de la jeunesse. La danse, les ballets, les nus de Matisse.

Ce triomphe se poursuit, ascendant jusqu'à la fin de l'adolescence pour se précipiter ensuite dans cette parenthèse de l'âge adulte qui est l'âge le plus dur à vivre en Méditerranée. On n'y connaît ni la certitude de la joie ni la paix du renoncement. On est exclu des projets comme des souvenirs. On survit dans une lucidité immobile, consumée au présent, aussi distante du premier élan que de l'insertion ultime dans l'ordre du monde.

Singulièrement, c'est le vieillard qui, en ces terres brûlées, va redonner un sens à l'authenticité méditerranéenne. Il participe à la continuité par l'enracinement sur les lieux de la naissance et par la contemplation du ciel. Les vieux devant leurs boutiques, accroupis en tailleur ou en lotus ou avec une seule jambe repliée sous eux ; les vieux sur les chaises qui font corps avec eux ; les vieux couverts de rides si creusées, si dessinées, si ajustées qu'elles paraissent non le signe d'une quelconque sénescence mais le reflet de l'éternel minéral ; les vieux souriant avec lenteur ; les vieux non comme exclus, ni comme marginaux, ni comme informes, mais comme anciens de la tribu, patriarches, souverains ; les vieux dont le regard profond, vaste, lumière de l'au-delà, manifeste cette divinité placide dont ils sont le signe, un regard qui se pose et s'impose sur tout ce qui s'agite, bour-donne et papillonne autour d'eux. Les vieux pêcheurs édentés, fripés, tatoués qui restent des heures sur leur barque. Les vieux joueurs dans les tavernes que les enfants viennent chercher pour manger. Les vieux en Méditerranée, c'est la flamme des aurores transfor-mée en lumière apaisée ; la puissance devenue gloire ; l'intensité devenue durée.

Et maintenant disons que ne pas se résigner à par-ler de la Méditerranée au passé, comme d'un lac souillé, pillé, pollué, signifie que nous ne pouvons nous résigner à la fin d'un monde qui serait aussi pour nous la fin du monde. Faut-il sacraliser à ce point ces terres d'élection ? L'histoire nous enseigne qu'on peut le faire en raison de son pouvoir de tout transformer. Car s'il est vrai qu'aux origines il n'y a jamais eu, on l'oublie, que l'olivier, la vigne et le blé, il est vrai aussi que les oranges et les citrons y sont mieux à leur place au cap Bon que dans le lointain Orient ; que les eucalyptus venus d'Australie sont chez eux au Maghreb, que les cyprès ont oublié en Toscane qu'ils avaient été persans et qu'on ne conçoit pas les marchés de Tolède, de Padoue et de Fès sans des tomates, paraît-il péruviennes, ou des aubergines, qui furent bénies il y a quelques millénaires à Béna-rès. Il faut donc rêver une greffe venue des mers loin-taines pour à nouveau rajeunir et purifier le berceau des civilisations anciennes et l'idole des peintres du bonheur.

André Gide, mon professeur de doute

« Famille, foyers clos, je vous hais ! »

« Il est bon de suivre sa pente, pourvu que ce soit en montant. »

« Il parle du cœur comme on parle du nez. » (Au sujet de Guéhenno.)

« Jules Renard, toujours la note juste mais en *pizzicato*. »

« Moins le Blanc est intelligent, plus le Noir lui paraît bête. »

« Les extrêmes me touchent. »

« L'art naît de contraintes et meurt de liberté. »

« C'est avec les beaux sentiments qu'on fait de la mauvaise littérature. »

« J'appelle journalisme tout ce qui aura moins de valeur demain qu'aujourd'hui. »

« J'ai reçu un étrange jeune homme qui croyait qu'on pouvait mettre quelque chose au-dessus de la littérature. » (Le jeune homme, c'est Bernard Lazare.)

« Garde-toi, Nathanaël, de chercher Dieu ailleurs que partout. »

« Et maintenant jette mon livre. Fais de toi, patiemment ou impatiemment, ah ! le plus irremplaçable des êtres. »

Avant la quarantaine, Gide est celui dont toute une société intellectuelle et pas seulement parisienne peut citer des formules comme celles qui précèdent et qui me sont venues à l'esprit, les unes après les autres, sans y réfléchir. J'en oublie évidemment. Dans un instant, elles me reviendront toutes. Mais on sait déjà, à cette époque, que nous avons à Paris un Chesterton, sinon un Oscar Wilde, avec l'auteur de *Paludes* et de *Sotie*. Son univers est la littérature et d'ailleurs, il n'en est pas d'autre. Non seulement il en est imprégné, mais il se sent en mesure de la juger en péril et il redoute pour elle – et surtout pour lui ! – l'asphyxie. Il faut, à ses yeux, ouvrir grandes les fenêtres et laisser le vent du large s'engouffrer.

Il a perdu son père, un professeur d'origine cévenole, à onze ans. Sa mère, protestante d'origine normande, ne lui impose que des leçons de piano, instrument dont il jouera toute sa vie. Il est l'héritier d'une grande famille provinciale, huguenote, austère et puritaine. Son père eût-il vécu, ses origines eussent-elles été catholiques, son parcours eût été probablement très proche de celui de François Mauriac à Bordeaux. La famille, le foyer clos qu'il hait, sont ceux dont il n'a pas eu le temps de souffrir. Ce sont ceux d'une tradition implacable et intériorisée. Au point qu'après la mort de sa mère en 1895, il décide de faire un « mariage blanc » avec sa cousine, Madeleine Rondeaux. Au cours de son voyage de noces en

Italie et en Suisse, notamment sur les lieux (Sils-Maria) que l'auteur de *Zarathoustra* a rendus célèbre, il découvre avec exaltation dans Nietzsche, l'incitation à se libérer de toutes les entraves. Il se délestera de la dernière (le refus d'assumer son homosexualité) en décidant d'accomplir sans Madeleine le grand voyage initiatique dans le Sud algérien. Ce qui lui permettra d'écrire plus tard : « Ma jeunesse s'est déroulée couverte de rides, des rides que mes parents patiemment y tracèrent, si bien qu'à l'aube même de ma vieillesse, il me semble que ma vraie jeunesse va commencer. »

La liberté l'enivre et surtout le désir, en fait, le désir du désir : « Ce que j'allais chercher dans le désert, c'était ma soif », écrit-il dans *Les Nourritures terrestres* publiées à compte d'auteur par les soins du Mercure de France. En 1902, il découvre avec *L'Immoraliste* l'une des sources de ce bonheur exalté. Il ne cessera d'y puiser. Plus tard, atteint de phtisie, il connaît le fameux bonheur des convalescents. J'ai souvent décrit ce bonheur en parlant de Camus et de moi-même. Entre deux graves maladies, la renaissance fait accéder à une forme supérieure d'existence, une sorte de tête-à-tête et de bras-le-corps avec la vie. Le médecin qui a soigné Gide pendant sa phtisie lui conseille avant son voyage en Algérie et son séjour à Biskra : « Dès que vous voyez le moindre petit lac, la moindre pièce d'eau, n'hésitez pas. Jetez-vous ! Plongez ! » Il a quitté Paris et Cuverville après y avoir vendu sa bibliothèque, brisé les interdits.

Il n'est pas sûr de ce qu'il va trouver mais il est certain que ce sera supérieur à ce qu'il quitte.

C'est un trait essentiel de Gide. Partir, se détacher, rompre, se libérer, moins parce que l'on a été esclave que parce que l'on est éperdu de curiosité pour ce dont l'immobilisme, le conformisme et le respect nous privent. A cette période, un mur n'est pas une surface mais un obstacle à franchir, à l'inverse de Jean Grenier. Ce qu'il y a au-delà est forcément mieux que ce qu'il y a en deçà puisqu'il a tout à nous apporter. Dans cette curiosité, tout comme dans ce narcissisme qu'il partage avec Montaigne, il y a une sorte de générosité gourmande, une sorte d'altruisme enivré qui le fait s'oublier lorsque, par exemple, il fait le procès de la justice après avoir été juré en 1912, puis lorsqu'il dénonce le colonialisme français au Tchad en 1927. Ce Gide-là n'est pas connu. Du moins pas assez. C'est à peine si l'on rappelle que, dreyfusard, il signe la pétition en faveur d'Emile Zola à la suite de la publication de son « J'accuse ». De même oublie-t-on que la réfutation des *Déracinés* de Barrès fera de lui le premier dénonciateur de ce que l'on appelle aujourd'hui les « identités meurtrières ».

C'est que dès le départ, il faut bien noter que comprendre Gide est quasiment un pari, d'autant qu'il aime à brouiller les pistes, à se vêtir d'habits d'emprunt différents. S'agit-il d'un art du camouflage ? Laissons-le parler. Dans *Les Faux-Monnayeurs*, l'un des héros, Edouard, en arrive à se définir en s'inspirant de Dostoïevski et de Proust à la fois comme un être dont on ne peut reconstituer la cohérence : « Je ne suis jamais ce que je crois que je suis, et cela m'arrive sans cesse, de sorte que souvent, si je n'étais pas là pour les accointer, mon être du matin ne reconnaîtrait pas celui du soir. Rien ne saurait être plus différent de moi que moi-même. Ce n'est que dans la solitude que parfois le substrat m'apparaît et que j'atteins à une certaine continuité foncière ; mais alors, il me semble que ma vie s'alentit, s'arrête, et que je vais proprement cesser d'être. Mon cœur ne bat que par sympathie ; je ne vis que par autrui ; par procuration, pourrais-je dire, par épousailles, et je ne me sens jamais vivre plus intensément que quand je m'échappe à moi-même pour devenir n'importe qui. »

Sans doute répète-t-on qu'il a écrit *Paludes*, et tant de choses vont lui être pardonnées grâce à *Paludes*. Mais Simon Leys écrit tranquillement qu'on pourrait dire que Gide n'est qu'« un pédophile, un pingre et un antisémite ». Il ajoute que ce n'est pas entièrement faux mais il précise qu'« après avoir dit tout cela, on n'a rien dit ». Et c'est totalement vrai. Car il faut tout reprendre, tout resituer et, comme on dit aujourd'hui, tout « contextualiser ».

Bien sûr Gide a écrit *Corydon* qui est tout de même et d'abord une vigoureuse et précoce défense de l'homosexualité. Défense qui doit son originalité à la fois au recours, d'ailleurs contesté, à la civilisation grecque et à une intuition que lui inspire sa familiarité avec les sciences naturelles. Ce sont les sociétés qui, suivant d'ailleurs l'exemple d'un certain nombre de mœurs animales, auraient élaboré le schéma d'un homme naturellement attiré par la femme. Sa démarche anticipe sur celle de Simone de Beauvoir : l'auteur du *Deuxième Sexe* affirmera qu'on ne naît pas femme mais qu'on le devient. Gide proclame de même qu'on ne naît pas hétérosexuel, on le devient. Ce qui fera scandale, ce ne sera pas seulement l'éloge de l'homosexualité mais aussi et surtout la réputation qu'on prête à son auteur de ne faire l'amour qu'avec des enfants : condamné par les siens pour sa pédérastie, il sera mis à l'index par les autres pour sa pédophilie. Gide ne changera jamais rien à ses mœurs mais ne cessera de s'indigner des réactions suscitées par son *Corydon* – peut-être la meilleure de ses œuvres, ose écrire Ramon Fernandez... disons la plus révolutionnaire.

On sait peut-être que Gide avait été amèrement déçu par la façon dont Oscar Wilde, dans sa fameuse prison de Reading, avait fini par renier son homosexualité. Mais en fait, l'essai de Gide, écrit en 1911, ne sera publié qu'en 1924, et selon Ramon Fernandez, il a été une réplique à *Sodome et Gomorrhe* de Proust en 1922. Gide a voulu répondre à la description par Proust des souffrances et des angoisses qui sont le prix de la pédérastie, alors que pour Corydon c'est le bonheur et l'épanouissement.

Tous les amis de Gide lui tournent le dos pour avoir publié son livre. Surtout André Breton et notamment Roger Martin du Gard. Cocteau, Montherlant et Julien Green, eux-mêmes homosexuels, se taisent. C'était l'époque où l'audace consistait à dire d'un Verlaine, d'un Rimbaud, d'un Michel-Ange ou d'un Léonard de Vinci : « Bien qu'homosexuel, il a pu faire une grande œuvre. » A quoi Fernandez, cité par son fils Dominique, répond, en parlant de *Corydon* : « C'est parce qu'il est homosexuel que Gide a fait une grande œuvre. » Thèse plus frivole qu'audacieuse. C'est ainsi que, plus tard, on croira pouvoir décréter que c'est l'homosexualité qui a déterminé la solidarité de François Mauriac avec les Basques espagnols victimes de Franco et avec la Résistance et le gaullisme. Il ne suffit plus, dira Clavel, de nous convaincre que les homosexuels sont normaux. Il faut qu'ils soient supérieurs.

L'important, dans *Corydon*, est d'affirmer que la pédérastie n'est nullement « antinaturelle », selon l'expression de Chesterton. C'est l'idée de nature qui est importante dans la conception gidienne. Il ne saurait y avoir une nature qui ferait de l'hétérosexuel un homme normal et de l'homosexuel un laissé-pour-compte, un infirme, un dément ou un « handicapé » selon l'expression du pape Jean-Paul II.

Aux yeux de Gide, il reste une distinction que même les gays d'aujourd'hui contestent. C'est l'opposition entre le pédéraste et l'inverti. Pour Gide, le pédéraste, c'est Corydon, tout miel et extase ; l'inverti, c'est M. de Charlus, tout soufre et souffrance. Cette distinction, qui arrive à nier tout rôle social ou intellectuel à la femme, en arrive à ignorer, par référence à la Grèce antique et au gynécée, toute l'évolution du féminisme et de la féminité. Il y a une faille que personne, semble-t-il, n'a songé à dénoncer dans les thèses gidiennes et que souligne sans le vouloir le terme de pédophile, c'est qu'il n'est jamais question, ici, de l'autonomie des jeunes amants, de leurs réactions et de leur destin. Les enfants sont-ils aussi enivrés que le lyrique auteur des *Nourritures* ? Et d'ailleurs, que sont devenus, arrivés à l'âge adulte, tous ces enfants de l'amour grec ?

Quant à la pingrerie, il est fort difficile de nuancer. C'était un grand bourgeois avare. Il avait des biens, il se préoccupait de leur rapport, il se souciait de leur entretien, il regardait à la dépense, le personnel de son château de Cuverville était réduit au minimum. Il lui suffisait mais, c'était essentiel, il fallait qu'il y eût une gouvernante pour veiller à ce que personne, pendant sa sieste, ne s'avisât de faire le moindre bruit. Il était l'homme des anecdotes. Un jour, tandis qu'il prenait le train probablement pour Uzès, avec son ami Roger Martin du Gard, il s'alarme de ne pas retrouver les deux billets que le contrôleur lui demande mais finit par en trouver un et dit à Roger Martin du Gard : « Cher ami, c'est affreux : J'ai perdu le vôtre ! » Il y a d'autres histoires de ce genre. Ce sont toujours les mêmes mots, les mêmes anecdotes qui se transmettent. Catherine Gide, sa fille, dit qu'il refusait de distribuer le moindre pourboire mais qu'il pouvait, à l'occasion, et après réflexion, se montrer généreux à l'égard d'un ami dans la difficulté.Il n'était pas insensible au devoir de charité que le protestantisme impose mais arrivant dans un lieu où il devait séjourner, il s'inquiétait : « Etes-vous sûr que le paupérisme n'y sévit pas trop ? » Il a fait l'éloge du dépouillement mais rarement de la pauvreté. Sauf que pendant sa « conversion » au communisme, il découvre le « prolétariat » et se dit prêt à tous les sacrifices. En tout cas, si l'*Avare* de Molière est tel que l'interprète Michel Bouquet, à savoir un héros exclusivement amoureux de son bien, alors Gide n'en est pas l'archétype. N'oublions pas que *L'Immoraliste* sera publié à trois cents exemplaires… et que *Les Nourritures terrestres* le seront « à compte d'auteur ».

Maintenant, l'antisémitisme. Sur ce point, il faut rappeler le contexte. Comme dirait Bernanos, le nazisme ne l'avait pas encore déshonoré. Chaque antisémite avait ses « amis israélites ». Parmi les élites, les grands maîtres, de Durkheim à Bergson, étaient juifs. Gide était antisémite d'une manière dangereuse et à son insu parce qu'il voyait comme un degré de pollution dans l'apport des juifs les plus français dans le domaine du génie, de l'inspiration et surtout de la langue. Parlant d'une pièce de Porto-Riche ou même de Henri Bernstein, Gide leur reconnaît des vertus mais s'interroge sur l'origine de son malaise, de sa gêne, sur son sentiment d'être plus ou moins sali comme si un insidieux poison s'était insinué. Il déclare s'efforcer en vain de trouver une noblesse quelconque à cette littérature.

Gide serait allé encore plus loin s'il n'avait été l'ennemi de Barrès. On ne se souvient pas assez de l'ascendant, du prestige, de l'autorité qu'exerçait l'auteur de *La Colline inspirée*. Cela durera longtemps. Barrès a eu des héritiers. On a dit de Mauriac, de Montherlant, d'Aragon, qu'ils avaient été plus ou moins des enfants de Barrès. Mais ils n'étaient pas les contemporains du père. Gide, lisant les *Cahiers* de Barrès, s'exclame que ces fameux *Cahiers* représentent tout ce qu'il déteste. Et d'ailleurs, contrairement à Barrès, Gide sera dreyfusard et aussi ami de Léon Blum. Ah! cette amitié! Était-elle vraiment partagée? On ne le saura jamais. Blum, cette grande âme, n'avait-il pas eu la candeur de se rendre chez Barrès en espérant lui arracher un soutien en faveur de Dreyfus? En tout cas, il avait de l'admiration et même de la tendresse pour Gide. Après sa mort, Gide rend visite à sa veuve qui lui dit cette chose déconcertante : « Léon disait que vous n'étiez pas seulement un ami mais son seul ami. » Et Gide ne sait que faire d'une telle confidence...

Gide a-t-il été antisémite ? Oui, mais à l'ancienne. C'est-à-dire quand il ne s'agit ni, bien sûr, d'extermination, ni de persécution, ni de la moindre exclusion. Cet antisémitisme de pure aversion s'exprimera pratiquement dans toute la littérature. La réaction de Gide, après la publication des premiers romans de Céline, est assez édifiante. D'abord il est, comme tout le monde, ébloui par le *Voyage au bout de la nuit*. Il n'est ensuite qu'admiratif pour l'« excellent » *Mort à crédit*. Mais lorsque arrive *Bagatelles pour un massacre*, contraint de considérer que l'auteur est « décidément génial », fût-ce dans l'antisémitisme, mais découvrant que Céline le met, lui, Gide, comme Valéry et comme tous les écrivains de la NRF, dans le même sac que tous les juifs, alors Gide décide que Céline se moque du monde, qu'il se divertit prodigieusement et ne fait preuve que d'une habileté savoureusement perfide dans l'injure. Reste que le passage de *Bagatelles* qu'il choisit est probablement l'un de ceux qui sont le moins supportables. Manifestement, Gide a pris un plaisir vicieux et suspect à dire les truculences sadiques que la haine des juifs inspire à Céline. Cela dit, Gide s'en tire en prétendant que si Céline était sérieux dans ce qu'il vocifère, éructe et crache, il serait alors « indéfendable ». On trouve dans le *Journal* de Julien Green de juin 1938 le passage suivant : « Hier matin chez Gide. Il voulait me faire connaître un certain M. Cook, professeur nègre de l'Université d'Atlanta. C'est un homme d'une trentaine d'années, au teint jaune pâle, au nez court et crochu ; ses longs pieds sont chaussés de blanc ; il en tourne les pointes largement en dehors, ainsi que je l'ai vu faire à tous les Juifs que j'ai connus. Et en effet M. Cook est un quart juif ; c'est lui-même qui nous l'apprend. Il parle admirablement le français, avec une correction et une vivacité beaucoup plus juives que nègres. Je crois qu'il nous a fait à tous deux une impression excellente de bonne volonté et d'intelligence. » Ainsi, un quart de sang juif suffit à déterminer par-dessus les générations la façon de tourner ses pieds. Julien Green n'était nullement antisémite. Il ne croyait pas davantage au racisme biologique. C'était l'époque…

Comment poursuivre ? Eh bien, par le retour en arrière. A l'ombre de sa mère, dont Jean Delay nous a révélé la remarquable personnalité, le jeune homme Gide croit en lui avec une déroutante simplicité. Il donne cependant l'impression de douter de bien des choses sauf de la littérature et de la place qu'il s'y fera. Il est résolu de n'écrire que pour les *happy few*. Il n'est pas loin de penser que le succès immédiat est un signe de médiocrité. Lorsqu'il commence à être critiqué sans ménagement, il répond : « Je gagnerai mon procès mais seulement en appel. » Un écrivain, Emmanuel Berl, se demande ce qui l'avait le plus étonné chez Gide et découvre que c'est la simplicité avec laquelle il n'avait jamais douté de lui. Berl raconte que Gide s'était installé comme « grand écrivain » de la même façon que l'on s'installe avec une enseigne : « Pâtissier », « Mécanicien ».

Adolescent, il a déjà dévoré tous les livres et se flatte d'en avoir engrangé le message. Il refuse de lui-même, après avoir passé son baccalauréat, de perdre son temps à l'université. Perdre son temps! L'adolescent juge que ses maîtres ne peuvent rien lui apprendre et qu'il saura mieux qu'eux extraire le suc des littérateurs et faire son miel des philosophes. Déjà, perce chez cet adolescent le sens de la découverte. Sans considération pour ceux qui ont consacré leur vie à étudier les auteurs qu'il s'octroie le pouvoir de déchiffrer. C'est ainsi que, peu à peu, plus tard, il a le sentiment d'être le seul à faire connaître le vrai Dostoïevski, le grand et l'unique Nietzsche, et, au passage, l'Indien Rabindranath Tagore et l'Egyptien Taha Hussein tout en vagabondant du côté de Simenon et de James Hadley Chase. Et tout en distribuant quelques hommages en premier lieu à Paul Valéry, son contemporain, à Roger Martin du Gard – prix Nobel avant lui! –, à Montherlant, à Louis Guilloux. Etant bien entendu que les deux grands écrivains, hélas, sont Céline et Proust. Dans les citations que j'ai faites au début, j'ai oublié sa réponse lorsqu'on lui demande : « Dante incarna l'Italie, Cervantès l'Espagne, Goethe l'Allemagne, Shakespeare l'Angleterre. » Et la France? « Victor Hugo, hélas! » C'est en 1909 qu'il fonde avec Jacques Copeau, Jean Schlumberger et André Ruyters la *Nouvelle Revue française.*

J'ai rencontré l'œuvre de Gide en Algérie, sur une terrasse privée de soleil par la construction maudite d'un mur. Mathilde, ma sœur aînée, avait rassemblé dans une caisse les œuvres d'Irène Némirovsky, de

Paul Bourget, de Rachilde, de Max du Veuzit, de Charles Morgan et de Rosamond Lehmann, et avait fait une place à part pour Colette, pour Oscar Wilde et pour Gide. Le hasard m'a conduit à feuilleter les pages fameuses du *Journal* où Gide déclarait son amour pour l'URSS et pour le communisme. Je suis tombé sur cette phrase : « Et s'il fallait donner ma vie pour assurer le succès de cette prodigieuse aventure, je la donnerais sur-le-champ. » Je ne comprends pas pourquoi cette déclaration m'a tant frappé. Sans doute, les adolescents du Front populaire étaient-ils passionnément politisés et disponibles pour l'engagement. Mais que pouvais-je savoir de Gide à quinze ans ? J'avais envie de croire. Je me découvrais incroyablement sensible à l'écriture. Je suis ainsi devenu un véritable militant et je n'ai découvert Nathanaël qu'au moment où Gide avait eu la malheureuse idée de l'appeler « Camarade » dans *Les Nouvelles Nourritures terrestres*. Reste que ces *Nourritures*, bien avant *Noces* de Camus, ont suscité chez moi l'élan vers une exaltation aussi sensuelle que mystique. J'étais envoûté au point de rechercher le nom de Gide dans les index des livres qui en contenaient et de renoncer à les lire si le nom n'y figurait pas. Je me souviens qu'une page de journal commençait par cette phrase : « Sans doute, la jeunesse a-t-elle besoin d'héroïsme et Montherlant le dit magnifiquement mais… », je me suis aussitôt procuré *La Rose de Sable, Encore un instant de bonheur* et naturellement *Les Jeunes Filles*. Et je pourrais dire paraphrasant le maître : « Mon adolescence s'est déroulée couverte de Gide. »

Mais un an ne s'était pas écoulé que je vois mon Dieu descendre de l'Olympe. Il dénonce Staline, qui fut son hôte prodigue, comme un despote qui « vassalise », terrorise et humilie son peuple. La dénonciation publiée dans l'hebdomadaire *Vendredi* est un véritable coup au cœur et à l'esprit car il n'avait été question que de la façon dont l'auteur des *Nourritures* avait été reçu en Union soviétique, « comme un chef d'Etat » disait-on. Ce reniement était d'autant plus efficace et violent qu'il n'était pas formulé par une victime. Il s'agissait d'une audace, sans précédent connu, celle de brûler ce qu'il avait adoré. C'est ainsi que le grand bourgeois protestant accabla une génération en mettant fin à une religion. C'était énorme. J'ai donc, curieusement, suivi Gide dans deux élans héroïques : celui de la foi et celui de l'iconoclastie. Autrement dit, Gide pouvait bien être « pédophile, pingre et antisémite » mais après cela, on n'avait rien dit si l'on ne souvenait pas du rôle joué par un petit livre intitulé *Retour d'URSS* paru en 1936 et dont le retentissement intellectuel et historique fut considérable.

Donc le lecteur de Gide devait désormais, pour s'y retrouver, essayer de trouver son chemin dans ce qui devenait un labyrinthe de contradictions. Pour moi, je devais d'autant plus facilement trouver ce chemin que je l'avais fait mien et que la vérité gidienne se trouvait précisément dans la contradiction. On retrouve soudain cet homme carré, au masque légèrement asiatique, au regard à la fois oblique et attentif qui choisit de revêtir une cape romantique même lorsqu'il est au piano. C'est lui qui, parti de l'esthétique de la révolte hédoniste, de l'individualisme païen, amoureux de l'insolite, du rare, du contraire et même

du contradictoire, trouvera son salut dans l'auteur de
Zarathoustra. En fait, c'est Gide qui me donnera pour
toute la vie le sens et le besoin de ce que l'on appelle
aujourd'hui la complexité. Une affirmation n'est
valable que si elle contient son contraire : si elle se
révèle *complexe*. J'ai le sentiment, étrange ou présomp-
tueux, d'avoir introduit ce concept dans mon métier
bien avant qu'il ne soit théorisé plus tard dans une
œuvre dont les ambitions scientifiques sont recon-
nues[1]. Plus tard, j'ai découvert avec regret que Gide
n'avait pas lu le théologien majorquin Raymond
Lulle. Dans l'un de ses innombrables livres, *Le Livre
du Gentil et des trois sages*, on ne finit par trouver Dieu
que grâce à un voyage dans les différences et les
contradictions.

Pour revenir à Nietzsche, le libérateur visionnaire
qui rompt avec l'angoisse du péché originel pour
affirmer une liberté en marche, Gide passe de la
transe à l'extase lorsqu'en 1895, lors de son voyage
de noces avec son épouse et cousine Madeleine, il
part sur ses traces. « Il me semblait, dira Gide,
découvrir des voiles de moi-même ou que j'entrais en
moi pas à pas [...]. Chaque fois que je reprends
Nietzsche, il me semble que plus rien n'est à dire, il
me rend fou; pourquoi a-t-il eu lieu; j'eusse folle-
ment voulu l'être; je découvre une à une toutes mes
secrètes pensées. »

Gide se flattera d'avoir fait connaître le premier et,
en tout cas, le mieux, l'intensité et le sens de la révolution nietzschéenne. Le texte qu'il écrit alors est d'une
humilité quasi mystique. Décidément, Nietzsche avait

1. Cf. Edgar Morin.

tout dit, tout ce que Gide, lui, aurait espéré pouvoir dire, tout ce qu'il aurait voulu être le premier à faire entendre. Il y a des grands textes : tels ceux de Rousseau sur Plutarque ou de Lévi-Strauss sur Marcel Mauss après avoir lu l'*Essai sur le don* ou encore l'hommage de Paul Veyne à René Char ou Virginia Woolf[1] à Proust. Mais rien ne m'a plus ému, à l'époque où je l'ai lu, que le texte de Gide sur Nietzsche. Au point que je me demandais, après l'avoir lu, s'il fallait vraiment préférer Nietzsche à Gide.

Gide meurt le 19 février 1951, 1 bis rue Vaneau, après avoir écrit *Ainsi soit-il ou les jeux sont faits*. A sa suite, un gidien de haute lignée, Roger Stéphane, écrira, lui, *Tout est bien*. Tous les deux ne font que citer Kirilov, le héros de Dostoïevski dans *Les Possédés*.

---

1. La célèbre romancière britannique a décidé, après avoir lu Proust, que tout avait été dit et elle n'a rien écrit pendant plusieurs années.

Albert Camus : le soleil de la force obscure

Camus fut lui aussi un prince de la convalescence. Lui aussi ? Lui surtout. Ce mot de convalescence n'est pourtant pas de lui. Il ne pourrait l'être. Dans toute son œuvre, et du début à la fin de sa vie, on l'entend évoquer une force qui sans cesse le pousse et même, dit-il souvent, « une force obscure ». On trouve l'expression dans *L'Envers et l'endroit*, sa première œuvre, comme dans *Le Premier Homme*, le livre posthume et inachevé. La confiance qu'il a dans cette force qui le pousse, lui, et nul autre, ne relève pas de l'optimisme de la foi. Il y a évidemment un mystère, mais qui n'a rien à voir avec Dieu.

On pourrait penser à lui soit en invoquant un petit mendiant de Murillo soit un seigneur de Vélasquez ou plutôt, bien sûr, le même torero peint par Manet et par Picasso. Voici un gosse orphelin de guerre dont la mère, sourde et analphabète, fait des ménages. Mais dans la rue, il est doué pour le football et ses camarades l'acclament. C'est le meilleur goal ! Voici un gosse qui ne peut pas lire chez lui et qui ne sait rien de la littérature. Mais quand il rend visite à son oncle, il découvre les plus grands, Balzac, Hugo, Zola mais aussi Paul Valéry ou Charles Maurras. Lorsque le jeune homme, enfin, peut se croire disponible pour toutes les ferveurs – ce qui le conduira à écrire *Noces à Tipasa* –, voici que l'on confirme qu'il est atteint de tuberculose. Comme il n'y a pas d'antibiotiques, on lui fait un *pneumothorax*. Et l'on prévoit des crises, des récidives. Elles auront lieu entre deux moments de bonheur. Nous savons tous à ce moment-là les premières lignes : « Au printemps, Tipasa est habitée par les dieux et les dieux parlent dans le soleil et l'odeur des absinthes, la mer cuirassée d'argent, les ruines couvertes de fleurs et la lumière à gros bouillons dans les amas de pierre. A certaines heures, la campagne est noire de soleil. » La force obscure va-t-elle disparaître? On peut trouver le salut dans un donjuanisme débridé. On peut aussi s'engager, sans retenue, dans la lutte politique. Au moins peut-il alors se sentir quitte envers la dette que sa conception de l'action morale (« solitaire et solidaire ») lui impose. Le jeune homme connaît un succès trop précoce. Le 15 novembre 1941, le comité de lecture de Gallimard accepte *L'Etranger*, et avec la célébrité, la passion arrive suscitant la malédiction conjugale. Il souffre, il fait souffrir, il ne peut aimer que par effraction. Deux visages de femme le hanteront toute sa vie. Francine, c'est la lumière et Maria, la flamme. Aussitôt arrimé à l'une, « la force obscure » le dirige vers l'autre. Il vit avec une telle intensité qu'il est tenté de se croire parfaitement authentique. Mais personne ne mérite ce mot sauf peut-être M. Germain, l'instituteur qui l'a distingué à l'école alors qu'il avait douze ans et auquel il dédiera son prix Nobel.

Il se sent vrai quand il souffre c'est-à-dire quand il crée ou lorsqu'il est terrassé par les crises. Il écrit. Il aime écrire. Il est amoureux de son art. Il vit dans la création, celle des autres et la sienne. Les malheurs du monde ne peuvent rien contre cela. Il incarne ses rêves et ses idées dans des personnages bien vivants, et toujours grecs. C'est « la force obscure » qui pousse Sisyphe à devenir Prométhée, de l'absurde à la révolte.

Jusqu'au jour où, contraint de faire un bilan par la mort de l'amour, il découvre partout l'imposture. Au faîte de sa gloire, il veut la traquer, la poursuivre et l'abattre. Il se refuse à lui-même moins d'indulgence qu'à n'importe qui. Ce refus est exprimé par un avocat dans un récit dont le titre résume tout : *La Chute*. Tiens ! Il y a donc un endroit dont on a pu tomber. Il y aurait donc une ascension et pourquoi pas une réhabilitation ? Pas même. Il n'y a rien. Clamence, le héros, sans le dire, se réclame d'une morale religieuse à laquelle il ne croit pas. Comment sait-il si précisément où se situent l'imposture et l'inauthentique ? Il ne sait pas toujours s'il y a une vérité mais il a une parfaite conscience de ce qu'il lui arrive de se mentir. En tout cas, quand il fait ce qu'il aurait fallu faire, il comprend qu'il n'aurait pas pu ou pas voulu le faire. Non par incrédulité mais par lâcheté. Que veut Clamence quand il se souvient n'avoir pas fait un geste pour sauver une jeune fille dans les brumes d'un fleuve d'Amsterdam ? Il demande que l'occasion lui soit de nouveau offerte pour qu'il puisse se mettre à l'épreuve. Mais même de cela, il se gausse, il ricane. Et il s'aperçoit qu'il prend du plaisir à le faire et ricane de ses propres ricanements. On n'en finit pas.

La Chute est pour moi le chef-d'œuvre de Camus, en tout cas l'était-il avant la lecture du *Premier Homme*. S'il s'agit d'un chef-d'œuvre, c'est que le héros incarne tout ce qui impossible dans la morale et l'immoralité, dans le Christ et dans Nietzsche. Il n'est que Dostoïevski qui empruntera ce chemin ténébreux dans *Les Carnets du sous-sol*. Mais, je ne sais pourquoi, j'ai l'impression qu'on ne peut sortir du sous-sol de Dostoïevski et d'ailleurs le personnage du Grand Inquisiteur qui inspira Clamence prend la figure du démystificateur. Ce qui me tourmente à chaque lecture, c'est le ton dandy, à la fois paladin et aristocrate, pour décrire et recenser tous les barreaux de la prison. Il m'est arrivé de douter que le titre *La Chute* fût le meilleur au lieu de me contenter de me dire que je le comprenais mal. Mais le héros qui me reste après lecture et qui m'a accompagné dans la vie, ce n'est pas un être qui tombe, mais un être qui trouve le moyen d'être toujours dupe de lui-même et qui ne se pardonne même pas d'être lucide.

Pour revenir à notre héros, le prince des convalescents a tout de même vécu la gloire des impromptus, des intermèdes et des entractes. Mais parfois, avec la secrète idée qu'il ne le méritait pas. Ce sont là les moments où il s'éloigne de Clamence. L'avocat démystificateur ne pourrait trouver les raisons de ce malaise autrement que dans la compassion inaltérable pour la souffrance des autres. Il y a dans le *Retour à Tipasa* l'extase de la lucidité et une certaine vérité.

Quand Camus rencontre son professeur qui a écrit *Les Îles*, ce livre qui n'aurait pas été possible sans *Les Nourritures terrestres* et sans lequel *Noces* aurait été moins bien inspiré – il s'agit de Jean Grenier qui murmure ou marmonne avec le visage et l'accent de l'acteur Michel Simon : «Je trouve votre fierté un peu trop castillane» –, le jeune Camus n'est pas offensé. Au contraire. L'humilité n'est jamais obligatoire même devant ceux que l'on admire et elle doit être agressive comme dans la Bible ou comme chez les Grecs à l'égard des dieux.

Il reste deux ou trois messages qu'on peut sans risque de trahison rendre plus limpides. Pendant toutes les guerres et toutes les révolutions, Camus, à l'intérieur même de la participation, prend de la distance. Que faire de la violence? La misérable Kabylie peut-elle éviter de la susciter à partir de 1938? Faut-il hurler d'enthousiasme lorsque la bombe atomique atteint l'ennemi? Fallait-il anéantir Dresde? Doit-on mourir pour ne pas imiter l'ennemi qui veut votre mort? Y a-t-il autre chose que la violence pour répliquer à la violence? Les religions et les morales n'ont-elles pas donné une leçon définitive d'humilité et de culpabilité dans ce domaine? Je préfère de cette manière moderniser la question camusienne en ne revenant pas sur la question de savoir si l'on peut être un saint sans Dieu. Ni l'héroïsme, ni la sainteté ne m'intéresse, dit le médecin Rieux. Je veux seulement faire mon métier d'homme. Il le fait dans *La Peste*. Mais en quoi cela consiste-t-il? Il me répondrait simplement : à faire ce que l'on fait, parce qu'on est un homme. Oui, mais Clamence continue de nous hanter : Pourquoi fait-on ce que l'on fait ou ce que l'on doit faire ? Et c'est pourquoi, pour Camus, contrairement à ce que j'ai choisi de dire dans ce qui précède : il faut commencer, et finir – je dis bien finir et commencer – par la lecture du discours du prix Nobel et puis du *Premier Homme*. Après quoi on peut s'enchanter en s'identifiant à *L'Etranger* et à ces pierres calcinées de soleil, d'indifférence et d'intransigeance.

Un écrivain fait le pont entre les pages sur Gide et notre héros, on pourrait croire que c'est Dostoïevski mais c'est Nietzsche dont le portrait est le seul accroché au mur de son premier bureau chez Gallimard. Là-dessus, pas d'erreur possible. C'est lui-même qui donne une clef en citant René Char déclamant un extrait de *L'Origine de la tragédie*. On ne peut comprendre *L'Homme révolté* sans s'en référer à Nietzsche. Il écrit à Maria Casarès : « C'est le seul homme dont les écrits autrefois eurent une influence sur moi. Et puis, je m'en étais détaché et à ce moment, il tombe à pic. » La photo représente en principe « Nietzsche fou ».

« Depuis plus de dix ans que je suis lié avec Camus, écrit René Char, bien souvent, à son sujet, la grande phrase de Nietzsche réapparaît dans ma mémoire : "J'ai toujours mis dans mes écrits toute ma vie et toute ma personne. J'ignore ce que peuvent être des problèmes purement intellectuels." » Chaque mot, dans cette citation, est essentiel. Et pas seulement le thème de l'engagement du cœur et de l'esprit, mais cette critique d'un terme qui évoque le penseur professionnel ou même le philosophe. Il n'y a pas une question que l'histoire de la philosophie imposerait. Il y a simplement un problème auquel on est confronté, même malgré soi. Les personnages de *La Peste* ont le culte de la concision limpide. Ils résistent à toute tentation métaphysique. Camus veut rappeler, par ses héros, tous traqués par l'urgence, que ce ne sont pas les questions sur les origines qui les taraudent mais seulement les raisons et les obligations d'agir. Autrement dit, la morale? Oui et non. Oui, au sens de Spinoza; non, à celui de Kant. L'impératif est sans doute catégorique, mais il ne s'insère pas dans un système dont il serait le pilier. Evidemment Clamence, pour revenir à *La Chute*, est spontanément dostoïevskien, sauf qu'il est dans la dérision. Alors que Zarathoustra est à la rigueur dans l'ironie.

C'est volontairement, on l'aura compris, que j'ai reculé le moment où s'impose le thème de l'absurde illustré par *Sisyphe* et *Caligula*. C'est pour mieux souligner l'obscur et tenace cheminement du jeune Camus vers la découverte de la contradiction entre le bonheur et l'absurde et celle du paradoxe de leur simultanéité. Le fait que les deux concepts soient liés au point d'exprimer la naissance et la mort, au point de résumer ce qu'il y a de plus profond et de plus superficiel dans la vie. N'oublions pas que pour s'insérer dans cette évidence du tragique, il faut, pour Camus, être passé par la révolte. Il n'y a pas de problème philosophique sérieux autre que le suicide, il n'y a pas de cheminement justifié en dehors de l'homme qui proclame : «Je me révolte, donc je suis. »

Et lorsqu'au bout de ce combat où alternent l'absurde, la révolte et la beauté, il faut vraiment appeler le salut par son nom, surtout s'il n'est dispensé par personne, alors peut-être, mais seulement alors, on peut être armé pour accueillir ce qu'il faut bien appeler l'amour. Camus avait conçu son œuvre comme un grand triptyque, étonnamment calculé. Encore une fois, il n'a cessé de dire qu'il ne voulait être ni penseur, ni surtout philosophe. Il n'avait pas, disait-il, suffisamment confiance dans la raison. Il reste qu'il y avait bel et bien un plan de son œuvre qui se déployait dans le roman, dans le théâtre comme dans l'essai. Il est étrange que ce soit la mort qui l'ait empêché d'aboutir à la troisième partie du grand plan, à moins de considérer – et ce ne saurait être exclu – que le livre inachevé et posthume, retrouvé sur les lieux de l'accident fatal en 1960, et reconstitué par les soins rigoureux et ardents de Catherine Camus, bref, que *Le Premier Homme* soit une sorte d'hymne premier et comme l'aube et la promesse d'une possibilité d'amour.

Maintenant, et avant d'évoquer l'Algérie de Camus, je veux dire, ne serait-ce que pour me faire plaisir, pourquoi certains créateurs me touchent plus que d'autres. En l'occurrence, il s'agit de René Char et de Camus. Je veux parler de l'amitié qui les lie, de la vibration intense des préoccupations qui les rapprochent et de cette vigilance si attentive qui, à elle seule, suffit à définir un lien. Le fameux « Parce que c'était lui, parce que c'était moi » de Montaigne ne m'a jamais laissé indifférent. Il y a, de plus, dans la correspondance de Char et de Camus, surtout quand elle est aussi magnifiquement décrite par un Paul Veyne, des accents de fraternité que je caractériserai par une expression dont je ne songe pas à corriger le lyrisme : ils élèvent l'âme. Non seulement chacun se soucie de l'autre au point de se laisser inquiéter par un silence ou par le retard avec lequel le dernier manuscrit fut envoyé. Camus ira jusqu'à écrire que certains chapitres de *L'Homme révolté* ne sont justifiés que par rapport aux *Matinaux* de René Char. Il m'est souvent arrivé de penser que la vie n'avait pas de sens jusqu'au moment où j'ai découvert qu'elle avait en réalité celui que les êtres lui donnent.

Il n'est pas facile de parler de Camus sans évoquer l'antienne de son algérianité. Au moins peut-on innover en observant que les interprétations les plus intéressantes et les plus contradictoires de *L'Etranger*, l'un des romans les plus traduits dans le monde, ont été formulées par des Arabes. Ce petit livre n'a laissé aucun intellectuel indifférent. Un thème en particulier, celui qui concerne le héros, Meursault, que certains, parmi lesquels des Egyptiens et, bien sûr, des Algériens (dont l'érudit Taleb Ibrahimi) considèrent comme une incarnation du « petit Blanc » de la colonisation française. Le fait qu'il ait immédiatement peur, et plus spécialement d'un rasoir, apparaît comme symbolisant la minorité pied-noir, raciste d'un côté mais très souvent hantée par le spectre d'un islam viril et dominateur.

Avant *Le Premier Homme*, on estimait à juste titre qu'il n'y avait aucun Arabe dans l'œuvre romanesque ou théâtrale de Camus. Il y avait eu évidemment les reportages politiques en Kabylie, mais jamais dans la fiction. Or voici que dans ces interprétations nouvelles, les commentateurs ne s'intéressent pas seulement au fait que leur héros tue un Arabe mais qu'il va être condamné à mort pour ce meurtre. D'abord, l'idée qu'un tribunal de juges européens puisse condamner à mort un pied-noir apparaît (à tort) comme invraisemblable. En fait, ces commentateurs arabes croient pouvoir interpréter la volonté de Camus de représenter Meursault, l'Européen, comme victime de la justice coloniale.

Ce serait une façon pour Camus de pressentir la fatalité qui conduit les petits Blancs et les grands colons (ou pieds-noirs) à être condamnés par une justice immanente et par l'histoire. Evidemment, il y a toute une partie de l'énigme de *L'Etranger* qui est ainsi et un peu hâtivement déchiffrée. Car il y a un côté absurde à la fois dans le crime de Meursault et dans la condamnation à mort dont il sera la victime. Cette absurdité est en quelque sorte ennoblie. Ce n'est pas l'aspect le moins intéressant des interprétations si incroyablement nombreuses et variées d'un texte si court et devenu si classique.

Sans doute, les liens dont j'ai eu, quelque temps, le privilège et dont la rupture fut tout à la fois si douloureuse et si belle m'éloignent-ils et rendraient d'ailleurs dérisoire tout souci d'objectivité. L'amour est en lui-même une justification. Mais j'ai cheminé avec Camus et tant d'autres, à la fois musulmans, juifs et chrétiens, révoltés par l'idée que les Arabes puissent être étrangers chez eux. Ces hommes ont tout fait, tout ce qu'ils pouvaient et croyaient devoir faire pour que cesse un tel scandale. Il y avait dans ce camp, souvent aujourd'hui ignoré par les historiens, des femmes comme Germaine Tillion, des hommes comme Jules Roy, Emmanuel Roblès et moi-même, comme Ferhat Abbas et les amis du Manifeste qui n'excluaient pas qu'on pût ne pas rompre tout lien entre l'Algérie et la France. Cette espérance fut entretenue jusqu'à ce que survienne la guerre, affreuse, maudite, dévastatrice et fratricide pour tous. Voilà pour la douleur générale et atroce. Pour ce qui me concerne, lorsque, après le prix Nobel, je l'assurai qu'en dépit de son éloignement, mon admiration pour lui était inaltérée, il m'a répondu par un mot : « L'important, c'est que nous soyons l'un et l'autre déchirés. » J'en fus bouleversé. En attendant de l'être plus tard, comme tous les lecteurs, par le texte exceptionnel qui sert de conclusion au *Premier Homme*. Sans doute suffit-il d'avoir le livre sous la main pour s'y reporter mais comme ici il s'agit de tout ce qui m'a importé chez les autres, je veux le transcrire, simplement pour le lire et pour le relire :

« Lui, comme une lame solitaire et toujours vibrante destinée à être brisée d'un coup et à jamais, une pure passion de vivre affrontée à une mort totale, sentait aujourd'hui la vie, la jeunesse, les êtres lui échapper, sans pouvoir les sauver en rien, et abandonné seulement à l'espoir aveugle que cette force obscure qui pendant tant d'années l'avait soulevé au-dessus des jours, nourri sans mesure, égale aux plus dures des circonstances, lui fournirait aussi, et de la même générosité inlassable qu'elle lui avait donné ses raisons de vivre, des raisons de vieillir et de mourir sans révolte. »

Marie Susini : la passion d'Antigone

Sans nous être concertés, nous nous sommes trouvés, Marie Susini et moi, dans son pays, en Corse, chez elle, pendant la semaine sainte. Le hasard n'existe pas pour Marie Susini. Un jour d'avril, elle m'a donc proposé de me rendre dans les montagnes de son enfance. Nous avons pris un taxi. Elle s'était munie d'une carte où elle avait tracé l'itinéraire de sa préférence. Elle tenait à préparer avec soin les étapes d'une montée vers ses sources, qu'elle allait transformer en une assomption vers sa vérité.

Le chauffeur corse contempla la carte, se retourna vers Marie et hocha la tête, reconnaissant une experte. Le tracé du parcours ne pouvait avoir été fait que par une enfant de cette région. C'était un gaillard blond, rougeaud, aux yeux bleus et avinés, arrivé depuis peu du Gabon, et qui se révélait natif d'un village voisin de celui de Marie Susini, dans la montagne. En la voyant menue, courbée, fragile, mais l'œil vif, le propos décidé et la voix pathétique, il fut saisi de respect, comme intimidé par une compatriote inspirée, à qui l'âge donnait encore plus d'autorité et de présence. Il se mit à lui témoigner mille égards. J'ai même senti qu'il me faisait bénéficier de la considération qu'il avait pour elle, qu'il m'était reconnaissant d'être le compagnon de voyage d'une femme qui incarnait d'évidence le passé d'une Corse « renfermée » et profonde, celle des villages soit enfouis dans les vallées, soit isolés et sauvages sur les hauteurs, sans se douter qu'il transportait une grande romancière de son île.

Marie dissimulait son émotion de me voir dans son pays, de m'y guider, de se rendre avec moi sur les lieux d'une enfance terrible dont elle m'avait tant parlé, sur laquelle elle a magnifiquement écrit. Elle me dit qu'elle avait peu mangé, comme il convenait à un jeudi saint, à peine un œuf dur et une pomme. Elle m'a rappelé qu'elle avait fait partager à tous ses amis, chrétiens ou pas, les angoisses de la semaine sainte et que, par imprégnation, près d'elle, ils n'avaient eu d'autre choix que d'attendre, comme elle, la délivrance avec l'annonce de la Résurrection. Elle avait un sourire heureux et nostalgique à ce moment-là. Et puis, comme toujours, elle a associé Norbert Bensaïd à nos souvenirs communs. Et comme toujours elle s'est mise à parler comme elle écrivait parfois, c'est-à-dire sur le mode litanique, en répétant les phrases, en les enrichissant, en les soulignant, un peu comme dans les poésies de Péguy, qu'elle nous récitait après la guerre. Et chaque fois, elle disait : « Quand je pense à ces amis, je dis : que Dieu les garde. »

Le ciel se couvrait d'obscurs nuages d'humidité, tandis que nous nous dirigions vers Sagone. On aper-

cevait à peine la côte, plus du tout la mer. Le chauffeur se demanda si la journée n'était pas compromise
et si les orages n'allaient pas éclater dans la montagne. Marie décida, connaissant son terrain, son ciel
et la direction des vents, que l'on pouvait sans crainte
monter vers Vico, vers la forêt d'Aïtone, puis vers
Evisa, ce qui nous permettrait au surplus de revenir
ensuite vers les impressionnantes mais trop touristi-
ques Calanches de Piana, sur la route de Porto à
Cargèse. Elle n'eut raison, mais alors elle triompha,
que lorsque nous atteignîmes le sommet de Vico,
quand le soleil rejeta enfin dans le gouffre des vallées
les masses brumeuses qui nous enténébraient jusque
dans notre taxi. Les pins géants et droits, groupés
comme des orgues démesurées, arrachaient à Marie
des chuchotements satisfaits, comme si elle était heureuse de les retrouver tels qu'elle me les avait décrits,
tels qu'elle avait redouté de me les avoir trop décrits.

Les tournants étaient nombreux, l'allure rapide,
Marie avait peu mangé. Elle eut un léger malaise.
Nous nous sommes arrêtés un moment. Je fus
inquiet : elle avait le cœur fragile. Mais ce jour-là,
rien ne pouvait l'atteindre. Elle était dans sa montagne, chez elle, dans ses souvenirs, dans ses livres tout
remplis de cette nature austère, et elle semblait
atteindre un moment d'équilibre parfait, comme si
elle coïncidait, pour la première fois, avec son destin.
Comme si elle le comprenait enfin. La lumière changeait à chaque nuage et, peu à peu, Marie finit par
ponctuer de regrets toutes les fortes impressions que
procuraient ces paysages rudes, impitoyables, parfois
sinistres, avec ses châtaigniers d'hiver, si décharnés

qu'ils ressemblaient à des baobabs brûlés. Elle disait :
« C'est dommage que tu ne voies pas ces monts de
granit à l'aube, ces pics au crépuscule, ce massif dans
un soleil plus franc. » A un moment donné, à un
embranchement, elle donna une indication en corse
au chauffeur. Nous empruntâmes alors un chemin
quasi impossible pour les voitures, nous vîmes les
deux couvents indiqués dans les livres de Marie,
l'un des franciscains de Vico, l'autre des religieuses
d'Evisa, et nous nous dirigeâmes vers Renno, le village où Marie était née.

La montagne que nous avions en face de nous était
la célèbre Sposata (« l'épousée »), que j'avais vue sur
les photos de Chris Marker, lesquelles illustrent le
livre de Marie sur la Corse (*La Renfermée, la Corse*).
Un souvenir légendaire s'y attache qui pour Marie
traduisait bien la mythologie corse. Une jeune ber-
gère, enivrée par son pouvoir après avoir été choisie
par un seigneur, dépouille sa mère, la réduisant au
dénuement. Il suffit à la mère de jeter sa malédiction
sur l'ingrate pour qu'aussitôt celle-ci soit pétrifiée sur
l'arête de la montagne. Marie trouvait la légende
imposante, dans la mesure où elle soulignait que la
fidélité aux parents est plus importante que la réussite sociale. Mais elle trouvait cette légende terrible
du fait du pouvoir qu'elle attribuait à la malédiction.
Elle a répété alors ce qu'elle avait dit dans un film et
dans une longue émission de télévision : « Ma façon
d'appartenir à la Corse, c'est de ne pouvoir y vivre et
de ne pouvoir la renier. »

Elle se mit à parler un peu corse avec le chauffeur.
Puis, se retournant vers moi : « Dire que dans mon

enfance on avait honte de parler corse. » Elle dit cela sans regretter l'époque ancienne, sans condamner l'époque présente, remarquant simplement, comme elle l'avait toujours fait, que les jours se poussaient les uns les autres, que tout changeait, que certains restaient en rade, à côté, sur les marges. Les nuages revenaient dans les châtaigniers, les chênes verts et quelques pommiers dont les fleurs pâles et tristes murmuraient timidement que c'était tout de même le printemps. Je voyais défiler l'œuvre, les récits, l'enfance de Marie. La voiture s'arrêtait devant des troupeaux de chèvres agitées et plus souvent devant des colonies de porcs indifférents. Les maisons, de plus en plus rares, devenaient misérables. Marie les regardait puis, en silence, me prenait à témoin.

Car nous faisions le trajet qu'elle a décrit et qui a saisi d'émotion un soir, chez Louis Guilloux, tant d'amis lorsqu'elle nous l'a lu. Elle a six ans, elle est à cheval tout contre son père, devant lui, entre ses bras sans qu'il paraisse s'en apercevoir, sans qu'un mot soit échangé pendant huit kilomètres interminables, sur un chemin qui la mène de Renno à Evisa, de la forteresse familiale au couvent des religieuses, avant de la conduire, plus tard, vers un autre couvent à Marseille.

Lorsque nous arrivons à Renno, notre voix est un peu étranglée, celle de Marie, la mienne et aussi, nous semble-t-il, celle du chauffeur. La maison familiale est belle de masse et de lignes, mais elle est redoutable aussi. On dirait qu'elle existe depuis toujours. Comme les pics, comme les massifs, comme le granit et comme les châtaigniers. C'est la maison des racines et de la continuité. De la fidélité et de l'absolu. Pas de la vie. Marie m'a demandé si je comprenais. Oui, je comprenais que ce lieu était la vérité et que cette vérité était impossible. Je comprenais que Marie ait dû la fuir et qu'elle ait constitué tout de même la référence, pendant toute une vie qui s'est déroulée à Paris. Pendant l'Occupation où, malgré la faim, le froid et les Allemands, elle a réussi à être heureuse. A la Bibliothèque nationale, où elle s'émerveillait chaque jour de recevoir au service du catalogue les trésors du monde. A Paris, où elle a été reconnue par des écrivains comme Camus, Vittorini, Henri Michaux. Camus, sans lequel elle n'aurait pas écrit. A Paris, où elle n'a cessé de combattre avec impétuosité pour les auteurs qu'elle aimait sans pour autant voir dans ses combats autre chose qu'une forme de fuite en avant.

Marie Susini ne devait pas mourir dans son île, dont elle a mieux que personne au monde décrit le tragique éternel, qu'elle a fini par transformer en mythe à force de styliser sa dimension régionale. Une des plus grandes dames de la littérature méditerranéenne s'est éteinte dans l'Italie qu'elle chérissait, terrassée par la chaleur qu'elle aimait, entourée d'amis d'enfance, qui lui ont toujours fait oublier les agressions du souvenir comme celles des craintes. En épigraphe des *Yeux fermés*, il y a une citation de Tchekhov : « Tu n'as pas connu de joies dans ta vie, oncle Vania, mais patiente un peu, patiente… Nous nous reposerons… Nous nous reposerons ! »

Elio et Ginetta Vittorini

J'ai eu la chance de connaître un beau couple. Au point qu'on ne pouvait jamais choisir entre le mari et la femme. Lui, le romancier Elio Vittorini, l'auteur des *Conversations en Sicile*, beau comme un dieu, ressemblait à Faulkner et le metteur en scène Zeffirelli lui a demandé d'interpréter le prince dans *Roméo et Juliette*. Secret, taciturne, feignant d'ignorer sa séduction. Regard absent et voix de confesseur. Elle, Ginetta, volubile mais par intermittence, charmeuse mais par caprice. Raffinée dans le comportement et vulgaire dans le langage. Feignant de faire valoir son intelligence au détriment d'un corps parfait. Marguerite Duras est tombée amoureuse d'eux et ils sont présents dans l'un de ses romans, *Les Petits Chevaux de Tarquinia*. De temps à autre, Elio et Ginetta venaient à Paris. Quand Ginetta me trouvait triste, elle me disait qu'il me manquait un peu d'Italie. Elle précisait que j'étais fait, selon elle, pour être éveillé et réveillé par son pays. Je ne suis pas sûr d'être le seul à qui elle ait tenu ce langage, mais je n'ai jamais oublié la tendre protection avec laquelle elle proposait ses bien chauvines recettes pour transformer en ferveur la mélancolie. Et c'est elle bien sûr qui avait raison. Tous les ans, j'ai comme un malaise. J'ai vaguement l'impression qu'il y a quelque chose qui me manque et je finis toujours par découvrir que c'est, en effet, l'Italie. C'est une curieuse démangeaison dès que je me rends compte du temps qui passe, de celui que l'on perd à être sérieux, de l'ennui compassé que nous dispensent les gens d'importance, de cette terreur des modes qui finit par assécher toute fraîcheur, des choses que l'on voit seulement pour les avoir vues, parce que l'on ne saurait passer à côté de tel film, pièce, tableau, concert, parce que ce ne sont plus les plaisirs que l'on vit, que l'on déguste, mais les événements culturels, vite oubliés, que l'on amasse.

Alors, il apparaît évident que l'authentique se trouve dans le frivole, l'essentiel dans le fugace, et qu'il est un lieu, bien sûr l'Italie, où l'on peut vivre l'histoire dans son éternité avec une légèreté d'être qui seule, au fond, donne son sens à la vie. A ce moment-là, dès que réapparaissent tous ces sentiments, et avant que les vérités d'humeur ne se figent dans l'amertume, je prends l'avion pour Rome. Ou alors, comme pour en retarder l'enchantement, je fais un pèlerinage dans le pays le plus italien du Maghreb, je débarque dans cette Tunisie avec laquelle j'ai tissé des liens qui ressemblent à des racines. D'autant que mon refuge et ma source se trouvent chez les seigneurs de Sidi Bou Saïd, les peintres Latifa et Jellal Ben Abdallah. Et puis lentement, par le bateau et la voiture, je vais en Sicile ou à Naples et je remonte vers mon archipel toscan. En Tunisie, il y a un petit port très italien, Porto Farina, où je me suis souvent rendu avec Michel Foucault parce que ce port lui rappelait *Le Rivage des Syrtes*, le roman de Julien Gracq, le plus beau roman qu'on ait jamais écrit, disait Foucault. Moi, je me contentais d'y trouver toutes les promesses de l'Italie.

Entre les Tunisiens et les Italiens, il y a bien des choses communes. Ces deux peuples apprécient le plaisir mais de plus, ils l'aiment tellement qu'ils protègent celui des autres. Ils sont capables de vivre le plaisir par procuration. Donc, ils le donnent aux autres pour mieux en jouir. C'est plus que de la générosité, plus que du partage, c'est la communion des voluptés. Il faut entendre dans ces pays un ami vous dire après la sieste : « Ton sommeil m'a reposé. » Il faut avoir vu le sourire, le ravissement du visage d'un être qui imagine le plaisir que vous avez pris à vous baigner. Une autre chose qu'ils ont en commun, c'est la gastronomie. Pardi, on ne le sait que trop : il n'est de cuisine raffinée qu'en France, en Chine et au Maroc. Soit. Sans doute. Je veux bien. Mais l'allégresse du regard sur les couleurs des mets, les fêtes quasi convulsives de la dégustation, le secret des rites culinaires qui jalonnent le déroulement des journées, tout cela, c'est de ces deux côtés de la Méditerranée qu'on les trouve.

Revenons à mes Vittorini. Après m'avoir installé chez eux à Milan, Elio s'impatientait de voir Ginetta m'imposer des itinéraires et des parcours. Il me disait : « Fais le contraire des écrivains et des intellectuels, comporte-toi en parfait touriste, lis tous les guides, les sentiers battus sont les meilleures pistes pour les plus belles découvertes. Tout le monde a tout vu, mais ton regard sera toujours différent. N'oublie pas Stendhal : on ne revoit jamais ce qu'on a vu. » J'ai suivi ce conseil mais avec l'aide, plus tard, de l'historien André Burguière. Vous n'allez tout de même pas faire le guide ? Réponse : si. Pas intimidé ? Réponse : oui. Qui n'a fait son « Voyage en Italie » ? Je regarde ma bibliothèque et je suis terrassé. D'autant qu'il est une chose que vous ignorez peut-être, c'est que le président de Brosses, l'auteur de ces fameuses *Lettres*, a fait une œuvre qui n'est pas contenue dans le recueil dont tout le monde parle, mais dans huit énormes volumes.

Alors depuis quand date mon aventure italienne ? Depuis toujours bien sûr. Mais un jour, dans les années 1975, j'en ai eu assez de la gauche française et quand elle n'était pas stalinienne, je la trouvais assommante et complexée. Je trouvais que les Italiens, cinéastes, écrivains et journalistes, avaient une façon d'être de gauche qui était aussi savoureuse que leur cuisine. Je me suis mis à les fréquenter, toujours parrainé par Elio et Ginetta. Puis nous avons rejoint le groupe de Porto Ercole, dans la presqu'île d'Orbetello, entre Rome et Grosseto. Une presqu'île qui a, jadis, fait partie de ce magique archipel toscan qui va de Giglio et de Giannutri à l'île d'Elbe en passant par les îles de Montecristo, de Gorgone et de Capraia. Une fois intégrés dans cette presqu'île dominée par le mont Argentario, nous avons passé des jours à nous demander s'il y avait quelque chose au monde qui valût la peine que nous quittions ces lieux bénis. Oui, il y en avait. A la condition de ne pas quitter l'Italie.

Et nous avons repéré un certain nombre de polygones étoilés. Le plus proche est constitué par une route qui va de Pise à Lucques, puis à San Gimignano et à Sienne, avec des sauts vers Arezzo en passant par Montepulciano, Monte Oliveto, Montemaggiore et Volterra. On évite Florence? Réponse : oui. Deuxième cercle du paradis : on passe de la Toscane à l'Ombrie, avec Orvieto, Todi, Terni, Spolète, et on monte jusqu'à Pérouse. On évite Assise? Réponse : oui. Il faut prendre son temps pour organiser la succession des émerveillements, tout simplement des surprises. Comme j'ai pris ce temps, je peux économiser le vôtre. De toute manière, réécrire le seul nom de tous ces lieux est pour moi un enchantement auquel je ne résiste jamais. Seule chose que je vous épargnerai : mes sentiments d'exaltation devant la Vierge en majesté de Duccio à Sienne, ou les fresques de Signorelli à Orvieto, ou la Vierge enceinte de Piero Della Francesca, *La Madonna del Parto*, qui se trouve à Monterchi dans la chapelle du Campo Santo, près d'Arezzo.

Vous avez tout de même noté que je n'ai pas évité de citer ces noms, d'utiliser ces mots, sous le prétexte de ne pas en parler. C'est qu'avec l'Italie, je vis d'évocations, de connotations et d'harmoniques. Il m'arrive encore de contempler une carte simplement pour lire les noms des lieux, de les voir placés dans leur contexte topographique, de les voir rassemblés. Parfois, sans m'en apercevoir, au lieu des noms des villes, je vois en surimpression des noms de peintres ou d'écrivains : Dante et Fra Angelico, Goethe et Donatello, Chateaubriand et Raphaël, Stendhal et

Botticelli, Giono et Simone Martini. J'ai le choix de conclure de manière cuistre ou libertine, mais je n'aime pas choisir. Le lecteur subira donc mes deux humeurs. Genre Malraux : si vous allez à la villa Giulia à Rome, vous découvrirez des statuettes étrusques qui, comme celles des musées de Dakar chantées par Senghor, vous feront découvrir l'inspiration méconnue (et inavouée !) de Giacometti. Je vous promets avec cette observation un succès dans les dîners en ville où les nouveaux seigneurs des médias citent Proust, alors que leurs ancêtres parlaient de leurs chevaux de course. Et d'autre part j'ai été, bien sûr à cette époque, amoureux d'une amie de Ginetta qui s'appelait Liliana et qui traduisait, en italien, Valéry, Camus et Guilloux. Qu'est-elle devenue ? Bien que vénitienne, elle n'était pas snob. Et bien qu'elle fût de gauche, elle n'aimait pas le caviar. En croisant des jambes qu'elle avait fort belles, elle disait qu'elle était « révolutionnaire ». Et elle s'empressait de préciser, en souriant : « Comme tout le monde. »

François Mauriac : le solstice de la charité

A Jean Lacouture

Revisitant, à Washington, les salles des maîtres espagnols à la National Gallery, je suis comme frappé de lumière devant un portrait de saint Jérôme par Francisco de Zurbarán, qui fut la gloire de l'Estrémadure au XVIIᵉ siècle. Je me trouve là devant le portrait évident, en vérité stupéfiant de ressemblance, de François Mauriac. Le savait-il? Je ne sache pas en tout cas que quelqu'un d'autre s'en soit jamais avisé. Y compris moi-même qui ai dû passer dix fois au moins devant ce portrait. Tout y est pourtant. L'attitude élégante et frileuse; ces mains mal entrelacées et qui toujours m'ont paru hésiter entre la caresse furtive et la prière crispée; l'asymétrie du visage qui irradie une fascinante ambiguïté; cet étrange regard enfin qui, infléchi par la façon dont une paupière recouvre presque totalement l'œil gauche, exprime tout à la fois une oblique pénétration et l'imploration d'une indulgence pour une pensée mauvaise. J'entends alors sa voix, ce célèbre râle séducteur, chuchotement maîtrisé qui suscite la même surprise que lorsque, dans une formation de jazz, c'est au tour du contrebassiste de se livrer à un solo : on s'émerveille alors que l'instrumentiste puisse tirer tant de nuances d'une gamme si basse et si restreinte. J'évoque en ce musée Mauriac le Redoutable.

Nous sommes en octobre 1965. Mauriac me parle d'une forte personnalité que nous avons bien connue ensemble à *L'Express*. Avant chaque phrase, il savoure non ce qu'il vient de dire, mais ce qu'il s'apprête à dire. Il hésite comme épouvanté, admiratif aussi, s'en amusant prodigieusement en tout cas, devant les idées qui lui traversent l'esprit et les formules qu'il retient à grand-peine sur le bout de sa langue. Je l'interromps pour suggérer que certains ont bien tort de le croire méchant : il n'accepte en effet d'exprimer que quelques-uns des traits acérés et innombrables qui se bousculent au bord de ses lèvres. Entre ce qu'il a pensé et ce qu'il dit, un filtre charitable le conduit à la concision. Il met la main devant la bouche pour étouffer un rire honteux et ravi. « L'observation la plus mauriacienne qu'on m'ait faite depuis longtemps », dit-il reprenant aussitôt un rien de hauteur. Mais soudain il précise : « Et encore, vous ne savez pas ce que je peux raturer dans mes manuscrits. » Il devient silencieux. Il semble rêver avec regret à toutes les épées étincelantes qu'il a maintenues dans leur chrétien fourreau. Chacun soupçonnait l'existence de l'arsenal de Mauriac et tous le redoutaient. D'ailleurs, pour que nul n'en ignore, il avait confessé que son plus grand défaut était d'être vindicatif. Comme on lui demandait si c'était là un aveu, il répondit : « C'est un avertissement. » Mauriac fut peut-être de toute façon le plus grand polémiste du XXe siècle.

Il ne l'admettait pas. Pour lui, de Louis Veuillot à Drumont, de Rochefort à Léon Daudet, « la plupart des grands polémistes ont été les faux témoins qui ont déposé à la barre de l'Histoire avec prévention et avec haine ». Ce genre de polémique consiste selon Mauriac à déformer les idées de l'adversaire pour pouvoir plus aisément les réfuter. « Presque toujours nos contradicteurs ne répondent pas aux objections que nous leur avons opposées, mais aux sottises qu'ils nous prêtent. » Cela suffit-il à discréditer toute espèce de polémique ? Mauriac ne trouve-t-il pas qu'il est difficile de le caractériser lui-même autrement ? Il insiste et précise : « Les polémistes ne font jamais que cribler de leurs flèches les fantoches qu'ils ont eux-mêmes fabriqués de toutes pièces, comme les poupées d'un jeu de massacre. » Concédons que Mauriac est rarement tombé dans ce travers. Mais c'est pour aussitôt observer qu'il n'en avait, lui, aucun besoin. C'est en effet dans son incroyable aptitude à déceler le talon d'Achille, le point sensible, le seuil de vulnérabilité, qu'il a puisé l'essentiel de son habileté de bretteur. Il a mis tout son art et toute sa vision romanesque au service d'un journalisme polémique. Or cet art et cette vision impliquaient la connaissance des faiblesses et des noirceurs de l'âme, le « nœud de vipères » n'existant pas seulement dans les affrontements ténébreux et sordides des bourgeois bordelais, mais à l'intérieur de chaque être tiraillé entre la jouissance et le salut, l'intérêt et le détachement, le ressentiment et la tendresse. Ainsi, contrairement aux polémistes qu'il condamne, il n'invente pas, il révèle. Il frappe alors là où cela fait le plus mal. Il le sait

d'expérience. Il croit à la substance unique de
l'humaine condition et s'il connaît si bien les défauts
de l'autre, c'est qu'il les a déjà trouvés par introspec-
tion. Son maître, c'est le Pascal des *Provinciales*. Sans
les quelques années de compromission avec le
« monde », Pascal aurait-il pu comprendre et dénoncer avec une vigueur si glacée les accommodements,
les compromis, la casuistique des jésuites qu'il voulait
pourfendre ? Ainsi la fameuse lettre de Mauriac à
Jean Cocteau, après la représentation de *Bacchus*,
pièce particulièrement violente contre l'Eglise et la
foi, constitue un chef-d'œuvre de férocité pasca-
lienne. Chef-d'œuvre que Mauriac n'aurait pu écrire
s'il n'avait d'abord senti en lui-même toutes les ruses,
les facilités et les horreurs qu'il décèle chez Cocteau,
s'il n'en avait eu la confirmation par l'amitié même
qui le liait à Cocteau, s'il n'avait décidé enfin, pour
défendre la foi, l'espérance et la charité, d'abandonner l'intimité avec l'homme, la confiance dans
l'humanité, l'indulgence à l'égard du mécréant.
L'auteur de *Bacchus*, bien que les rieurs fussent de son
côté, ne sortit pas vainqueur de cette polémique.
C'est que Mauriac ne faisait même pas des caricatu-
res. Il faisait des portraits en gris et en noir. Parfois,
comme dans le saint Jérôme de Zurbarán, il éclairait
sa toile d'une traînée de lumière d'acier. Le contraste
n'en était que plus écrasant.

De Léon Daudet, qu'il admire, il dit : « Une existence consacrée à l'invective prend toujours sa source
dans un cimetière d'œuvres avortées. Sur les cada-
vres de ses romans ou de ses pièces, cet écrivain
magnifiquement doué trouve l'alibi politique, rend

au *style* son sens étymologique de *poinçon*, de *petit poignard*, avec une rage qu'il ne choisit pas » (*Journal*, V, 1953). Mauriac, qui n'est pas frustré et n'a besoin d'aucun alibi, utilisera souvent le petit poignard, le stylet.

Sautons dans la politique. Un jour Claude Bourdet, non sans talent, croit devoir dénoncer la dévotion inconditionnelle qui caractérise les rapports de Mauriac avec de Gaulle. Mauriac alors solitaire, tous les grands intellectuels étant en effet antigaullistes à l'époque, en dehors de Malraux, réagit avec la fureur contenue d'un gentilhomme castillan à qui on aurait « manqué » : « Eh oui, écrit-il, nous dûmes choisir, face à des éléments de l'armée mutinés, entre de Gaulle et ce rien dont, cher Bourdet, vous avez toujours été, en politique, l'expression. » La cruauté est ici à la mesure de la blessure. Mauriac n'a aucun mépris pour les hommes politiques solitaires et qui ne représentent pas de grand courant populaire. Il n'a pas, il est vrai, beaucoup d'indulgence pour l'échec. Il aime déceler chez un jeune homme les stigmates annonciateurs de la gloire. Mais il a de l'estime pour le talent de Bourdet et de l'affection pour l'homme. Ici la réaction de Mauriac est exemplaire de ce que nous soutenons plus haut : il n'a besoin pour se battre d'aucune calomnie, d'aucune invention, d'aucune médisance. Simplement, il transforme le mérite en humiliation. Il jette Bourdet dans ce qui devient le néant, au lieu d'être la chapelle des purs. Parce que enfin, de quoi Mauriac est-il lui-même, en politique, l'expression ? Là encore on retrouve le Pascal des *Provinciales*. Implacable recette.

Nous ne résisterons pas au plaisir de rappeler ce que Mauriac disait en 1965 de Valéry Giscard d'Estaing : « Lui, c'est un autre monsieur. Si étudié que soit son numéro, il atteint sans effort apparent au naturel. Le plus jeune des ministres des Finances de tous les temps est obligé de ralentir, de faire du surplace pour ne pas arriver trop tôt, pour ne pas être obligé de s'asseoir sur les marches du perron de l'Elysée. Que c'est beau à voir l'héritier d'une grande dynastie bourgeoise! Les téléspectateurs n'épuisent pas ce bonheur départi à tous d'être heureux par procuration : la chance de quelques-uns féconde le rêve de beaucoup [...]. Il a certes un mérite à mes yeux, c'est de n'être pas M. Lecanuet. Je conviens qu'il en a d'autres. Il se fait une certaine idée de Giscard qui n'est pas petite. Quelle idée s'en fera notre peuple? [...] En dépit de son cerveau et de sa belle gueule, Giscard n'est-il pas trop à droite pour gagner la partie? A moins que les circonstances ne fassent de l'homme du "Oui, mais" le seul candidat des gaullistes? Alors bientôt ces gaullistes étant divisés, la gauche classique triomphera » (*Nouveau Bloc-Notes*, 1965-1967). Est-ce la gauche dite classique qui va triompher? En tout cas, les choses se sont déroulées comme le prévoyait Mauriac. Soulignons d'ailleurs en passant que si Mauriac, pas plus que tel autre grand écrivain, n'est l'expression d'un courant politique, il ne manque pas, lui, d'intuition, de flair, d'une sorte de compréhension finaude des événements et des hommes. Son inaptitude à manier les concepts et les systèmes accroît sa sensibilité aux faits. Il ne décrypte pas, il renifle. Il annonce les tremblements de terre, comme les paysans ou les animaux en Chine. En quoi il disait qu'il ressemblait à Colette, autre écrivain des senteurs et des saveurs du ras de terre.

Polémiste contre son gré, si du moins il faut l'en croire, Mauriac deviendra un journaliste politique en plein accord avec lui-même. D'ailleurs il n'est pour lui de journalisme que politique. « Il consiste essentiellement en une prise de position quotidienne sur tout ce qui touche à la politique intérieure et étrangère. » Admirons combien ce romancier restreint de lui-même le territoire du journaliste. Lorsqu'il donne cette définition, le 28 mars 1946, dans une conférence faite aux *Annales*, Mauriac a déjà soixante et un ans. Il peut se traiter lui-même de « vieux romancier » – il a écrit quinze romans –, de « très jeune auteur dramatique » – il n'a fait représenter que deux pièces de théâtre. Mais il ne s'accorde pas encore le titre de journaliste chevronné, car, précise-t-il, les articles qu'il a donnés en 1936 à *L'Echo de Paris*, puis au *Figaro*, en 1937 et en 1938, relevaient tous de la littérature. Pourtant Mauriac a bien des combats politiques à son actif. Pendant la guerre civile espagnole, il prend contre Franco la défense des catholiques basques, scandale aux yeux de ses lecteurs. A la Libération, il polémique avec Camus sur l'amnistie. Le jeune directeur de *Combat* joue alors les Saint-Just et refuse le pardon aux collaborateurs. Plus tard, il reconnaîtra que c'était Mauriac qui avait raison contre lui en ce débat. Enfin Mauriac prend un plaisir particulier à entretenir des joutes avec Pierre Hervé, alors rédacteur en chef de *L'Humanité*.

Mais enfin, en dépit de tout cela, en 1946 donc, François Mauriac considère qu'il est un « jeune » journaliste. Sans doute convient-il qu'il a sur les autres de grands avantages : écrivain arrivé, comme il dit lui-même, il n'a plus grand-chose à attendre ni à craindre des autres hommes et il peut s'offrir « ce dernier luxe de la totale sincérité ». Il a conscience que c'est là un immense privilège « surtout en France où la tyrannie des partis et la surenchère démagogique rendent si difficile et si dangereuse pour un citoyen isolé toute tentative de jugement désintéressé ». Comme il se veut « témoin de l'Histoire en train de se faire » ; comme il ne se préoccupe « ni d'obéir aux mots d'ordre d'un parti, ni de défendre les intérêts d'un groupe, pas plus qu'[il] ne cherche à plaire au public le plus étendu » ; comme enfin il se soucie beaucoup moins « d'éviter de se contredire que de ne pas exprimer le plus exactement possible ce qu'[il] croit juste au moment où [il] écrit », alors, il réalise bien que les choses lui sont plutôt facilitées dans la carrière où il affecte de débuter. Et il n'oublie ici qu'une seule chose sur laquelle nous reviendrons, c'est qu'il est un vrai, un grand, un admirable professionnel du journalisme. Comme d'instinct.

Mais restons dans la politique. Au moment où il fait sa profession de foi, Mauriac a-t-il quelque soupçon des méthodes disons « marxistes » d'analyse ? Il ne s'en soucie guère. Il ne songe pas aux objections que pourrait susciter sa bonne conscience chez un sartrien ou un communiste. Aujourd'hui cela paraît un peu naïf. Peut-on tout dire dans un journal dont le propriétaire, les annonceurs de publicité et le public appartiennent aux possédants? Peut-on penser autrement que ne le fait un grand bourgeois bordelais, lorsqu'on est François Mauriac? Peut-on avoir des idées différentes du train de vie que l'on mène? Y a-t-il une possibilité d'être un témoin non prévenu et quelle est cette vérité éternelle que ce journaliste chrétien prétend respecter par-delà les variations de ses prises de position? Débat bien moderne, trop peut-être et dont Mauriac en journalisme, comme de Gaulle en politique, aura quelques raisons de se méfier. A vrai dire ni l'un ni l'autre ne sont intimidés par les procureurs de la sociologie gauchisante. Mauriac a fait la preuve qu'on pouvait être du côté des républicains espagnols, des résistants pourchassés, des juifs persécutés et des Arabes colonisés. En 1946, au surplus, l'unité de la Résistance n'a pas complètement cédé le pas à la lutte des classes. Nulle trace encore de climat de guerre civile dans les débats. Les journaux qui paraissent, du fait même qu'ils en ont reçu l'autorisation, sont en principe irréprochables moralement. Les polémiques même violentes séparent des hommes qui sont supposés s'estimer.

Mauriac connaissait mieux que quiconque les contradictions fameuses du capitalisme puisqu'il avait contribué lui-même à diviser sa classe. Il connaissait aussi, mais il s'en est finalement peu servi, les contradictions du socialisme. Citons cette phrase, écrite en 1959 : « Le mépris de l'individu va de pair chez la plupart des révolutionnaires avec le culte de l'homme en général. De sorte que la religion de l'humanité aura finalement fait autant de victimes que la religion de l'homme. » Outrancier? Bon exergue en tout cas pour l'œuvre de Soljenitsyne. Est-ce une justification perfide et détournée du conservatisme ou de l'Eglise ? On ne peut pas prendre Mauriac ici en défaut. Voici une autre pensée : « Le dévot Louis XIV suit la même loi que Tamerlan, qu'Hitler, que Staline et ne saurait en suivre aucune autre. La force de Philippe II au service de la Croix ouvre des écluses de sang qui souillent la gloire de l'Eglise pour des siècles. L'ordre de la charité ne concerne pas les empires. »

C'est le moment de revenir à ce qui fait de Mauriac un journaliste. En fait et au moment d'en écrire, je me demande s'il est préférable de parler des qualités de Mauriac ou des exigences du journalisme, tant les premières sont adaptées aux secondes. Mais écoutons-le : « Un bon journaliste est d'abord un homme qui réussit à se faire lire [...]. C'est celui qui retient le lecteur malgré lui, qui le raccroche en quelque sorte, qui l'oblige à reprendre depuis le début un article dont il n'avait d'abord parcouru que le premier et le dernier paragraphe [...]. Il ne faut pas que l'article soit un soliloque, un remâchement, un ruminement de ses propres idées, il faut que le journaliste tienne par le bouton de la veste un interlocuteur invisible et s'efforce de le convaincre. Le bon journalisme relève du dialogue. » Cela peut paraître évident ou banal. En fait aujourd'hui et, disons, pour parler d'un univers qui m'est familier, dans un journal d'opinion, cela est révolutionnaire. Sans doute il y a longtemps que l'on pense cela en France et pour une autre chose que le journalisme, d'ailleurs. Dans sa célèbre lettre à l'Académie, en 1714, Fénelon écrivait : « Quand un auteur parle au public, il n'y a aucune peine qu'il ne doive prendre pour en épargner à son lecteur. Il faut que tout le travail soit pour lui seul, et tout le plaisir, avec tout le fruit, pour celui dont il veut être lu. Un auteur ne doit rien laisser à chercher dans sa pensée. » Plus tôt, Montaigne avait expérimenté sa fureur contre les « malpolis » qui inventent de nouveaux mots. Plus tard, Jules Renard dira que « la clarté est la politesse de l'homme de lettres ». Mais enfin on peut discuter de la relative difficulté à définir la clarté en littérature dans une période baroque, c'est-à-dire de ruptures. On peut admettre qu'il faille chercher et se donner de la peine pour trouver le secret d'un chef-d'œuvre. Rien de cela ne peut se dire dès qu'il s'agit de journalisme. Mauriac a décrit à la perfection un lecteur de journaux. Il en a vu quelques-uns dans un compartiment de train, sur le trajet Paris-Bordeaux, sept heures à l'époque. En une heure ils avaient lu une douzaine de quotidiens et d'hebdomadaires parce qu'ils se contentaient de les parcourir mais ne lisaient pas, les rédacteurs ne sachant pas se faire lire, ne retenant pas le lecteur par « le revers de la veste ». Dans les quotidiens les titres suffisaient selon lui et dans les hebdomadaires les photographies. De la contemplation de cette lecture rapide dans un train, Mauriac a tiré toutes les leçons, toutes les recettes, il s'est juré d'obliger le lecteur à le lire, se donnant lui toute la peine, le plaisir étant pour les autres. A y voir de près, on peut dire d'ailleurs que les règles du journalisme impliquent un respect total du lecteur. On est à son service. On est seul responsable de ce qui lui échappe. Mis en cause un jour dans le *Bloc-*

Notes de Mauriac, j'ai écrit à l'auteur qui m'a répondu le jour même par un mot d'une rare humilité artisanale. Il s'accusait – sans aucune politesse – de maladresse d'expression et il en éprouvait une visible irritation contre lui-même. Il se souciait peu de m'épargner. Il entendait seulement être compris et ne voyait que dans sa seule hâte à écrire les raisons de ma méprise. Oui, Mauriac était authentiquement journaliste : il avait le sens de l'actualité, de l'éphémère, de la couleur, de l'évocation. Il était tellement autre chose, bien sûr, qu'on dit volontiers qu'il était *aussi* journaliste. J'ai envie de dire qu'il était *autant* romancier ou dramaturge. Autant, mais pas davantage. De plus, Mauriac m'a souvent réconcilié avec un métier que, comme tous les journalistes, je renie trois fois chaque nuit avant que le coq chante.

Quand j'ai connu François Mauriac, il me semblait que son œuvre ne me concernait pas et que son témoignage ne pouvait guère m'atteindre. Il sentait le fagot et la sacristie : c'est ce que je croyais. Il était « dépassé », c'est ce que la mode décrétait. Je n'avais pas encore subi l'ascendant de son style. Mes curiosités me portaient ailleurs. Mauriac faisait vieux. J'allais écrire « déjà » alors qu'il me semble au contraire qu'il n'a fait que rajeunir. C'est par le détour de ses pamphlets politiques que je me suis découvert sur les chemins de son œuvre littéraire. Peut-être aussi par le souci de mieux connaître l'Aquitaine, la Gironde, les Landes, le Bordelais, pays et régions où je compte des maîtres et des amis. Il est vrai en tout cas que j'ai à partir 1955, et cela devait durer neuf ans, assisté à l'événement hebdomadaire que constituait la remise par Mauriac de son *Bloc-Notes* aux responsables de *L'Express*. Nous nous le passions de main en main, avant de l'envoyer au marbre. Lecture sacrée même lorsqu'elle était critique. On pouvait dire « Mauriac est moins bon que d'habitude », on pouvait s'étonner que des mots si naturels fussent si explosifs parce qu'ils venaient de Mauriac, on ne cessait pas moins de s'émerveiller de la construction des phrases, des trouvailles, des ruses de vocabulaire, et de cette preuve éclatante qu'il donnait d'être un artisan accompli avant d'être un grand artiste.

On s'est demandé, il s'est demandé lui-même si son inclination artisanale pour le trait qui porte, son amour d'artiste pour la phrase trop ciselée, bref, si ses instincts journalistiques ne l'avaient pas conduit à des *humeurs* plutôt qu'à des *positions* politiques. Il faut sans cesse revenir à cette question, d'abord parce qu'elle est nôtre, ensuite parce qu'elle ressuscite un très long débat intérieur, pour l'auteur du *Bloc-Notes*. Il répond : « Je me connais, je sais que tous les freins joueront au moment voulu : le vieux chat peut faire le fou dans les gouttières ; voilà plus d'un demi-siècle qu'il retombe toujours sur ses pattes. » Mais qu'est-ce qui le guide ? Selon lui, sa foi. Ecoutons-le encore : « Si je me considère moi-même (et je tiens maintenant toute ma vie sous mon regard), je ne crois pas que la politique m'ait détourné de ma tâche d'écrivain, mais je suis sûr qu'elle a obligé le chrétien inconséquent que j'étais à parler et à écrire selon ce qu'exigeait sa conscience. » Phrase on ne peut plus profonde dans son ambiguïté même. Que pouvait exiger la conscience d'un chrétien « inconséquent » ? Un chrétien qui disait volontiers de lui, en 1914 il est vrai : « Dans l'enfer de Dante, je serais crucifié sur un fauteuil. » A vrai dire, plusieurs interprétations étant possibles, octroyons-nous l'arbitraire de choisir celle-ci : il y a dans son inconséquence même de chrétien une exigence constante qui rétablit à la fin des fins la cohérence. Dans quel sens va cette exigence ? D'abord évidemment dans celle du dialogue. Ce que regrettera le plus Mauriac, lorsqu'il aura à quitter *L'Express* – Jean-Jacques Servan-Schreiber ayant commis le blasphème de comparer de Gaulle successivement à Franco, Pétain et Hitler – c'est, me dira-t-il, le public. Il recevait des centaines de lettres et il admirait qu'un si grand nombre d'entre elles fussent si denses et si attentives.

Ce choix qu'il avait fait de soutenir Pierre Mendès France en entrant à *L'Express* l'avait conduit sur des chemins inconnus de lui mais où il rencontrait ses vrais interlocuteurs et ses lecteurs les plus exigeants. Sans doute donnait-il à la gauche une certaine caution chrétienne qui à l'époque était d'un inappréciable secours, mais il recevait, disait-il, de ce monde de mécréants des leçons d'espérance et des exigences de charité. Ce que Mauriac admirait le plus en Mendès France c'est qu'il ne fût pas conscient de sa grâce. L'autorité sereine et justicière de ce juif athée lui en imposait plus que celle qu'il jugeait trop rhétorique de ses amis dévots. Plus que celle des convertis aussi. De Simone Weil, la philosophe, dont il trouvait trop mystique la conversion, trop bavarde aussi, il se plaignait qu'elle ne connût aucun de ces répits sinon de ces accommodements qui permettent aux chrétiens de vivre dans le siècle. « Elle dit toujours : "Oh, Oh !..." Il faudrait dire de temps en temps : "Ah... Ah..." » Après une telle réflexion Mauriac s'excusait bien sûr aussitôt et la mettait sur le compte de tel ecclésiastique de renom.

En tout cas sa conscience de chrétien inconséquent exigea de lui qu'il apportât à Pierre Mendès France, et dans les circonstances les plus délicates, un soutien d'une vigilance pleine de risques. C'était l'époque de la décolonisation, des accords de Genève, de l'octroi de l'autonomie interne à la Tunisie. Grâce au président juif qu'il soutenait, Mauriac rencontra l'islam. Rarement polémiste fut aussi bassement injurié. On l'accusait d'avoir trahi et sa classe et sa foi. Pas un seul instant Mauriac ne songea à se lasser ou à se démettre. J'admirais qu'il ne se posât plus de questions. Son combat dura jusqu'à cette fameuse soirée de 1956 où Guy Mollet ravit à Pierre Mendès France le destin de la gauche, de la nation et donc des colonies. Un immense dégoût commença de l'habiter qui fait encore mieux comprendre son futur ralliement à de Gaulle. Les articles qu'il publia étaient irrigués par la fureur mais aussi par le ressentiment. Il se mit, comme nous tous, à attendre de Gaulle. Mendès France disait : « La question n'est plus de savoir si de Gaulle va revenir, mais quand. » L'Histoire choisit de le faire revenir dans ce qui était aux yeux de la gauche les pires moments et qui était en fait les seuls grâce auxquels un de Gaulle pût être rappelé.

Mendès France décida qu'un retour dans ces conditions relevait du péché originel. Mitterrand y vit le commencement d'un « coup d'Etat permanent ». Après deux semaines d'hésitation, Mauriac choisit de reporter sur de Gaulle toute son ardeur mendésienne, avec quelque chose en plus qui était shakespearien. Je me contentais de répéter ce que les Algériens me disaient, à savoir qu'ils feraient avec de Gaulle la paix qu'ils n'avaient pu conclure avec les autres. Aussitôt Mauriac vit en moi un ami inespéré, un confident politique, un complice. Quelles que fussent les réserves dont j'assortissais mon gaullisme, Mauriac croyait que je constituais son unique interlocuteur au journal. Il rompit avec tous, sauf avec moi. Deux ans après son départ de *L'Express* il m'adressa, écrite d'une main un peu tremblante, une adjuration. Je devais continuer à témoigner à l'intérieur de la gauche en faveur d'un gaullisme au moins colonial. Je relis cette lettre et je m'aperçois qu'il parle du général de Gaulle comme d'un homme seul et presque maudit. Sans doute était-ce la période des orages et des complots. Mais en fait Mauriac avait à ce point investi dans le public de la gauche, il s'était fait tant d'amis parmi les intellectuels et ceux qu'il appelait « mes instituteurs ces chers correspondants », il y avait tellement installé son univers que de Gaulle lui paraissait solitaire, privé du soutien d'un tel public. Il y avait bien Malraux, mais c'était un mythe. « C'est fou à quel point je me sens inintelligent devant lui », disait-il.

Mauriac n'avait pas seulement un culte pour de Gaulle. Il ne se contentait pas de l'admirer, d'être fasciné, c'est-à-dire aussi de se sentir inférieur et écrasé. Il l'aimait, il souffrait avec lui et pour lui. Il souffrait même de constater que des gens qu'il estimait n'étaient pas gaullistes.

Ce fut la période la plus pathétique de sa vie de chroniqueur. Extrêmement inégal. Atteignant parfois les sommets, comme lorsqu'il parlait de cette mort qui surveillait de Gaulle comme elle le surveillait lui-même, mais pouvant sombrer aussi dans le banal ou le répétitif. Parfois il se redressait, génial, dans la férocité : « Je suis une vieille locomotive, mais je peux encore écraser quelques trains. »

Je me souviens de ce déjeuner avec l'équipe du *Nouvel Observateur*. Il a quatre-vingts ans. Il est de beaucoup à ce repas le plus jeune d'entre nous. C'est du côté de ce vieillard inquiétant que se réfugient la curiosité avide, la présence aiguë, l'information jamais prise en défaut. C'est lui qui par cette obsession d'écrivain à ne pas laisser la génération nouvelle le distancer, par cet instinct de grand-père amoureux et soucieux de ne pas voir ses petits-enfants devenir des étrangers, par cette confiance aussi qu'il exprime que rien ne s'arrête, que tout renaît, que le présent peut se parer de tous les prestiges du passé, c'est lui le moins conservateur d'entre nous, le moins nostalgique, le plus pressé de participer à cette vie qu'il redoute tant d'abandonner. Cette mort dont il parle à satiété chaque semaine, quel goût prodigieux elle donne à l'existence !... Il parle depuis une heure. Et soudain, comme visité, il s'arrête. Quel dommage : il a l'air bon.

Je me permets, en mars 2009, de faire une intrusion dans ce texte écrit il y a quelques années sur le ton du souvenir. C'est pour dire, de manière volontiers polémique, que le meilleur livre que j'ai lu sur François Mauriac – avant qu'on ne fasse une si grande place au « petit tas de secrets » – est celui de Jean Lacouture. C'est le livre où le grand biographe devient un véritable écrivain. Il a en commun avec son personnage l'origine bordelaise et gasconne, la famille de grands bourgeois catholiques, la sensualité terrienne et une pudeur qui peut aller, en effet, jusqu'à la dissimulation au nom d'une certaine esthétique de l'élégance. A une époque où la qualité d'homosexuel était une injure plutôt qu'une décoration, Jean Lacouture a choisi, pour des raisons qui sont les siennes mais que je respecte, de garder le silence en ce domaine. Cela dit, je n'ai pas de doute sur les inclinations homosexuelles de François Mauriac. Il aimait que ses secrétaires successifs fussent jeunes, séduisants, parfois religieux et toujours raffinés. Personne n'a jamais pu donner la preuve que l'acte de chair fût consommé avec l'un d'entre eux. Entre le mystère qui plane sur les rapports entre Montaigne et La Boétie et la revendication de Gide qui préconise la pédérastie, il y a une place pour l'énigme François Mauriac.

André Malraux : le voyage au bout de la vie

Tout ce qu'un adolescent peut rêver de faire de plus grand dans sa vie, Malraux en donne l'image, le parcours et la flamme. Cette fulgurance, il se sera trouvé un homme, et même, au début, un tout jeune homme, pour l'incarner. Il avait le visage délicat et inspiré. Toutes les questions qui nous ont obsédés, depuis la révolution jusques et y compris – oui, Mauriac – le désespoir, c'est Malraux qui les a formulées. Et avec quel irréfutable ascendant! Quelle stupéfiante, impitoyable lucidité! Il se gardait bien de répondre aux questions. Cela n'eût intéressé alors que peu de gens, et cela diviserait aujourd'hui tout le monde. Mais il les brandissait, les malaxait, les assenait jusqu'à ce que toutes ne fassent plus qu'une, la seule qui importe : que faire avec la mort? Avec lui, pas de repos. Pas de répit. Il n'était de vie qu'intense, d'action qu'héroïque, de recherche qu'éperdue. Le romantisme de la fulgurance.

L'histoire ne retiendra rien de la façon dont les moins de vingt ans ont tourné en dérision cette idole réduite dans les trois dernières années à n'être plus qu'un vieillard vaticinant sur tous les écrans, au visage boursouflé, secoué par des tics et sans cesse hoquetant. A croire qu'il y avait en lui ce « clown esbroufeur mêlé d'imposteur bègue ». En tout cas, tandis que nous regardions se détourner de lui les adolescents gouailleurs, entre de longs grommelle-ments et de pénibles borborygmes l'écrivain inspiré arrivait à faire passer quelques éclats fulgurants à l'intérieur d'une vision toujours et merveilleusement apocalyptique.

Malraux a-t-il raté en partie, et du fait surtout de la télévision, le tout dernier stade de sa vieillesse ? Ce n'est pas impossible, mais qu'importe ! Lui qui avait décidé de ne pas se regarder vivre, il n'a pas su se regarder vieillir. Il a détesté sa jeunesse, alors qu'il y était sublime. Il a négligé les années du déclin. Lors-que la maladie le contraignit à parler de sa mort comme d'un trépas, alors qu'il avait l'habitude de parler de celle des autres comme d'un phénomène ; lorsqu'il lui fallut envisager sa fin plutôt que celle d'un monde ou d'une civilisation, alors il me semble qu'il s'est égaré dans une vieillesse que les jeunes jugent avec lui comme un « aveu ».

Sur la pente qu'un décent pessimisme nous condamne à gravir, il est prodigieux de voir com-ment une communauté nationale, dans ce qu'elle a de meilleur, peut se reconnaître dans l'un des siens. Ce n'est plus la nostalgie d'un confort. C'est le souve-nir d'une grande exigence. Ce que les Français, où qu'ils se situent, s'acharnent à retrouver dans ce deuil, c'est peut-être aussi la force dont ils disposaient pour rêver, et qu'ils détenaient pour se battre. C'est l'ambition utopique et délirante d'accomplir jusqu'au bout le voyage au bout de la vie. La leur propre et celle des autres, la vie présente et celle enfouie dans le siècle des œuvres, la vie qui n'a pas de sens et celle des hommes qui lui en donnent un. Pour comprendre l'ambition du xxᵉ siècle, il faut lire ou écouter Malraux. C'est simple : je ne pourrais quant à moi me sentir tout à fait à l'aise avec quelqu'un que laisseraient indifférent certaines pages de *La Condition humaine* ou certains passages des oraisons funèbres de Jean Moulin ou de Georges Braque.

Et qui en vérité aujourd'hui, même parmi les plus jeunes, j'aillais dire surtout parmi eux, refuserait de se reconnaître dans ce jeune héros romantique qui, à vingt et un ans, déclare, non avec désenchantement mais pour informer, qu'il lui faut passer à autre chose après avoir fait le tour de l'érotisme et de la drogue ? Un aventurier qui pille un musée khmer à vingt-six ans et décide, à vingt-sept, que l'aventure ne pouvant être dissociée de la révolution, il épousera la cause des communistes chinois. Partout où il passe, et il passe partout, il transporte avec lui les mêmes questions de l'action et de la connaissance, de l'art et de la mort. Avide d'expériences, impatient de tout éprouver, désespéré à l'idée que quoi que ce soit puisse lui échapper, il mène sa vie comme si le temps lui était compté et qu'il allait mourir jeune. Rien pourtant du drogué type. Il expérimente ; il ne se perd pas. Il ne cherche pas l'extase mais l'exaltation.

« Tout homme rêve d'être multiple, c'est-à-dire qu'il rêve d'être Dieu. » Dans cette phrase de lui, écrite à vingt-trois ans, il y a tout Camus, et presque tout Sartre. C'est l'ambition prométhéenne par excellence. Interrogé sur le héros qu'il préférait, le jeune Karl Marx répond sans hésiter : Prométhée. C'est-à-dire le premier homme, légendaire ou non, qui ait tenté de voler aux dieux leur secret. Et qui en a été puni sauvagement. Mais Malraux ne veut pas, comme Marx, transformer le monde plutôt que de le comprendre. Malraux agit pour connaître et pour découvrir que cela ne sert à rien. C'est Prométhée plus Sisyphe.

Avec l'âge, dit le philosophe Jean Grenier, l'un des premiers amis de Malraux, le mur nous apparaît moins comme un obstacle à franchir que comme une surface à déchiffrer. Cette sérénité résignée n'a jamais habité Malraux. Mais, s'il fallait reprendre l'image de Grenier, on pourrait imaginer Malraux alternant le déchiffrage et l'escalade, atteignant, au prix de mille efforts, le faîte de la muraille et découvrant depuis ce faîte les « absurdités flamboyantes » de l'action indispensable. Ce n'est pas Sisyphe heureux. C'est un Sisyphe pathétique, et qui change chaque fois de rocher. Touche à tout ? Sans doute. Mais tout ce à quoi il touchait brûlait. Le contraire de Cocteau. Amateur ? Spécialiste en tout plutôt. Ou, selon le mot de Blanchot, spécialiste du destin.
Il faut bien, il faut à coup sûr, que tout cela nous soit essentiel pour que la disparition de ce questionneur obsédé nous laisse un tel vide. Ayant partout planté ses questions, il avait fini par nous faire croire que le terrain abandonné par le judéo-christianisme

et par un marxisme devenu modeste était à nouveau occupé. C'est peut-être qu'il ne s'agissait pas de questions de philosophe. Malraux, sans le dire expressément, définit l'homme par le risque. Seul l'homme sait ce qu'il risque, parce que, seul, il se sait mortel. L'homme n'est pas le roseau pensant le plus faible de la nature · c'est l'être agissant le plus tourmenté du cosmos. Il sait qu'il doit mourir, et qu'en attendant il lui faut agir. Et il ne comprend pas pourquoi. Philosopher, est-ce apprendre à mourir? Cet oreiller de Montaigne, plus mol encore que le doute, ne convient pas à Malraux. Pour apprendre à mourir, il faut vivre avec la mort. Comme les Espagnols et les Indiens. Aller jusqu'au bout de la vie pour rencontrer la mort et pour vérifier ce qui peut survivre.

« La seule réponse à la mort, c'est l'art », dit-il à la fin de sa vie. Mais non point seulement et désormais l'art vécu dans la contemplation des musées comme guide des hôtes illustres du général de Gaulle. Non l'art subi mais l'art agi. Mais en quoi consiste l'action? Elle est dans la parole inspirée, dans le message tremblant accompagné de gestes parkinsoniens. Plutôt que de parler de l'art, Malraux aurait préféré être Michel-Ange ou Shakespeare. N'étant ni l'un ni l'autre, il s'évertue à être les deux en les sculptant à son image. Grand romancier, il s'était arrêté. Faute de créer, il décide de transmettre. Il n'est pas un discours, une méditation, une improvisation qui ne révèle en lui le médium, l'intermédiaire, le transmetteur, et parfois le prophète. Il n'est à l'aise que sur les cimes. Mais ses auditeurs, qui deviendront aussi ses lecteurs, perdent pied. Ils n'osent pas toujours se le dire. Devant les exemples flamboyants et les rapprochements inattendus des civilisations enfouies, devant ses vaticinations encyclopédiques et hermétiques, on recule, et bientôt on se détourne. Plus tard, dans le domaine de l'art, on découvrira chez lui non pas seulement les insuffisances logomachiques mais parfois l'incompétence. Qu'est-ce qui fait que pourtant, chaque fois, quelque chose de ce qu'il révèle ou de ce qu'il annonce concerne, saisit, intéresse le plus humble d'entre nous ? Notre complicité avec lui, c'est celle du tragique.

Et c'est, selon moi, le personnage tragique, instrument du destin, qui l'a attiré en de Gaulle. Le côté Antigone du 18-Juin. Le côté Eschyle de l'homme poursuivi par des forces obscures. Jamais je n'ai vu Malraux aussi épanoui que lorsque de Gaulle échappait à un attentat pendant la guerre d'Algérie. Et non seulement, bien sûr, parce qu'il y avait échappé mais parce que l'attentat grandissait chaque fois davantage la victime à ses yeux. Il a expliqué sans doute que, grâce à de Gaulle, il voyait passer par la France cette synthèse privilégiée de toutes les civilisations qu'il avait tenté lui-même d'élaborer dans son œuvre comme dans sa vie. Cette rhétorique barrésienne vient peut-être à point aujourd'hui pour séduire le nationalisme ombrageux de ceux qui se découvrent gaullistes sur le tard. Elle n'en occulte pas moins une réalité évidente : la coïncidence pour Malraux entre le tragique gaullien et une expérience du pouvoir sans laquelle le voyage crispé au bout de la vie n'aurait pu être aussi somptueusement vécu.

Maurice Clavel, le grand perturbateur

Tout le bonheur de Maurice Clavel, toute sa force, sa folie, sa grandeur auront été de ne pas savoir rester en repos dans sa chambre. Il l'avait dit : il ne se reposerait que pour mourir. C'est qu'il ne concevait la vie que dans la fièvre, le mouvement, la transe. S'il lui arrivait de faire retraite, c'était pour mieux regagner la cité ; s'il priait, c'était pour accroître ses forces : il ne trouvait dans la sérénité qu'un apaisement provisoire, point un confort, jamais une installation. Et comme il ne se réalisait vraiment que dans le drame subi ou provoqué, il recherchait les rites du théâtre chaque fois que la réalité ne lui offrait pas son content de pathétique.

A sa mort, nous avons perdu le dernier des grands perturbateurs judéo-chrétiens. J'utilise ce qualificatif, qui était le sien, Clavel n'ayant jamais perdu une occasion de rappeler les racines juives du christianisme, soulignant au surplus qu'il croyait au destin subversif et divin d'Israël. Il dérangeait tout le monde, y compris ses amis, et d'abord nous-mêmes.

Et il ne cédait sur rien. Ayant choisi de s'ancrer en un lieu où les agnostiques, les athées et les non-pratiquants étaient majoritaires, il vivait cependant son christianisme avec bien plus d'aisance et beaucoup moins de secret qu'un prêtre ouvrier jadis en son usine. Nous avions pris l'habitude de le voir interrompre un article urgent ou une réunion importante pour se rendre à la messe et, peu à peu, les ricanements de surprise comme les moqueries attendries s'étaient transformés en considération. C'est lui qui nous imposait son rythme. Si bien qu'en somme malgré nous, malgré lui, nous avons fini par vivre avec un être dont nous sentions obscurément qu'il n'était pas seul, qu'il était constamment accompagné. Quelque chose que les croyants peuvent qualifier de christique le suivait, qui nous était une présence.

Et cette présence a fini par nous devenir familière, tant elle ne se manifestait ni par le prêche ni par le sermon mais par le scandale. Clavel se révélait disponible pour tous les cris, tous les désordres et même, en fin de compte, toutes les ruptures. Imprévisible et solitaire, il lui arrivait souvent de susciter chez nous embarras et malaise, et nous n'étions pas alors de trop, tous ensemble réunis, pour lui faire équilibre, en soutenant près de lui des positions contraires aux siennes. Chaque fois, cependant, et même quand il nous irritait le plus, la liberté de ses audaces nous en imposait. Nous nous sentions toujours plus ou moins orthodoxes et conformistes devant cet hérétique impénitent, ce prophète baroque qui n'avait de classique que le style et qui ne respectait, en fait de lois temporelles, que celles de la syntaxe.

La voix de Maurice Clavel s'était tellement identifiée cependant à notre paysage que nous en arrivions parfois, trop attentifs aux versatilités apparentes de sa véhémence, à oublier le besoin que nous avions d'elle, de sa vigueur et même de ses outrances. Dès l'instant que cette voix s'est tue, à la façon dont notre paysage s'est d'un seul coup banalisé, il nous a bien fallu découvrir ce dont nous allions être privés. Et de savoir que certains événements relevant de l'injustice et de l'humiliation pourront désormais survenir sans que nous ayons, nous, à nous réjouir, d'autres à se plaindre des grands éclats et des libres témérités de Clavel, voilà qui soudain procure un étrange sentiment de solitude.

Il semble bien, à lire les commentaires que sa mort a suscités, qu'une certaine peur du vide ait saisi jusqu'aux milieux qui lui étaient les plus hostiles et qui, de son vivant, ne l'épargnaient guère. Rien ne nous autorise d'ailleurs à faire de lui notre ami exclusif, sinon peut-être le choix qu'il avait fait de venir parmi nous, puis d'y rester jusqu'à sa fin. A vrai dire, ce n'est pas exactement lui qui nous avait choisis, à l'origine. Le 15 juin 1966 paraissait dans *Le Monde* une « Libre opinion » sur la fameuse affaire Ben Barka, qui consacrait la rupture de Maurice Clavel avec de Gaulle et qui se terminait par ces phrases : « Je déclare que pour ce procès, si l'on veut de moi, je suis prêt à m'engager en toute saison, même l'été, comme chroniqueur judiciaire. » Le jour même, Hector de Galard, saisissant la balle au bond, adressait à Clavel un télégramme d'engagement. Un an après, je lui offrais de devenir notre chroniqueur de télévision.

Ainsi, pendant onze ans, semaine après semaine, notre journal a organisé l'espace professionnel, intellectuel et affectif où s'épanouissait la liberté de Maurice Clavel. Et durant ces onze longues et lourdes années, lentement, progressivement, des liens se sont noués qui font qu'à l'instant de sa disparition, la gratitude nous gonfle le cœur dès que nous évoquons son visage de géant hirsute plein de fougue et de tendresse et nous découvrons soudain, comme bien d'autres, comme tant d'autres, le besoin que nous avons de lui et que nous ignorions, simplement parce qu'à force de précéder nos élans il avait fini par les effacer. Encore une fois, il était loin de ne réserver qu'à nous l'exclusivité de sa confiance : mais c'est la grâce de toutes les fortes natures de donner à chacun cette illusion. Et tous ceux qui en ont bénéficié savent comment cet homme qui pouvait paraître obsédé de lui-même installait ses amis dans l'univers des princes et des élus où il choisissait de vivre tantôt en rêve, tantôt en projet; comment cet esprit volontiers accaparé par une idée fixe se prolongeait spontanément dans les problèmes des autres et, au besoin, dans le soin de leur gloire. Cruelle épreuve : il se trouve que je ne l'ai jamais autant vu de ma vie que dans les deux mois précédant sa mort et, pendant tout ce temps où nous avons travaillé ensemble, je n'ai jamais connu d'être dont l'amitié fût plus attentive, la chaleur plus présente, le dévouement plus vigilant. A l'idée que je n'entendrai plus chaque jour sa voix chaude, dont l'affection autoritaire me rassurait, je m'avise avec inquiétude que j'ai peut-être négligé de lui faire comprendre combien je l'aimais. Le savais-je moi-même ? Nous sommes ainsi quelques-uns à connaître son secret, c'est-à-dire tout ce qui se cachait de fraîcheur, de jeunesse, de générosité vraie, derrière son goût de la montre, de l'exhibition, de l'éclat. Même ce goût, d'ailleurs, vaut qu'on le nuance ou qu'on s'y attarde. Dans ce journal où il étonnait et où il tonnait, nous avions l'habitude, avant que Clavel ne parte pour Vézelay, de le voir penser, s'agiter, concevoir, formuler à haute voix quelques intentions iconoclastes, se demander s'il oserait les écrire, enfin décider de le faire. Alors il remplissait ses pages avec une volupté rageuse, puis il avait besoin de vous les psalmodier. Il chérissait ses mots, se berçait de la mélodie de ses phrases et s'enchantait de ses trouvailles avec l'ineffable candeur du créateur, comme étonné lui-même par son inspiration. C'était avant tout un homme d'expression ; c'est-à-dire quelqu'un qui n'éprouve tout à fait un sentiment et n'épouse complètement sa propre idée que lorsque, enfin, il a réussi à se les approprier dans des mots venus, certes des profondeurs du patrimoine culturel, mais dont il prend soin de faire éclater les associations trop usées, de désarticuler l'ordonnance trop prévue. En quoi il est un écrivain véritable. Mais une fois cette opération « d'expression » réalisée, il ne peut plus y avoir « répression » ; les grands cris de Clavel commençaient tous par le même constat : « Je ne puis réprimer les mots qui montent en moi sous la forme de l'évidence. » On découvre alors qu'une liberté suprême s'exerce ainsi, comme poussée elle-même par la nécessité du langage.

On s'est demandé s'il n'était libre que pour réserver à Dieu seul la suprême obligation, s'il n'était libertaire envers les hommes que pour mieux être soumis au Christ, s'il ne se réjouissait de l'actuelle limitation des champs du savoir que parce qu'elle élargissait celui de la foi. Que nous importe! Il nous suffit que l'itinéraire de sa vie soit jalonné de risques et de libertés. La première fois que j'ai rencontré Maurice Clavel, c'était en 1959, en pleine guerre d'Algérie. Lui qui avait protesté contre l'usage de la torture par notre armée avant le retour du général de Gaulle au gouvernement, il prétendait désormais enseigner à chacun le civisme gaulliste et il disposait pour ce faire, à la radio, d'une tribune quotidienne dont je fus la victime. Il y dénonça un reportage que je fis sur les maquis algériens. Je protestai : il voulut accueillir ma protestation et demanda pour moi un droit de réponse. Quand il sut qu'il ne parviendrait pas à l'obtenir, il démissionna de la radio. A chaque instant de sa vie, il a été prêt à tout abandonner, à tout mettre en balance. Théâtralement? Soit. Je veux bien. Mais comment ne pas préférer l'éclat, même narcissique, donné aux sacrifices et aux ruptures à la discrétion grise du conservatisme et de la médiocrité? En mai 68, l'ère nouvelle qu'il avait pressentie, annoncée, vue venir le précipita dans une mystique gaullo-gauchiste, d'où devait sortir plus tard son fameux texte sur « Le soulèvement de la vie » :

« Nous ne nous aimons pas!

Nous ne nous aimons pas. Qui se regarde, qui se sourit, qui se soucie seulement de l'autre? La plupart vous diront qu'ils ont autre chose à faire. [...]

Je m'adresse à un peuple qui a perdu sa patrie car il ne voit à sa place que des banques, un peuple que ses maîtres détournent de son destin par les miettes de leur festin.

Je m'adresse à tous ceux qui travaillent au bas de l'échelle, avec d'autant plus de vertu que peu de joie, et que l'argent facile, en haut démoralise.

Je m'adresse à l'Eglise qui suit le train de son temps au lieu de le rompre. [...] »

Ce texte fit le tour de la France. Il avait servi de commentaire à un film télévisé lors d'une séquence de l'émission « A armes égales », laquelle s'était terminée sur une porte claquée de fameuse mémoire. Puis ce fut la réflexion sur le stalinisme, le goulag et le marxisme, le parrainage des philosophes dits nouveaux et d'autres combats d'inégale importance. Mais quel symbole dans le fait que le dernier article de notre ami ait été intitulé sur sa demande « Un Saint-Siège bancal » et qu'à la veille de partir pour Rome il ait malmené Jean-Paul II, lui reprochant ses silences devant les fascismes latino-américains et lui souhaitant « un peu plus de glaive et un peu moins de balance ». Son dernier pavé, ce chrétien, décidément, l'aura jeté dans sa propre mare. Qui doutera de la liberté du grand perturbateur qui nous abandonne soudain à nous-mêmes ?

Roland Barthes : *l'oblique pouvoir du langage*

Si Roland Barthes pouvait être aussi distant et aussi proche, c'est sans doute autant par l'audace de ses humeurs que par l'exigence de ses recherches. Les affinités avec lui étaient nombreuses, et sur l'essentiel. Nous aimions que, parti de Brecht, et après un voyage autour de Saussure puis de Michelet, il en soit revenu à Montaigne et à Gide, ces maîtres de notre adolescence. J'aimais qu'il se veuille an-archiste, selon son expression, c'est-à-dire hostile à tout pouvoir, et notamment à ce pouvoir des mots qui l'aura toute sa vie obsédé. J'aimais que, s'agissant de la mémoire, il oppose la reconstitution proustienne à cette présence du passé qui colore, infléchit et imprègne le quotidien. Mais ce que, décidément, je lui enviais le plus, c'était d'en être arrivé à la liberté.

On dit, on affirme, on répète à l'envi que la liberté, ce n'est jamais que la conscience des déterminations. Roland Barthes, qui connaissait bien, lui, les déterminations du langage, s'est un jour avisé qu'on pouvait néanmoins incarner librement cette alchimie fortuite qui fait la singularité et qui déjoue la programmation : ce qui fait que deux êtres sont différents, ne serait-ce que par leur corps, c'est précisément l'espace précieux de leur liberté. D'où la résistance de Roland Barthes aux modes et même à celles qu'il aura contribué à créer. Après ses études sémiologiques, on l'attendait par exemple sur des recherches comparatives entre les techniques d'écriture littéraire et d'expression musicale. Il s'abandonna au contraire à son humeur, à sa singularité, qui fut en l'occurrence de revenir à Schubert, à Schumann, et même à Berlioz dont il proclamait qu'il était le seul écrivain romantique en France. Appeler écrivain un compositeur, c'était en une litote supprimer le traité destiné à en fonder la démonstration.

L'une des raisons pour lesquelles il reprit dans *Le Nouvel Observateur* ses *Mythologies* qu'il avait commencées dans *France-Observateur*, c'était qu'il avait souffert de la publication d'un livre de pastiches. Loin d'y voir, comme nous l'y invitions, un signe de consécration, il y décelait une agression visant à l'enfermer dans l'une des phases, devenue balbutiante à ses yeux, de son itinéraire. Les pastiches ignoraient en effet délibérément ce chemin de dépouillement qui a relié le jargon parfois complaisant des *Essais critiques* à la très savante et souveraine simplicité du *Discours amoureux*. Roland Barthes avait vu dans ce pamphlet moins la gratitude de l'humour que le signe d'un pouvoir oblique : « Et si le pouvoir, loin d'être un, était pluriel, comme les démons? Mon nom est Légion, pourrait-il dire; partout, de tous côtés, des chefs, des appareils, massifs ou minuscules, des groupes d'oppression ou de pression; partout des voix " autorisées " qui s'autorisent à faire entendre le discours de tout pouvoir : le discours de l'arrogance [...]. Certains attendent de nous, intellectuels, que nous nous agitions à toute occasion contre le Pouvoir; mais notre vraie guerre est ailleurs : elle est contre les pouvoirs et ce n'est pas un combat facile [...]. Car cet objet en quoi s'inscrit le Pouvoir de toute éternité humaine, c'est le langage. »

Chercheur dans l'insolite, dilettante dans l'absolu, défricheur solitaire, amateur d'âmes comme d'anecdotes, Roland Barthes a terminé sa somptueuse leçon inaugurale au Collège de France en ces termes que nombre d'entre nous ont lus et relus depuis : « Si je veux vivre, je dois oublier que mon corps est historique, je dois me jeter dans l'illusion que je suis contemporain des jeunes corps présents, et non de mon propre corps passé. Bref, périodiquement je dois renaître, me faire plus jeune que je ne suis. [...] J'entreprends de me laisser porter par la force de toute vie vivante : l'oubli. Il est un âge où l'on enseigne ce que l'on sait; mais il en vient aussi un autre où l'on enseigne ce que l'on ne sait pas : cela s'appelle chercher. Vient peut-être maintenant l'âge d'une autre expérience : celle de désapprendre, de laisser travailler le remaniement imprévisible que l'oubli impose à la sédimentation des savoirs, des cultures, des croyances que l'on a traversés. Cette expérience a, je crois, un nom illustre et démodé, que j'oserai prendre ici sans complexe, au carrefour même de son étymologie : Sapientia. Nul pouvoir, un peu de savoir, un peu de sagesse, et le plus de saveur possible. »

Jean-Paul Sartre :
« *Un monde laid, mauvais et sans espoir* »

Au moment où Jean-Paul Sartre nous a quittés, les
sartriens ont décidé de se taire. Je n'en étais pas : je
pouvais donc parler. Car avec lui, j'étais, nous étions,
dans une situation indéfinie, indéfinissable : nous n'en
avions jamais fini de dialoguer, même quand il n'y
avait pas de réponse de sa part ; même quand nous
n'attendions rien de lui ; même quand l'envie nous
venait de chercher ailleurs une incitation plus complice. C'est aujourd'hui seulement que nous pouvons
bien comprendre ce qu'il écrivit quand disparut
Camus et qui, à l'époque, nous avait paru fraternel
mais contraint, qu'une brouille, ce n'était jamais
qu'une façon de vivre ensemble. A la condition, bien
sûr, que l'intensité du regret fût obsessionnelle. Et de
fait nous étions, évidemment, obsédés par Sartre.
C'était même lorsqu'il nous paraissait se fourvoyer
avec le plus de diabolisme dans le déploiement de
son génie dialectique que nous éprouvions le besoin
le plus vif de la réaction et de l'échange. Et quand,
enfin, le commerce entre nous redevenait chaleureux,

c'était comme si nous recouvrions la totalité de notre intime. Comme si, auparavant, jusque-là, nous avions été mutilés.

Je me suis souvent demandé pourquoi, si éloigné de son univers familier, si rejeté à l'époque par certains de ses disciples, j'avais néanmoins souhaité et réclamé le parrainage de Sartre quand nous avons fondé *Le Nouvel Observateur*. De Sartre et de Mendès France. Il m'apparaît soudain clairement que je voulais reprendre le dialogue interrompu entre Camus et lui, et c'est bien ainsi d'ailleurs que lui-même l'entendait : soutien à ceux de ses amis que j'avais réunis mais vigilance à l'endroit de mes positions à l'avance décrétées camusiennes. Je sais maintenant, je devais en avoir mille preuves par la suite, que la seule chose qui me préoccupait, c'était de l'arrimer dans une aire où des gens aussi différents que nous, que ses amis et les miens pussent discuter inlassablement de la révolution, de la révolte et de la violence. Et quand, il y a un mois, j'ai entendu cette voix au téléphone, bien timbrée, fortement nasale et nettement articulée, qui me disait sa satisfaction de voir son dernier texte publié dans notre huit centième numéro, le souvenir précis qu'il avait de sa collaboration au premier numéro, le désir qu'il avait de nous voir en venant ici, dans les bureaux du journal, j'eus l'impression d'avoir mené à bien une tâche enfouie et pourtant essentielle, d'avoir réalisé un vieux rêve. Comme si les quelques intuitions, que nous estimions ici modestes mais fortes et dignes d'un combat, recevaient enfin, et de manière devenue testamentaire, la caution de l'intelligence la plus vaste, la plus féconde, la plus vaillante et la plus généreuse aussi que ce siècle ait sécrétée.

On s'indigne dans les chapelles que cet homme de scandale soit partout loué, adulé, célébré, embaumé – donc « récupéré ». C'est la même vieille antienne : on la psalmodie chaque fois avec complaisance. D'autres observent que ce héraut solitaire de l'avant-garde et de la marginalité était devenu récupérable et qu'il est mort avec quelques idées qui ne faisaient plus scandale : bienveillance pour le socialisme suédois, intérêt pour le radicalisme italien, hostilité à l'égard du totalitarisme soviétique, affection inquiète pour l'Etat d'Israël, sens du tragique à la veille d'une guerre possible, etc. Les uns et les autres s'égarent. Rien n'a jamais pu apprivoiser, en effet, cette vertu qu'il a gardée intacte jusqu'au bout et qui devait rester la plus scandaleuse : la haine du bourgeois. Elle jalonne, parsème, à vrai dire inonde son œuvre, s'épanouissant surtout dans ce chef-d'œuvre méconnu et inachevé : « L'engagement de Mallarmé ». Mais ce qui se passe en ce moment n'a rien d'une récupération : c'est la célébration d'un rite. Je ne crois pas, pour ma part, qu'il l'eût renié. Il ne s'agit pas d'honneurs : rien qui ressemble à la Légion d'honneur ou même au prix Nobel. Rien à voir non plus avec le spectacle, l'apparat, la montre. Quand tout un peuple se reconnaît un instant en un homme, dans un moment privilégié et comme suspendu ; lorsque, projetées hors de leur classe par le rituel, les différentes composantes de la nation rejoignent ce peuple, lui donnant ainsi sa complétude, alors l'hommage rendu devient un cérémonial retrouvé, on assiste à la création d'un mythe, c'est l'une des manifestations du sacré. Le monstre le plus irréligieux de l'élite française depuis Gide suscite, au moment de sa disparition, le plus irrationnel des frémissements.

Un frémissement qui est aussi, peut-être, la peur du vide. Il était là, énorme, omniprésent, tentaculaire, inlassablement disponible et infiniment avide : toute la curiosité et la fraternité du monde réfugiées dans ce visage et dans ce corps d'une attendrissante laideur et d'une force étrange et contagieuse. Sa place soudain désertée, voici qu'on la découvre immense, et nul ne songe à l'occuper. Plus de relais, de relève. Interrompue la lignée rassurante des maîtres à penser, cette extraordinaire singularité française. Sartre s'y trouvait à l'aise, avec une simplicité souveraine, se déployant dans tous les genres, s'épanouissant dans tous les rites artisanaux ou nobles du métier d'écrire. Un prodigieux jongleur, tourmenteur, manieur de mots et d'idées – qui viennent parfois elles-mêmes d'autres mots. L'instinct classique de l'ellipse, le don de la prolixité baroque, le sens de la métaphore insolite et la traduction sémantique des parfums et des saveurs ; sans compter l'art du dialogue au théâtre, la pugnacité polémique, le souffle pamphlétaire et philosophique : il avait décidément tout à sa disposition. *Les Mots*, un de ses chefs-d'œuvre, sont déjà assurés de la postérité, avec les *Situations*, qui sont sa « Légende du siècle ». Le fait est, en tout cas, à voir l'égarement de chacun et de tous, qu'on était rassurés de le savoir parmi nous, même silencieux et même déclinant : on s'adossait à sa statue quand elle n'était pas encore de pierre. A vrai dire, pour quelques-uns, la peur du vide avait déjà commencé il y a quelques années. Des fidèles, plus respectueux du temple que du dieu vivant, paraissent avoir eu le vertige en voyant l'architecte, dans les révisions du désenchantement, lézarder lui-même les murs qui les abritaient. C'est difficile de se résigner à ce que Sartre soit, lui aussi, comme les autres, une « passion inutile ». Moins préoccupé du culte, on s'aviserait pourtant qu'il n'y a que de la grandeur dans la décision qui lui vint un jour de se contempler sans indulgence. Être quelqu'un, pour lui, c'était pouvoir être n'importe qui. A chaque moment.

Revenons donc à ce concept de violence où s'originent nos obsessions. Il vient de se passer quelque chose d'assez exceptionnel. Depuis le coup de Kaboul, la campagne idéologique déclenchée depuis Moscou, La Havane et Paris nous fait revivre exactement en 1952, date de la célèbre polémique entre Camus et Sartre. Il faut se précipiter sur ces grands textes : vingt-huit ans après, ils n'ont pas pris une ride. Leur actualité est – comment dire ? – désespérante. Mais la vivacité et la richesse de l'échange incitent, stimulent, interpellent. De quoi s'agissait-il alors ? De décider si tous les impérialismes pouvaient être renvoyés dos à dos ; si le communisme et le fascisme, c'était la même chose ; si la critique globale de l'Union soviétique s'opposait au progrès de l'Histoire et à la lutte éternelle de l'esclave contre le maître. Pour l'heure, cela reviendrait à décider si l'intervention en Afghanistan n'est qu'un « détour » dans la marche de l'Histoire, si l'Union soviétique demeure néanmoins, et même grâce à cela, le recours des

damnés de la terre et si, par exemple, les Allemands
de l'Est et les Cubains ont raison, les uns de tirer, les
autres de cracher sur ceux de leurs camarades qui, en
fuyant le régime, « votent avec leurs pieds » contre
lui.

Il s'agit donc d'un problème qui lasse parfois les
intellectuels parisiens (ils le trouvent « dépassé »)
mais qui concerne le sort et le destin de millions de
révolutionnaires dans le monde. Des révolutionnaires
qui viennent parfois s'instruire en France et à qui il
faut rappeler pourquoi ce que Sartre disait à Camus
en 1952, il l'a moins pensé en 1968 et plus du tout en
1976.

Tout est arrivé avec la découverte – déjà! – de
l'existence de camps de concentration en Union
soviétique. On ne les appelait pas encore le Goulag.
Mais on savait tout sur eux; oui, tout. A relire les
documents et les débats de l'époque, on est confondu
qu'il nous ait fallu attendre Soljenitsyne pour réo-
rienter des options et des comportements fondamen-
taux. Bref, dans les années 40 et 50, on discutait sur
les camps, à propos des camps. En dehors des communistes et de leurs compagnons de route les plus
zélés, personne ne doutait de leur existence. Pas Sartre, en tout cas, qui les déplorait, les condamnait, les
dénonçait. La question, c'était : est-ce que les camps
de concentration suffisent à juger un pays, un régime,
une solidarité? Pour y répondre, le plus prestigieux,
après Sartre, des rédacteurs des *Temps modernes*, Maurice Merleau-Ponty, bâtit tout un savant système.
Avec un livre, *Humanisme et Terreur*, qui devient rapi-

dement le bréviaire des sartriens, et en général de tous les progressistes. Même ceux qui n'avaient pas lu le livre se référaient à l'argumentation. Elle est résumée par cette phrase : « Le fascisme est exactement comme une mimique du bolchevisme. Parti unique, propagande, justice d'Etat, vérité d'Etat, le fascisme retient tout du bolchevisme, sauf l'essentiel, c'est-à-dire la théorie du prolétariat. » Théorie du prolétariat ? C'est celle de Marx : le prolétariat a pour mission d'acheminer l'humanité, par une violence accoucheuse, vers le royaume hégélien de la conscience heureuse qui devient chez Marx celui de la société sans classes.

Ce que dit Merleau-Ponty et dont Sartre va se servir contre Camus, c'est que ce n'est pas la violence qui est le point commun signifiant entre le fascisme et le communisme. Le « libéralisme » est tout aussi violent et, dans ce cas, il faudrait répudier et condamner tous les régimes : vivre en somme hors de l'Histoire, ce qui est futile. Le principe kantien, selon lequel l'homme doit être traité comme une fin et non comme un moyen, relève d'un angélisme dérisoire : on voit partout, et toujours avec Hobbes, que l'homme est un loup pour l'homme. La politique, disent Merleau-Ponty et Sartre, c'est la terreur : vouloir lui échapper est frivole. On n'échappe pas à l'Histoire. Tous les régimes se valent donc en ce sens qu'ils reposent tous sur la violence ; mais il faut considérer avec une attention et des égards particuliers le régime qui, fondé sur la violence, a néanmoins pour fin la suppression de sa propre violence. C'est le cas du régime communiste et de l'Union soviétique.

Autrement dit, si le Goulag était institué pour qu'il n'y ait plus de goulag, il serait non pas justifié mais toléré. Avec la mort dans l'âme, sans doute, mais avec la certitude d'être dans le sens de l'Histoire. Mais comment décèle-t-on la nécessité du « détour » historique ? Quand sait-on que la violence tend vraiment à sa propre suppression ?

Réponse : quand cette violence est « prolétarienne ». La philosophie marxiste de l'Histoire montre que là où est la violence prolétarienne, là se trouve la violence appelée « progressiste ». C'est la violence prolétarienne qui doit mettre un terme à la dialectique maître-esclave, pour précipiter l'avènement de « l'Etat homogène et universel » selon Hegel et le jeune Marx. Mais le prolétariat, qui est-il, que veut-il, que peut-il ? Sartre répondra plus tard : il n'a pas d'existence ni de volonté en dehors du parti communiste. Sans le Parti, le prolétariat n'est pas classe mais masse. Le Parti est le médiateur nécessaire pour transformer un rassemblement d'individus égoïstes en une communauté fraternelle, pour passer du « désordre moléculaire de l'état de nature à l'état civil ».

Cette période de Sartre, celle de la réponse à Claude Lefort, des « Communistes et la paix » et du « Fantôme de Staline », est celle qui va cimenter pour plusieurs années le lien qui unit l'existentialisme sartrien au marxisme le plus prophétique dans le projet, le plus dogmatique dans le comportement. Maurice Merleau-Ponty s'empressera, lui, d'abandonner une démarche qui se révélait imprudente et dont il avait été l'initiateur et le théoricien. Plus investi dans les luttes, plus attentif au contexte international, plus soucieux de na pas séparer « les travailleurs de leur parti », Sartre, solitaire et casse-cou, va au contraire s'enfoncer dans cette voie avec l'impression d'être justifié chaque fois qu'il recevra des coups : il en pleuvra de tous côtés. Tout cela n'ira pas sans dégâts pour la démarche sartrienne initiale, originelle. Dans *L'Etre et le Néant*, en effet, l'Histoire ne pouvait avoir de sens et les conflits entre les hommes ne pouvaient avoir de fin. La lutte à mort apparaissait comme l'horizon indépassable. L'enfer, ce serait toujours les autres, malgré Kant, malgré Hegel et malgré Marx. Camus avait affirmé, non sans vigueur, et comme s'il était lui-même sartrien : « Si l'homme n'a pas de fin qu'on puisse élire en règle de valeur, comment l'Histoire aurait-elle un sens dès maintenant perceptible ? Si elle en a un, pourquoi l'homme n'en ferait-il pas sa fin ? Et s'il le fait, comment serait-il dans la terrible et incessante liberté dont vous parlez ? » En fait, même après la *Critique de la raison dialectique*, il fut difficile de découvrir une place dans la philosophie sartrienne de la liberté pour le concept même de progrès historique. Mais de plus, bientôt, pour un tel concept, impliquant tant de détours apocalyptiques, il n'y eut guère davantage de tolérance dans la conscience politique de l'homme Sartre. Au bout de dures et lourdes années, Sartre – qui avait mis tant d'efforts à abandonner la Morale pour l'Histoire – retrouva cette idée simple et forte de sa jeunesse : ce n'est pas le but qui fait l'obligation, ce n'est pas la fin qui définit le moyen. L'homme est situation, projet, action, mais il ne peut vivre sans une morale qui transcende son but. Avant d'en arriver là, il fallut quelques épreuves de taille et de poids.

Ce fut un long cheminement dans des voies terribles, jonchées d'engagements et d'embûches, où la défense des révoltés était chaque fois contrariée par la trahison des révolutionnaires. Pour garder intacte la spontanéité des masses, il fallut bien prendre des distance à l'égard du Parti et de la classe ouvrière organisée. A Cuba, les masses avaient fait la révolution contre le Parti. En Algérie, la spontanéité paysanne faisait merveille comme jadis en Chine. De Mai 68 à 1973, le destin gauchiste de Sartre va s'identifier avec celui de la Gauche prolétarienne, dont il contribuera à précipiter la dissolution. Pendant tout ce temps, peu soucieux de cohérence systémique, Sartre oscillera entre une conception de l'homme qui interdit à l'Histoire la possibilité d'un sens comme l'espérance d'une « réconciliation entre les consciences individuelles et hostiles » et, d'autre part, une conception communautaire impliquant un pari sur la violence progressiste et sur la « force universaliste du communisme révolutionnaire ».

Il faut bien se rendre compte que ces thèses, aujourd'hui abandonnées, discréditées, reniées, ont été la trame des réflexions d'au moins deux générations et qu'elles constituent encore, sans référence à Sartre, l'infrastructure conceptuelle des comportements dans le tiers monde révolutionnaire. Quand, déçu par l'immobilisme et le dogmatisme du Parti communiste français, incité à la radicalité par les guerres coloniales au temps où la France n'était « pas une nation mais une névrose », quand Sartre se mit à croire à un déplacement vers les pays pauvres de la lutte des classes, laquelle désormais se déploierait à l'échelle planétaire, il ne fit qu'anticiper la situation présente qui fait de l'Occident blanc, chrétien et capitaliste, le maître, et du tiers monde l'esclave, dans la dialectique ressuscitée de l'hégéliano-marxisme.

C'est pourquoi il est si essentiel à nos yeux de souligner qu'à la fin de sa vie Sartre n'avait pas seulement tourné le dos aux outrances qui l'avaient conduit à sacraliser les liens entre le Parti et le prolétariat, et ceux entre le prolétariat et l'Histoire. Il avait admis que les esclaves peuvent devenir de nouveaux maîtres et risquent de donner ainsi un aspect de mouvement perpétuel à la dialectique du maître et de l'esclave. Il avait constaté que la violence dite prolétarienne pouvait s'inscrire elle aussi dans « le cercle infernal des subjectivités hostiles ». Jamais il n'a sombré dans la démission ou l'esthétisme. C'est dans la rue qu'il fit ses révisions. Dans les luttes et jusqu'aux derniers jours. Avec les deux messages qu'il nous laisse : celui d'aller jusqu'au bout de nos idées, quoi qu'il en coûte ; et de ne pas hésiter à penser seul. Le courage de la pensée solitaire, c'est un peu l'héroïsme sartrien.

Je tiens qu'il y a une fidélité profonde à la première démarche sartrienne dans cette révision qui n'est pas un reniement, dans cette sorte de conversion au sartrisme des premiers jours, et dans cette réassumation d'un certain pessimisme – comment dire ? – libérateur, inventeur de libertés (c'est une expression sartrienne). Privé de ce que Camus appelait les divertissements, c'est-à-dire de tout ce qui nous empêche de voir l'absurdité et la mort en face, Sartre parle :

« Avec cette troisième guerre mondiale qui peut éclater un jour, avec cet ensemble misérable qu'est notre planète, revient me tenter le désespoir : l'idée qu'on n'en finira jamais, qu'il n'y a pas de but, qu'il n'y a que de petites fins particulières pour lesquelles on se bat. On fait de petites révolutions, mais il n'y a pas une fin humaine, il n'y a pas quelque chose qui intéresse l'homme, il n'y a que des désordres. On peut penser une chose comme ça. Elle vient vous tenter sans cesse, surtout quand on est vieux et qu'on peut penser : eh bien, de toute façon, je vais mourir dans cinq ans au maximum – en fait je pense dix ans, mais ça pourrait bien être cinq. En tout cas, le monde semble laid, mauvais et sans espoir. Ça, c'est le désespoir tranquille d'un vieux qui mourra là-dedans. Mais justement, je résiste et je sais que je mourrai dans l'espoir, mais cet espoir, il faut le fonder. »

Louis Guilloux : des hommes libres et la Bête

Notre cher Guilloux, mon cher Louis : que cherchait-il donc à éviter dans la conversation, dans les relations, dans la vie, en brouillant les cartes et les pistes, fuyant les questions, esquivant les problèmes, jouant avec tant de charme et de coquetterie sur le silence ironique et la tendresse désenchantée ? Pourquoi tous ces rideaux de fumée, tous ces masques, ces pirouettes, ce refuge derrière sa pipe, ce souci d'affirmer que rien n'est jamais comme on le dit et que préciser c'est déjà déformer ? Selon lui, il fallait toujours aller voir plus avant, chercher les choses derrière les choses, fureter, fouiller, attendre et s'inquiéter de savoir si, pendant le moment même où l'on parlait, rien n'arrivait qui rendait dérisoire ce que l'on était en train de dire. Pourquoi ce sursaut de gouaille et de dérision, devant les grands mots, devant les intonations qui montrent que l'on met des majuscules aux idées et aux sentiments ? Pourquoi, enfin, ce refus constant, obstiné de l'« esprit de sérieux » ?

Pudeur ? Si l'on veut. Dignité ? Il aurait détesté ce mot. Pourtant, ce qu'il admirait le plus dans un certain humour, c'est précisément ce qu'il impliquait en fait de pudeur et de dignité. Mais surtout, surtout, il ne voulait pour rien au monde ressembler aux légions d'imposteurs qui, selon lui, nous cernaient. Les dîners de têtes? Il les avait décrits avant Prévert. Les salauds? Il les avait, à sa manière, dénoncés avant Sartre. Les bourgeois et les cuistres? Il avait fait siennes, une fois pour toutes, les férocités de Flaubert. Alors, il se méfiait des mots. Il se méfait des gens qui parlent du cœur comme on parle du nez[1]; qui croient que ce qu'ils disent a une importance quelconque au regard de l'éternité.

Il y avait plusieurs explications, et que je lui proposais parfois dans nos échanges. Le fait, d'abord, bien sûr, que son critère fondamental, l'étalon qui lui servait à mesurer toute chose, c'était la misère; celle qu'il avait vécue chez son père, un cordonnier socialiste; cette misère qui était, comme il le dira avec élégance, son « ordre ». D'autant que les pauvres qu'il avait commencé à décrire étaient « après tout, finalement et tout bien considéré, des princes ou des saints ». Et c'était bien cela, le danger : à peindre les pauvres avec des couleurs si flatteuses, comme dans *Compagnons* ou dans *La Maison du peuple*, n'allait-on pas donner à penser que la providence leur avait fait une grâce et que la misère, en somme, était un salut? Il y avait aussi, mais cela viendra plus tard, le sentiment que nous sommes tous dans le même bateau, même s'il y a différentes classes à l'intérieur de ce navire qui ne va nulle part. A ce moment-là, les « salauds » sont

---

1. C'est le mot de Gide sur un Breton, encore, fils de cordonnier et académicien, Jean Guéhenno.

plutôt perçus comme des clowns : ils parlent, disent n'importe quoi pour se donner l'illusion que leur dérisoire puissance va leur éviter le sort commun.

Il y avait, enfin, cette idée chez Guilloux qu'il fallait se réserver pour les livres ; que la vérité d'un écrivain n'est pas dans ses bavardages sur ce qu'il écrit mais dans la finition et la signification de l'œuvre. Pourtant, c'était un conteur ; et quand il contait, il aimait les mots, les boutades, les traits d'esprit, les trouvailles. Au fond, ce dont il se méfiait, c'était des idées, de leur insertion dans l'amidon des concepts, de leur enfermement dans la camisole des systèmes. Au fur et à mesure que les malheurs du monde s'accumulaient, il trouvait les systèmes inutilement hermétiques et tragiquement interchangeables. Il n'y avait pas à ses yeux de philosophie supérieure à celle qui se dégageait (que le lecteur pouvait facilement dégager lui-même) des grands romans russes. Entre les Celtes et les Slaves, il imaginait d'espiègles et truculentes affinités. La Bretagne qu'il devait me faire connaître à Saint-Brieuc, c'est celle des mystères et des légendes dont on trouve peu de traces évidentes dans ses livres mais qui le poursuivait comme une sorte de mauvaise conscience, de dieu caché dont il n'avait pas reconnu l'énigmatique pouvoir.

En 1935, Louis Guilloux publie son chef-d'œuvre, *Le Sang noir*. C'est le grand roman dont on dira à tort qu'il a préparé le Front populaire. Car en 1935 en France, tout comme au xixe siècle dans le monde, tout comme en Union soviétique au xxe siècle, les artistes croient pouvoir exprimer et infléchir les orientations mystiques et politiques de la société. Mais

Guilloux ne soutient aucune thèse. Il n'est pas « engagé » comme Nizan ; il est habité comme Tchekhov. La bande qui entoure le livre porte alors cette pensée : « Le scandale n'est pas que l'on meure mais que l'on meure volé. » Un cri ténébreux, dense, souvent ambigu, qu'une langue souveraine éloigne de tout populisme et dont la musicalité savante corrige constamment le réalisme. Un cri romantique et fouillé contre l'imposture. Ce livre est en quelque sorte une métaphysique de la douleur à travers toutes les dérisions de la misère quotidienne. A la barbarie absurde de la guerre, à l'insondable bêtise de la société, à la duplicité des dieux, Cripure (*Critique de la Raison pure*), professeur de philosophie veule, laid, grotesque, n'a finalement qu'une seule chose à opposer, c'est une lucidité grand-guignolesque et pathétique qui le conduit au suicide. Avec *Le Sang noir*, on entre dans le fantastique, cette chose si rare dans notre littérature, si familière chez les Russes. On a mal interprété l'audace de cette grande œuvre venant d'un fils de cordonnier qui considère la classe ouvrière comme sa patrie, la misère comme une noblesse maudite et qui pourtant s'installe avec aisance dans un univers très proche de celui de Milan Kundera.

Guilloux avait alors le projet d'écrire une suite au *Sang noir* : une exaltation de la façon dont les opprimés avaient enfin pris en main leur destin pour affronter la condition humaine. En 1936, André Gide, qui, sur le conseil de Malraux, lit *Le Sang noir* avec transport, invite Guilloux à se rendre à Moscou, dans une expédition qui devait devenir célèbre. Il s'est passé pendant ce voyage des choses qu'on ne connaîtra peut-être jamais. Guilloux n'aime pas le comportement de Gide mais il ne dira pas pourquoi. En tout cas, après le voyage en Union soviétique, il renoncera à écrire le roman « optimiste » qu'il avait toujours dans l'esprit. Mais il restera toujours dans le même camp : par enracinement, par fidélité. A l'intérieur de ce camp, celui des opprimés, le mot espoir (« la dernière chose que l'on trouve dans la boîte de Pandore ») n'aura plus jamais le même sens pour lui.

J'ai, un jour, présenté à Guilloux un des amis qui avaient le plus compté dans ma vie et aussitôt, entre eux, s'est établie une connivence fraternelle, une complicité joueuse : bref, une intimité déconcertante. Comme je l'interrogeais plus tard sur cette rencontre, il m'a répondu : « J'ai tout de suite vu qu'il savait de quoi il retourne, il avait les mots de passe. » Dans le langage de Guilloux, cela voulait dire : il a pris une fois pour toutes la mesure de notre fragilité et de notre détresse, il sait qu'il n'y a qu'un seul remède, la fraternité. Guilloux avait en commun avec Max Jacob, son ami juif, Breton né à Quimper et converti au catholicisme, de ne jamais prononcer le mot « amour » : la seule chose à laquelle ils croyaient vraiment tous les deux.

C'est un peu, aussi, « en souvenir de Max » que Guilloux était allé, il y a quelques années, à Orléans, témoigner contre les « rumeurs » antisémites. On sait que Max Jacob s'était définitivement retiré à l'abbaye de Saint-Benoît-sur-Loire, quand la police nazie, en 1944, vint l'y chercher pour le transférer au camp de

Drancy : c'est là que mourut, dans le mysticisme et l'humour, le poète du *Cornet à dés*. Guilloux s'était rendu à Orléans en souvenir de Max, et en communauté de pensée avec un autre de ses amis, breton lui aussi mais de Vannes, le romancier catholique et résistant Louis Martin-Chauffier. Ce dernier est mort une semaine avant Guilloux, sans faire beaucoup de bruit, après avoir écrit sur la déportation le premier grand livre français : *L'Homme et la Bête*. Des pages définitives sur l'entreprise d'avilissement conçue par le nazisme.

Ces Bretons admirables, hommes de silence et de fraternité, qui tous ont rencontré sur leur chemin le visage de la barbarie, je n'ai cessé de les évoquer en observant les retombées de cet attentat de la rue Copernic. On sent de toutes parts surgir des manifestations d'inquiétude, sinon de détresse. Je réponds qu'on ne peut sans ingratitude s'abandonner au pessimisme dans un pays où tant d'hommes libres se déclarent décidés à braquer la Bête. Ils sont minoritaires ? Je n'en suis plus si sûr, et ils ont, en tout cas, envie de se reconnaître, de se faire signe, de se regrouper, de retrouver en somme l'esprit de la Résistance. Je m'aventure à augurer que les futurs chroniqueurs retiendront avec une considération impressionnée un grand nombre de faits à l'actif de la France. Quoi qu'il arrive désormais, je me dis que ne seront pas tenues pour rien, au regard de l'Histoire, les réactions immédiates des commentateurs des différentes chaînes de télévision et des radios avant toute manifestation officielle : les messages de Mgr Marty, de Mgr Etchegaray, de Mgr Lustiger : le désaveu ému et ferme de tous les leaders d'Eglises, de mouvements et de partis sans aucune exception, sans aucune fausse note ; la lettre du chef de l'Etat au grand rabbin ; le spectacle de quatre cent soixante-quinze députés unanimes, debout, votant une suspension de séance pour permettre à chacun de se rendre à la manifestation populaire ; la prière, dans toutes les églises, célébrée en faveur des juifs ; la manifestation de cent cinquante mille Parisiens, de la Nation à la République, où les participants n'avaient rien d'autre en commun que le refus du racisme ; les mesures ordonnées, avec retard ou pas, par l'Etat et le gouvernement ; bref, la mise hors la loi de l'antisémitisme par tout ce qui, en France, agit, pense, éduque, administre et s'exprime.

Si l'on objecte à tout cela qu'en dépit des déclarations et des professions de foi l'antisémitisme et le racisme continuent d'exister mais qu'ils sont hypocrites et honteux, je réponds que je préfère qu'il en soit ainsi. Si l'hypocrisie de l'antisémitisme rend hommage à la vertu de l'antiracisme, j'en suis bien aise. Aucune morale au monde ne prétend extirper à jamais le mal du cœur des hommes. Il suffit qu'on obtienne que ce mal ait bien, pour tous, le même nom, et que se sentent coupables ceux qui le commettent. Toute l'œuvre de Louis Guilloux exprime cette simple et grande vérité.

Pierre Mendès France :
qu'est-ce qu'un homme qui compte ?

Après la rupture avec *L'Express*, Pierre Mendès France a soutenu, encouragé, parrainé la naissance du *Nouvel Observateur*. Pendant dix-huit ans, il lui a réservé la quasi-totalité de ses interventions dans la presse écrite. Son dernier article, c'est dans ce journal qu'il a été publié.

Il se sentait chez lui parmi nous, mais il était loin – évidemment – d'être toujours d'accord avec ce que les uns et les autres nous écrivions chaque semaine. A l'occasion, il nous le disait sans détour. Avec ce ton étrange d'affection autoritaire qui nous en imposait. Nous l'aimions.

Qu'est-ce qu'un homme qui compte ? Avec qui on se sent obligé de compter ? C'est quelqu'un dont les désaccords ne vous laissent pas en paix. J'ai rompu un jour, jadis, avec Camus sur l'Algérie et je ne m'en suis jamais accommodé. Je n'ai jamais rompu avec Mendès France, mais je me suis trouvé en désaccord avec lui sur de Gaulle. Je ne suis pas arrivé à m'y résigner.

Nous l'aimions. Nous l'admirions. Des millions d'hommes et de femmes, en France et dans le monde, sont dans le même cas. Après 1968, cela n'était pas évident. Sans doute la part de calvaire dévolue à tout porteur de message en ce monde s'était pour lui épuisée : on ne le calomniait plus guère. Mais une autre disgrâce l'attendait, au moins dans la société politique, car il ne suscitait plus qu'une estime distraite et un respect rituel. Cet homme d'Etat, de gouvernement et d'action s'était réfugié dans le témoignage pour ne pas trahir ses principes? Soit. Après un coup de chapeau, on passait outre.

Il y a quelques années, on nous disait encore que ce qui concernait Mendès France, ce n'était plus l'affaire de la nation. On consentait à ce que ce fût pour nous une affaire de famille. Comment pouvions-nous nous intéresser à cet homme « du passé »? Dont le langage était d'une simplicité anachronique; qui était si peu doué pour la prévision politique à court terme; qui, comme on dit dans notre jargon, ne « créait pas l'événement ». « Référence »? Sans doute. Statue du Commandeur? Si l'on voulait. Mais que pouvait-il bien nous apporter? Allons jusqu'au bout : on nous disait qu'après les fulgurances de sa jeune gloire il avait accumulé, et de manière si masochiste, un si grand nombre d'échecs qu'il ne pouvait que porter malheur. D'ailleurs il n'était pas photogénique et avait tant de mal à écrire. Et si nous procurions les preuves que ses interventions, toujours souveraines et toujours dérangeantes, alimentaient les débats de l'opinion publique, on concédait avec lassitude que, oui, Mendès France était une « conscience » – injure suprême dans la bouche d'un politicien.

La réponse à tout cela est arrivée, écrasante, déroutante, avec les réactions que sa mort a provoquées. Car pendant quelques jours il fallait un sursaut pour se dire qu'on ne rêvait pas. Une crise de gratitude s'est emparée des Français. Une soif de communion s'est étanchée dans une messe ardente célébrée autour de ce vieillard qui avait pris tant de soin à se marginaliser. On vit sur les écrans de télévision les visages frappés de stupeur grave d'intervenants qui, dans leur volubilité anxieuse, paraissaient à la fois vouloir apprivoiser la soudaineté du choc et se nourrir avec complaisance de sa signification. Que nous apportait Mendès France ? Eh bien, beaucoup de choses dont les Français se sont rendu compte, en un instant, qu'elles allaient leur manquer. Mais attardons-nous sur cette insolite communion.

Mendès en aurait été comblé car cette communion donne rétroactivement un sens à toute sa vie, sens dont il lui arrivait lui-même parfois, et vers la fin de plus en plus souvent, de douter. Ç'aurait été pour lui, en effet, l'aboutissement d'une conviction indéracinable : non seulement on peut agir en démocratie sur les citoyens sans être au pouvoir ; mais aussi cette action peut se réduire à la répétition opiniâtre, simple, martelante de ce qu'on croit être juste. Il préférait, et il le proclamait avec une altière insistance, se répéter plutôt que se contredire. Il aurait aimé ce qu'on dit de lui, osons l'expression dans sa banalité épaisse : qu'il était dévoré par la passion de convaincre.

C'est en cela peut-être que Pierre Mendès France a le mieux réussi sa sortie : en prouvant que son optimisme bourru, acharné, rousseauiste et candide était fondé. Un optimisme sur l'homme. Car ce personnage solitaire, intransigeant et parfois même cassant, était probablement l'homme politique le plus sincèrement démocrate que la société française ait jamais sécrété. Sans doute était-il enclin à se dire qu'on pouvait avoir raison contre tous, et que c'était son cas ; mais il estimait en même temps et avec autant de force que cela ne procurait aucune espèce de droit et que rien n'était jamais acquis tant qu'on n'avait pas rallié les autres à sa cause. Moins apte qu'un François Mitterrand à drainer vers son dessein les appareils de parti, il partageait avec de Gaulle l'idée que la France mérite mieux que ce qu'on lui réserve dans les joutes politiques. Mais il ne pensait pas néanmoins qu'il convenait de violer les Français pour leur imposer la grandeur ou la vérité. De Gaulle était un démocrate par dépit : quand il jugeait les Français indignes de lui, donc de la France, il s'en allait ; et ses départs, un communiste l'a noté, ne manquaient pas d'allure. Mendès France était démocrate par vertu : si les Français le rejetaient, il fallait leur parler encore et encore avec la conviction de pouvoir un jour les désabuser. C'est une histoire qu'illustre un célèbre chapitre de Montesquieu sur le fonctionnement « vertueux » de la démocratie.

Ce qu'il apportait, pour y revenir, nous savions bien, nous, quelles en étaient la valeur et ensuite, par cheminement, la fécondité. L'âge et la maladie, en creusant ses traits, en accentuant le gris du masque, ne faisaient pourtant que rendre plus pathétique et, curieusement, plus tendrement attentif son regard. Personne, alors, n'avait plus de séduction vraie, je dirais plus de charme. Il paraissait écouter avec une vigilance distante et amusée un interlocuteur qui croyait un instant, lui, être jugé mais ne pouvoir espérer de réponse. On le croyait si affaibli, si peu maître de ses facultés qu'on redoutait d'avoir le dernier mot et de lui laisser un dernier jugement qu'il garderait pour lui. Et puis, après un long silence, dans une sorte de repli et même d'absence, il toussait plusieurs fois pour tenter assez vainement de s'éclaircir la voix et finissait par résumer la pensée de l'autre à l'essentiel, par la réfuter avec une implacable simplicité. Il y a une expression faite pour cet homme : *il ne se payait pas de mots*. Il avait le timbre, la netteté, l'authenticité de la conviction. Souvent, après l'avoir entendu, on se demandait ce qu'il avait bien pu dire pour disposer d'une telle emprise. Récapitulation faite de ses propos, on ne trouvait rien d'original. Sa force avait consisté à débusquer la frivolité de tel ou tel astucieux morceau de bravoure. Donner une dimension si épique à la simplicité et si contagieuse à la vertu, c'est une grâce.

A propos de cette fameuse vertu qui l'aurait, en somme, empêché de réaliser son destin, il ne pouvait éviter de se poser certaines questions essentielles sur lui-même, harcelé qu'il était par des jeunes gens qui ne comprenaient pas, qui admettaient mal qu'on pût refuser de se salir les mains pour réaliser ce à quoi on croyait le plus. Était-ce bien par vertu qu'il n'avait pu devenir ni de Gaulle ni Mitterrand ? Il lui arrivait de concéder qu'il ne le savait pas, que ce n'était plus son affaire et que, s'il lui restait une mission, c'était celle d'infléchir, de corriger, de façonner. Il avait rêvé d'être enseignant, de donner une formation économique à la jeunesse française, de persuader les uns et les autres que la pensée économique ne devait pas être livrée en monopole, ni aux marxistes, ni à la droite. Avec le Proche-Orient, c'était son obsession à la fin de sa vie. On disait qu'il était une conscience. Lui se revendiquait pédagogue.

Puisque j'ai évoqué le Proche-Orient et que – hommage qui, celui-là aussi, l'aurait comblé – sa disparition bouleverse autant de Palestiniens que d'Israéliens, je voudrais souligner comment ce Français vivait sa judéité. Je ne l'ai jamais entendu aborder un problème avec l'exclusive préoccupation des éventuels intérêts du judaïsme. Autrement dit, il était juif – on le lui a assez reproché – mais il ne s'est jamais soucié de l'être. Le prix qu'il attachait à l'ancienneté de l'implantation de sa famille en terre française ; le caractère spécifiquement français de sa culture ; la décision qu'il avait prise tout jeune de se consacrer au service public de la France ; le fait de n'être ni croyant ni pénétré du sentiment d'appartenir à un peuple différent et qui s'étendrait par-delà les frontières ; l'idée enfin que l'antisémitisme, qui le révoltait et dont il avait souffert, n'était qu'une des manifestations de la barbarie raciste : tout l'éloignait de ce culte de la différence et de cette affirmation de la judéité dont il observait avec une curiosité chaleureuse et bienveillante mais non complice qu'elles étaient de mise dans les nouvelles générations.

Sans doute sur le tard s'est-il interrogé sur la signification du « mystère juif ». Mais il n'y donnait pas de réponse et il détestait les énigmes. En tout cas, il n'a jamais exprimé le sentiment que ce mystère pouvait impliquer une « élection » – celle du peuple « élu » – qui pût le concerner. Sa solidarité avec Israël, pour totale qu'elle fût, n'avait rien de mystique : c'était celle d'un Français juif et de gauche avec les rescapés de la plus atroce des persécutions. Sa sensibilité toujours en éveil dès qu'il s'agissait de l'existence de l'Etat d'Israël n'entamait en rien sa liberté lorsqu'il convenait de juger le comportement des dirigeants israéliens. De cette liberté il a usé à l'égard de tous, et ses interlocuteurs palestiniens le savent. S'il fut en effet l'un des premiers à estimer que la paix au Proche-Orient passait par une négociation entre Israël et l'OLP, il était hostile à toute concession aux Palestiniens en contrepartie. A propos de l'éventualité d'un voyage de Yasser Arafat à Paris, il a déclaré à Georges Kiejman : « L'important, ce n'est pas que Mitterrand l'invite, mais ce qu'il obtiendra de lui en échange. » Le message qu'il laisse aux jeunes générations est clair sur ce point. L'antisémitisme est une barbarie contre laquelle il faut lutter dans cesse, d'autant que, prenant prétexte des affaires du Proche-Orient, il paraît renaître aujourd'hui sous d'autres formes. Mais cette lutte, on peut parfaitement la livrer sans renoncer à ce que l'on est, c'est-à-dire français et juif.

Mendès France n'était pas seulement partisan de la rigueur, mais d'une véritable austérité – le mot lui paraissait indispensable –, à la condition que cette austérité fût mise au service de la justice sociale. Il estimait que les Français étaient parfaitement capables de le comprendre et de l'admettre, dès lors qu'ils avaient pour les gouverner ceux à qui ils avaient fait confiance et qui, dans l'opposition, s'en étaient montrés dignes. Il était partisan de faire, dès après le 10 mai 1981, une dévaluation, de fixer un calendrier des réformes et de profiter de l'état de grâce pour imposer des sacrifices à l'ensemble de la nation. Il préconisait un discours « churchillien », c'est-à-dire de la sueur sinon des larmes, et redoutait que, selon son expression habituelle, « l'économie ne se venge ». Il ne donnait pas de leçons; il comprenait toutes les difficultés de la fonction présidentielle. Il se préoccupait peu des « tendances » : contre Rocard, qu'il aimait, il avait applaudi à la décision de François Mitterrand de nationaliser intégralement le crédit. Il lui arrivait de sermonner Delors – qu'il estimait – sur tel point et, sur tel autre, d'apprécier Chevènement. Mais l'homme qui avait osé reprocher en 1937 à Léon Blum sa politique financière, et à de Gaulle en 1945 sa facilité, ne pouvait pas ne pas trembler à l'idée que les chances de la gauche pussent être galvaudées. Car cet homme a connu l'une des plus grandes joies de sa vie, le jour où François Mitterrand est entré à l'Elysée. Aucun des anciens malentendus ne comptait plus à ses yeux. Il admirait chez François Mitterrand le savoir-faire dont il était dépourvu, l'étendue de sa culture, la vision d'homme d'Etat; et, devant le destin de ce président de la République, il se reprochait de l'avoir parfois sous-estimé. Raison de plus, disait-il, pour que tout le monde l'aide à réussir. Dans ce sens peut-être, c'est même sûr, a-t-il conçu quelque amertume de ne pas être suffisamment consulté. D'autant qu'il est mort avec la conviction qu'il détenait l'idéal et les stratégies indispensables au retour de la paix au Proche-Orient. Sur ce point, Mitterrand a manqué d'élégance et même du sens de l'intérêt national.

Louis Aragon : le besoin de trahir

Lorsqu'en 1936 André Gide a entrepris de dénoncer le régime de l'Union soviétique, au retour d'un voyage où on l'avait comblé d'honneurs, le parti communiste a mobilisé ses écrivains et ses intellectuels pour vouer aux gémonies l'auteur des *Nourritures terrestres*. Le plus injurieux fut Louis Aragon. Le plus pathétique, Paul Nizan.

Nizan adjurait Gide : la grandeur d'un intellectuel ne saurait se réfugier dans la seule négation. Elle peut être parfois encore plus méritoire dans l'adhésion. Gide répondait qu'il pouvait en être d'accord, mais qu'il fallait pour cela admettre qu'on entrait alors en religion. « Au PC, vous êtes, à tous les sens du mot, dans les ordres. Et sans doute puis-je respecter cet état ; mais alors, dites-le ! » Aragon, lui, était déjà presque prêt à le dire…

Bien plus tard, en 1953, au cours d'une célèbre polémique, Sartre se gaussa de Camus qui prétendait ignorer l'Histoire, son évolution, ses lois. Camus répondit que Sartre et les intellectuels marxistes avaient une fois pour toutes placé leur « fauteuil dans le sens de l'Histoire ». En fait, l'auteur de *L'Homme révolté* dénonçait surtout l'incroyable privilège que s'arrogeait le parti communiste en se déclarant seul investi de la mission historique de libérer le prolétariat. L'Histoire se confondait alors avec le Parti, comme ailleurs Dieu se confond avec l'Eglise. Dans ce cas le Parti et l'Eglise ont les mêmes exigences : l'abdication d'intellectuels invités à se soumettre à une nouvelle raison d'Etat. Sa conception de l'engagement conduisait Sartre, à l'époque, à confier au PC le soin de déchiffrer le sens de l'Histoire.

C'est un grand débat qu'ont réveillé les évocations de l'inconditionnelle fidélité de Louis Aragon au Parti communiste français. On se résigne mal à ce que, pour être fidèle à son parti, l'un des plus grands poètes français, l'un des meilleurs romanciers, celui en tout cas dont la langue fut le mieux maîtrisée depuis Chateaubriand, n'ait pas cessé de trahir ses amis et de mentir à tous. Le talent ne fait qu'accroître la responsabilité. Car, à ce moment-là, le romancier ou le poète joue le rôle d'un maître à penser, c'est-à-dire d'un intellectuel. C'est là que commence la trahison des clercs et pour Aragon la trahison tout court. D'autant qu'à bien y penser il n'était même pas un clerc. Il était simplement un poète comme Charles Trenet était un chanteur dans une tradition qui va de François Villon à Guillaume Apollinaire. J'aime la façon dont Jean d'Ormesson aime Aragon. J'aime entendre mes amis Pierre Bénichou et Serge Lafaurie le réciter. Je voudrais pouvoir négliger ce rôle d'intellectuel, d'autant que dans les déchaînements les plus égarés de son militantisme, il s'est voulu héraut, chantre ou prophète, jamais penseur, et encore moins théoricien. Il n'avait même pas à abdiquer cette fonction d'intellectuel, évoquée par Gide et Camus, puisqu'en réalité il croyait pouvoir la mépriser. Il devait attendre 1968 et les événements de Tchécoslovaquie pour se rendre compte que ce mépris n'empêchait pas l'imposture.

Tout, depuis le début, incitait le jeune Aragon à se détourner de la fonction critique de clerc et d'intellectuel. Partisan avec le poète René Crevel, qui devait se suicider, de « l'esprit contre la raison », Aragon ne pouvait trahir les fécondités libertaires des surréalistes que pour s'abîmer dans les gouffres d'une conversion totale. Une conversion où s'apaiseraient enfin de riches mais déchirantes contradictions. Peu à peu, le Parti devint son opium, son inspiration, sa patrie, son âme même. Une vérité transcendante, en somme, et combien digne à ses yeux de tous les mensonges ! Sa responsabilité n'est pas d'être un intellectuel qui sait une vérité et qui la tait. C'est d'être un militant pour qui le Parti est la seule vérité. C'est la meurtrière obstination du croyant. C'est elle, pourtant, que Georges Marchais a le plus admirée dans son oraison funèbre.

Comme dans ce pays la magie de l'écriture, plus encore que celle du verbe, l'emporte sur la force des idées ; comme les créateurs d'univers et de personnages en imposent plus que les créateurs de concepts, Aragon a pu servir pour l'idéologie totalitaire de grande référence intellectuelle. C'est-à-dire qu'on lui a fait jouer un jeu auquel lui-même ne croyait guère. Il avait consenti à être en religion et il y était d'autant plus à l'aise qu'il retrouvait les laïques en son temple. Pendant de longues années, l'héroïsme pour les écrivains et les artistes a consisté, à l'extrême gauche comme à l'extrême droite, à dire oui, selon le mot de Nizan, et à s'agenouiller. L'idée de trahison l'a-t-elle effleuré ? Auparavant, oui. Il a confessé dans *Le Libertinage* qu'il « nourrissait un démon : le besoin de trahir ». Mais, désormais, trahir quoi ? L'un des héros de *La Semaine sainte*, un de ses plus beaux romans à mon sens, affirme : « Quand les hérétiques sont si nombreux, il convient de s'interroger sur l'orthodoxie. » Aragon refuse au contraire de s'interroger : il sera le dernier garant de l'orthodoxie. Sur l'Union soviétique en particulier : on ne compte plus ceux qui l'ont entendu en privé se répandre en imprécations vindicatives, furieuses, vulgaires même, contre « les Russes ». Pas un mot en public.

Cela dit, on n'échappe pas à son rôle. Un écrivain militant devient, même malgré lui, un intellectuel ; et il trahit sa fonction si le parti pour lequel il milite se considère comme une valeur transcendante. Comme disait l'ami d'Aragon, Arthur London, l'auteur de *L'Aveu*, un intellectuel commence à trahir dès que lui vient l'idée que son parti « a toujours raison ». En définitive, il n'y a rien de pire qu'une idéologie qui se déploie comme une religion : on voit alors qu'elle en arrive à transformer ses plus grands prêtres, tel Louis Aragon, en véritables sorciers.

Raymond Aron : un savant refus de conclure

Quand Raymond Aron est mort, le jour même où on célébrait le premier anniversaire de la mort de Pierre Mendès France, son mausolée était déjà prêt. Les Français, dans une unanimité comme toujours tardive et donc zélée, l'avaient construit quelques semaines auparavant, à l'occasion de la publication de ses *Mémoires*. Mes amis et moi-même, au *Nouvel Observateur*, avions pris notre part, bien décidés que nous étions à ne laisser aucune humeur voiler la vision que nous avions d'un homme de ce poids, de cette stature.

Je l'ai eu au téléphone deux jours avant qu'il ne disparaisse. Il a apprécié que nous n'ayons pas jugé trop malveillantes les nombreuses critiques que contient son livre à notre endroit. J'ai répondu qu'il y avait aussi de sérieuses inexactitudes. Fallait-il les rectifier ? s'inquiétait le Prince nouvellement consacré des intellectuels de France. Je lui fis observer que si la chronique retenait quoi que ce fût de notre irruption dans les turbulences intellectuelles ou politiques, nous le devrions plus à des citations comme les siennes qu'à notre « œuvre » supposée. Alors, quitte à nous entraîner dans une éventuelle postérité, autant valait que ce fût avec notre vrai visage. Cette humilité ne parut point lui sembler outrancière.

Plusieurs fois, il faut le dire, nous avons redouté que ce très grand esprit ne fût pas, aussi, une grande âme, et que sa mémoire en particulier ne manquât de générosité. Il a fait voler en éclats toutes ces inter-rogations attristées en nous quittant sur un geste d'une irréprochable hauteur. Au Palais de Justice, il est allé témoigner en faveur de Bertrand de Jouvenel injustement accusé, selon lui, de bienveillance envers les nazis par un écrivain israélien. Il s'agissait d'une interview d'Hitler faite il y a cinquante ans. Aron exigea qu'on reconstituât le contexte. Bref, il défendit les droits de l'Histoire contre le terrorisme des cita-tions. Comme dirait Bergson, l'un de ses maîtres, avec Alain, il y a autant d'âme que d'esprit dans ce comportement.

Au reste, et personnellement, non seulement je l'admirais, ce qui était bien plus répandu qu'on ne le croit dans tous les milieux, mais je l'aimais bien, ce qui était plus rare parmi les miens. Je n'étais pas fier en 1968 quand nous avons publié un texte de Sartre parfaitement injurieux pour lui. Aron devait pardon-ner ce texte à Sartre : il lui pardonnait tout. Mais il ne devait jamais oublier que c'est nous qui avions publié ce texte. Cela dit, Aron n'avait pas toujours l'art de se faire aimer.

Nahum Goldmann[1] nous réunissait parfois, avenue Montaigne, avec Mendès France. Le même scénario se répétait. Mendès développait avec foi, autorité et lenteur une conviction qu'il voulait faire partager. Aussitôt après, Aron rétorquait par l'expression d'un doute fondamental sur la conviction de Mendès. Sentencieux et caustique, érudit et complaisant, il donnait le sentiment de se croire irréfutable. Et il partait le premier sans attendre les réactions des autres. Mendès, alors, dissimulait mal son exaspération : « C'est curieux, commenta-t-il un jour, Aron n'est jamais aussi heureux que lorsqu'il a cerné un bon sujet d'incertitudes. » Autrement dit la vérité est dans le refus de conclure.

En fait, il arrivait à Aron de sortir de cette complaisance lorsqu'il s'imposait de penser comme un homme d'action. Il pouvait se voir, dans ce cas, rappeler à l'ordre par les cyniques. Je me suis trouvé un jour chez Pierre Salinger, l'ancien chef du service de presse de Kennedy à la Maison-Blanche. Il nous avait invités Raymond Aron et moi à rencontrer dans la plus grande discrétion Henry Kissinger. C'était l'époque du Vietnam et surtout des conséquences du bombardement américain sur le Cambodge. Kissinger reconnaissait qu'il n'y était pas étranger. Raymond Aron, loin de réfléchir à l'opportunité de ce bombardement, s'est identifié à son ami américain. « Cher Henry, lui dit-il, comment avez-vous fait pour vous endormir après avoir donné un tel ordre ? Jamais, pour ma part, je n'y serais arrivé. » Kissinger

---

1. Président de l'Organisation sioniste mondiale de 1956 à 1968 et actif au sein du Congrès juif mondial qu'il avait contribué à fonder en 1936.

lui répondit : « Mais, mon cher Raymond, je ne vois pas qui pourrait être l'insensé capable de vous demander de prendre une telle décision. »

On pose souvent la question de savoir pourquoi *L'Opium des intellectuels* n'a pas dessillé les yeux des compagnons de route du PC. Il est bien vrai que ce livre contenait des vérités décapantes sur les avatars du culte de Marx et de Lénine en France. J'ai eu l'occasion de confier à Raymond Aron que, pourtant, quant à moi, son livre ne m'aurait pas suffi, et que je croyais savoir pourquoi. J'avais eu la chance de puiser très tôt ma pâture dans Gide (*Retour d'URSS*), dans Grenier (*L'Esprit d'orthodoxie*), dans Koestler (*Le Zéro et l'Infini*) et dans Camus, bien sûr (*L'Homme révolté*). En fait, c'est bien Grenier, le philosophe Jean Grenier, qui m'avait enseigné la dimension religieuse de l'adhésion au PC. Or j'observe que ces quatre livres ont ceci en commun : ils décrivent de l'intérieur, avec une compréhension complice, le besoin qu'on peut avoir à un certain moment d'adhérer au communisme, et non pas seulement les idées qui doivent conduire à condamner cette adhésion. Aron a parfaitement compris, et l'un des tout premiers, si j'excepte Grenier, la religion communiste mais il est passé à côté des religieux. Aurais-je découvert *L'Opium des intellectuels* sans avoir lu les quatre autres livres, je n'aurais sans doute pas été, tout comme mes contemporains, frappé de lumière.

De la même manière, sur l'Algérie, alors que nous étions d'accord sur l'essentiel et que, luttant contre les siens, Aron pouvait se flatter de faire progresser notre cause, je n'arrivais pas à trouver en lui, dans ses écrits, un véritable soutien. Sa manière de postuler brutalement l'inévitable et puis d'inventorier complaisamment les impasses qui s'opposent à son accomplissement ne pouvait constituer une référence pour des hommes de terrain. Dans les moments graves, épiques, avoir raison avec lui n'était pas d'un grand secours. Sauf une fois, cependant, et qui me toucha : quand il répondit au général de Gaulle, à propos de la fameuse phrase sur le peuple d'élite sûr de lui et dominateur.

Reste cette fascinante, cette prodigieuse mécanique intellectuelle, apte à tout engranger, tout rationaliser, tout enseigner, avec une exigence d'ascète de l'idée pure. Lui présent, on se sentait en sécurité d'un certain côté. D'abord, il rendait intelligent : pour lui répondre, il fallait viser haut. Ensuite, il rendait exigeant : pour dialoguer, il fallait connaître son dossier aussi bien que lui. Sa méthode était discutable, ce n'est pas le lieu d'en débattre. Mais, grâce à elle, en extirpant du champ du politique toutes les racines de l'idéologie et de la morale pour découvrir l'avènement de l'Histoire, il nous a aidés à comprendre la société industrielle, la pensée de la guerre et le totalitarisme. Cette méthode, empruntée en partie à Max Weber, conduit à passer de l'*éthique de conviction* à l'*éthique de responsabilité*, de la subjectivité morale à l'action politique. C'est cette méthode même qui a conduit Aron à cette rigueur glacée et à cette impassibilité grise. Il deviendra alors un maître à penser, non point en enseignant un système, il n'en avait pas, mais en s'érigeant en censeur, dénonçant tous ceux qui sont inaptes dans l'art de bien conduire leur raison. Sur ce point notre dette envers lui restera immense.

La disparition d'Aron a mis la gauche en deuil et la droite en état d'infirmité. La première a eu le sentiment d'avoir perdu son adversaire le plus intime, le plus stimulant. La seconde, dans la mesure du moins où elle se veut encore libérale, a découvert qu'elle n'avait plus de penseur et qu'elle était ainsi exposée à toutes les dérives. Si l'on en juge par le volume des articles, le niveau des réflexions et l'intensité de l'affliction, c'est la gauche qui s'est révélée la plus atteinte. Comme si elle perdait l'un des siens, en somme chargé de la fonction secrète de la contester pour la revivifier. Abordant des problèmes de gestion économique, soucieuse de s'adapter au monde tel qu'il est, consciente de la vulnérabilité de la petite Europe, soudain préoccupée de susciter des consensus ponctuels et des majorités d'idées, la gauche a fini par intégrer toute une série d'analyses aroniennes, sans même s'en douter.

En fait, et j'écris cela en janvier 2009, dans la confusion autoritaire, la virtuosité réformatrice et l'activisme enivré du régime de Nicolas Sarkozy, on imagine assez mal ou trop bien comment l'autorité d'Aron, la compétence encyclopédique qu'on lui prêtait, son charisme soudain indiscuté, auraient pu donner à la droite une cohérence tocquevillienne. Il est plutôt réjouissant d'y penser. En revanche, un Pierre Hassner et un Jean-Claude Casanova expriment assez bien l'impassibilité et le balancement raisonné dont un Raymond Aron aurait pu faire preuve devant les désordres si inattendus des nouveaux empires.

Michel Foucault : la passion de l'insolite

Au hasard des ruelles de Sidi-Bou-Saïd, sur les hauteurs de Tunis, on pouvait rencontrer dans les années 60 une sorte de samouraï frêle, noueux, sec, hiératique, aux sourcils d'albinos, au charme un peu sulfureux et dont l'avide et affable curiosité intriguait chacun. C'était Michel Foucault, alors professeur en Tunisie. Il écrivait *L'Archéologie du savoir*. Son autorité, depuis *Les Mots et les Choses*, s'imposait déjà dans les cénacles parisiens. Clavel, notre Maurice, avait décidé que Foucault, c'était au moins aussi important que Kant. Mais dans ce village où il était heureux, personne ne le connaissait pour autre chose que son habitude à travailler dès l'aube devant les grandes fenêtres de sa villa qui donnaient sur la baie, et pour sa gourmandise à aimer et à vivre au soleil. Il était, le plus discrètement du monde, homosexuel. Sans les rumeurs des petits voyous du village, personne ne s'en serait douté. Cela n'aurait, de toute façon, rien changé pour qui que ce soit dans cette libre société.

A chacun de mes voyages, j'allais le chercher pour une promenade qu'il aimait longue, rapide, nerveuse.

Il me faisait entrer dans une pièce soigneusement maintenue dans la fraîcheur et l'obscurité, au bout de laquelle il y avait une sorte de grande dalle surélevée où il mettait la natte qui lui servait de lit, natte que, comme les Arabes et les Japonais, il repliait dans la journée. Dans cette obscurité, son crâne de bonze, ce fameux rire de mandarin qui lui coupait littéralement le visage, son regard décapant même quand il se voulait tendre, son comportement à la fois attentif et cérémonieux, tout en lui me suggérait à l'époque un débat intérieur entre une tentation aiguë de volupté et une évidente volonté d'endiguer cette tentation en la transformant en méthode d'ascèse ou en exercice conceptuel. Je fus ainsi plus tard de ceux que ne surprendra pas son désir de faire, en somme, la philosophie des différentes histoires de la sexualité.

Il arrivait que mon séjour à Tunis coïncidât avec celui de Daniel Defert, son intime. Nous allions alors tous trois sur une plage en forme de presqu'île que les dunes protégeaient de toute humanité. Dans ce désert imaginaire, une lumière à la fois ocre et lunaire rappelait à Foucault *Le Rivage des Syrtes*. La dernière fois que je fus en ce lieu avec eux, Foucault évoqua Julien Gracq et Gide que son ami Roland Barthes redécouvrait avec complaisance. Dans ce décor, il paraissait fuir la philosophie ; la littérature lui était un refuge. Je n'ai jamais pu deviner si c'était par sentiment d'inconvenance à l'égard d'une nature si caressée ou par peur de voir s'affaiblir la complicité savourée avec des amis non philosophes.

La réponse que j'eus de lui à Paris ne me convainquit qu'à moitié. Quand je prétendais le ramener à

ce que j'appelais (improprement selon lui) sa *philosophie*, il me faisait observer que toute philosophie
s'épuisait désormais dans le politique ; que le philosophe à avoir le mieux compris cela, c'était Merleau-
Ponty ; et que s'il ambitionnait une chaire dans
l'Université puisqu'il était question qu'on lui en donnât une, c'était une chaire de politique. Je m'inquié-
tais : qu'y avait-il de *politique* dans ses recherches ? Il
me répondit : à peu près tout, ajoutant que je parais-
sais ignorer le vrai sens du journalisme politique, le
bonheur intellectuel de vivre le présent, seule réalité
qui eût désormais de l'épaisseur. Comment pouvait-
on en philosophe avoir de l'intérêt pour ce qui disparaît dans le moment même où l'on tente de
l'appréhender ? Et surtout, comment élaborer une
réflexion politique dans le vécu d'un présent qui
charrie n'importe quoi, sans disposer d'une formation historique et d'une référence intellectuelle ? Avec
toutes ces questions, nous étions, selon Foucault, au
cœur de la philosophie telle qu'il la concevait désormais. Et si je lui disais mon égarement devant l'irruption de tel ou tel événement qu'on ne pouvait plus
enfermer dans des interprétations et encore moins
dans des concepts, il me répondait, par *horreur de l'universel*, que c'était précisément là ce qu'il m'enviait.
Peut-on être philosophe, je dirais même intellectuel,
et renoncer à l'universel ? Les réponses de Foucault
que j'ai obtenues de vive voix et par lettre sont bien
résumées dans un entretien qu'il accorda à Bernard-
Henri Lévy et publié dans *Le Nouvel Observateur*. En
voici un extrait :

« Auparavant et pendant longtemps, la question
de la philosophie a été : "Dans ce monde où tout

périt, qu'est-ce qui ne passe pas ? Que sommes-nous, nous qui devons mourir, par rapport à ce qui ne meurt pas ?" Or, depuis le XIXe siècle, on ne cesse de se rapprocher d'une autre question : "Qu'est-ce qui se passe actuellement et qui passe ? Que sommes-nous, nous qui ne sommes peut-être rien d'autre, rien de plus que ce qui se passe actuellement ?" La question de la philosophie, c'est la question de ce présent qui est nous-mêmes. C'est pourquoi la philosophie aujourd'hui est entièrement politique et entièrement historienne. Elle est la politique immanente à l'histoire ; elle est l'histoire indispensable à la politique. »

Mais comment une telle conception pouvait-elle justifier une option quelconque, un choix ? Les journalistes, qu'ils en soient ou non conscients, sont nécessairement hégéliens en politique et kantiens en morale. C'est-à-dire qu'ils engrangent sans les juger les rapports de force entre Etats et qu'ils se réfèrent à des impératifs catégoriques pour condamner ou louer les comportements individuels. On ne se soucie pas dans notre métier de concilier le sens donné à l'histoire et les injonctions du « ciel étoilé ». Mais Foucault, au surplus, tout en paraissant cautionner un journal comme le nôtre qui aspirait à une vision culturelle du politique, ôtait à l'éthique l'universalité et réduisait l'histoire aux histoires. Sur ce point encore, Foucault a répondu dans *Le Nouvel Observateur*, évoquant mille conversations que nous avons eues :

« Je pense que les intellectuels doivent renoncer à leur vieille fonction prophétique. Et par là je ne pense pas seulement à leur prétention à dire ce qui va se passer mais à la fonction de législateur à laquelle ils ont si longtemps aspiré : "Voilà ce qu'il faut faire. Voilà ce qui est bien. Suivez-moi : dans l'agitation où vous vous trouvez tous, voici le point fixe, c'est celui où je suis." Le sage grec, le prophète juif et le législateur romain sont toujours des modèles qui hantent ceux qui aujourd'hui font profession de parler et d'écrire. Je rêve de l'intellectuel destructeur des évidences et des universalités, celui qui repère et indique dans les inepties et les contraintes du présent les points de faiblesse, les ouvertures, les lignes de force ; celui qui, sans cesse, se déplace, ne sait pas au juste où il sera ni ce qu'il pensera demain car il est trop attentif au présent [...]. »

Soit. Je voulais bien. Mais alors pourquoi témoigner ? Cela expliquait bien son gauchisme, son goût de la subversion intellectuelle, et ce qu'il devait dire plus tard à Clavel : « Certains voudraient recoudre. Clavel nous dit, lui, qu'il faut, aujourd'hui même, vivre autrement le Temps. » Mais ce *journalisme du diagnostic*, transformé en *histoire des comportements* pour viser l'*archéologie de la politique*, tout cela constituait une démarche qui ne rendait compte ni de mon métier ni des engagements politiques si nombreux et si intenses de Michel Foucault lui-même, constamment prêt au témoignage et au risque. J'ai mis longtemps à comprendre cette passion de Foucault pour *l'instant*, et ce qu'il projetait ainsi dans le journalisme politique. Au moment où j'ai cru le rejoindre, quelques déconvenues, en particulier iraniennes (notre erreur commune sur Khomeyni), et une horreur de l'écriture-spectacle le firent se détourner des médias. Jamais de ses amis.

Nous nous sommes contentés d'être de ses amis, profitant de la vigilance attentive de ses égards, de l'exigence parfois cruelle de son jugement; de l'ampleur, de la vastitude, de la force insolite de son intelligence. Depuis Bergson, aucun philosophe ne s'est jamais autant soucié de bien écrire, et la langue de Foucault était somptueuse; mais, de plus, la conversation avec lui avait ce don enchanteur et redoutable : elle donnait à l'interlocuteur la complète illusion de devenir intelligent. Raymond Aron intimidait par sa capacité souveraine à discerner, à extraire, à classer, à juger. Sa supériorité excluait. Foucault invitait à l'accompagner dans sa recherche déroutante. Avec lui, on séparait, dissociait, déconstruisait pour aborder les rives de fleuves inconnus et limpides mais dont le cours ne s'arrêtait pas. On était rassuré par Aron; entraîné et enrichi par Foucault. Ce dont je serai le plus privé, c'est de ses attentes. J'étais comblé qu'un homme que j'admirais tant crût pouvoir attendre, et si continûment, quelque chose de moi et de mon journal. Voici que ce regard de l'amitié et de l'exigence me manque déjà – douloureusement.

Kateb Yacine : les impertinences du génie

Dès la première ligne du premier livre qu'il a écrit, on a compris qu'il était un écrivain et qu'il jouerait toute sa vie à ne pas l'être. Pour moi, j'ai d'abord été séduit par l'homme. Il avait le type physique de deux écrivains que j'admirais. Le premier, je ne le connaissais pas, c'était William Faulkner, qui devait si fort influencer Kateb. Le second, c'était l'Italien Elio Vittorini, dont j'ai été quelques années l'ami intime.

C'est un type physique très particulier, la chevelure drue et courte ; un visage anguleux, aux joues creusées, avec dans le regard quelque chose d'enfantin et de distant, de perçant et de distrait.

C'est un genre d'homme aussi avec lequel on peut rester silencieux, sans que cesse le dialogue intime. Quand la parole arrive, elle paraît prolonger des pensées parallèles et communes. Autant que je me souvienne, aucune de mes rencontres avec lui n'a été indifférente. Comme disent les hommes de théâtre, quand il était là, il se passait toujours quelque chose.

Puis nous avons découvert nos complicités. L'essentiel n'était pas, en tout cas pas seulement, le fait que nous étions nés dans le même pays. Je crois qu'il me trouvait trop camusien et qu'il préférait célébrer les sources, les oueds, les ruisseaux et même les rigoles, plutôt que la mer et le soleil.

L'essentiel était dans le plaisir qu'il prenait à protéger ses contradictions. Il aimait successivement les contraires. Il préférait l'alternance à l'alternative. Il avait autant de goût pour l'enracinement que pour l'errance, pour la singularité que pour l'universel, on dirait aujourd'hui pour la tradition que pour la modernité. Le métissage lui paraissait une richesse et le cosmopolitisme une vertu. Il se voulait fidèle à tous ses héritages. Il se croyait mutilé si l'un d'entre eux était renié. A la réflexion, il était surtout fidèle au peuple et à la poésie.

Malgré ses caprices imprévisibles, ses humeurs fantasques et ses disparitions intermittentes, il était fidèle en amitié. On connaît l'intensité des liens qu'il avait noués avec Jean-Marie Serreau. Mais ils sont explicables par une sorte de complémentarité professionnelle et artistique, comme Jouvet en a eu avec Giraudoux ou Darius Milhaud avec Claudel. Et même dans sa fidélité, il manifestait sa singularité.

Je voudrais rappeler un souvenir que j'ai déjà raconté dans un livre. J'ai été blessé, et dès qu'il l'a appris, il est venu me voir à l'hôpital. On m'avait administré des drogues pour m'endormir et je n'ai pas pu m'empêcher de m'assoupir. Les infirmières m'ont dit qu'il était resté plus d'une heure assis près de moi. Quand je me suis réveillé, il m'a dit qu'il m'avait parlé sans que je le sache. Il a ajouté : « De te voir dormir m'a reposé. » Et il est parti. C'est un mot que personne d'autre que lui n'aurait pu inventer.

Il m'est plus facile maintenant de passer de l'homme à l'œuvre. Kateb était à la fois un être libre et tragique, comme tous ses personnages. Comme Rachid, Lakhdar, Mourad et Mustapha, dans *Nedjma*. C'est-à-dire qu'il n'a supporté aucune entrave et qu'il avait le sens du destin. La révolution algérienne a été pour lui une explosion de liberté dans le tragique. Il s'est référé lui-même à Prométhée et à Antigone, pour justifier la rébellion contre Dieu et César. Il rêvait d'une algérianité qui reflétât à la fois l'indépendance et le destin dans la multiplicité ouverte des héritages.

Son passage dans le communisme et même, comme il le disait avec une coquetterie provocatrice, dans le bolchevisme-léninisme, n'a cessé d'être jalonné de manifestations libertaires et iconoclastes. La seule chose qu'il reprochait à Lénine, disait-il, c'est de n'avoir pas apprécié la poésie et d'avoir méprisé Maïakovski. Mais pour lui, cette idéologie ne devait servir qu'à faire exploser tout ce qui, dans les pays méditerranéens des deux rives, consolidait la bourgeoisie de la religion et de l'argent. Le vagabond Kateb ne pouvait s'accommoder longtemps d'une forme quelconque d'esprit totalitaire. Il l'a bien montré en dénonçant chez Brecht, malgré Jean-Marie Serreau, un message qui ne pouvait, selon lui, qu'être antipoétique.

Nous vivons une période particulière où la recherche de racines réinventées l'emporte sur les richesses de la fraternité, où le communautarisme triomphe de l'individu et où, comme le dit le philosophe Etienne Borne pour définir l'intégrisme, « la nostalgie du passé se prend pour une référence à l'universel ».

Voici des propos qui font de leur auteur tantôt un rebelle rageur, tantôt un blasphémateur. On ne peut pas ne pas entendre l'irremplaçable voix d'un libre créateur :

« L'Algérie, c'est avant tout l'Algérie ! Il n'y a pas d'Algérie berbère, il n'y a pas d'Algérie arabe, il n'y a pas d'Algérie française : il y a une Algérie. Cette Algérie ne doit pas être mutilée. L'Algérie est "multinationale", elle est une nation très riche dans la mesure où elle est "multinationale" [1]. »

« Ce qu'on appelle "francophonie" est une machine politique néo-coloniale qui ne fait que perpétuer notre aliénation […] mais l'usage de la langue française ne signifie pas qu'on soit l'agent d'une puissance étrangère. Au contraire, notre usage du français peut devenir une arme. Nous avons gagné notre guerre de libération parce que nous étions obligés de parler la langue des colonisateurs, alors qu'ils ignoraient les langues populaires. Nous les comprenions mieux qu'ils ne nous comprenaient. Je l'ai dit et redit dans la presse française : j'écris en français pour dire aux Français que je ne suis pas français [2]. »

« Les religions ont toujours joué un rôle néfaste. Il faut s'y opposer avec la dernière énergie. On les voit maintenant à l'œuvre. On les voit en Israël, en Palestine, on les voit partout. Ces trois religions monothéistes font le malheur de l'humanité. Ce sont des facteurs d'aliénation profonde [3]. »

1. *Le Poète comme un boxeur, Entretiens 1958-1989*, Seuil, 1993, p. 52.
2. *Ibid.*, p. 132.
3. *Ibid.*, p. 107.

Charles de Gaulle : être Prométhée ou rien

Toutes les syllabes qui composent le prénom et le nom de Charles de Gaulle ont aussitôt fait rêver cinq jeunes gens sur une place d'Alger, un jour de novembre 1941, un jour de grand soleil, à l'instant même où elles ont été articulées par un poète, Bertrand d'Astorg, ami d'Emmanuel Mounier, qui venait rendre visite aux amis de la revue *Esprit* que nous étions. Depuis ce jour, nous n'avons pas entendu ces syllabes, nous ne les avons pas lues ou formulées sans une vibration affective insolite, sans une familiarité intimidée, sans une gratitude névrotique. Je me souviens. Nous étions fascinés par la sonorité magique de ce nom. Nous n'en finissions pas d'admirer que la France pût s'être inventé un sauveur portant le nom de ses origines. Il fallait au moins cela, la Gaule, pour lutter en symbolique contre tout ce qu'incarnait le Maréchal en fait de France, de tradition et de pesanteur terrienne au point d'être illuminé. « Deux péguystes s'affrontent, qui résument la France », décida Bertrand d'Astorg. On ne pouvait douter, selon lui, que l'Histoire les réunirait. Je fus le seul à partager cette certitude – cette erreur.

En 1941, à Alger, nous avions à la faculté, en philosophie, un professeur, Pierre Mesnard, célèbre par une thèse sur Jean Bodin, qui était responsable de la Commission de propagande de la Légion française. Il commençait ses cours sur saint Jean de la Croix par un tour d'horizon politique. Il tenait à s'adresser aux jeunes philosophes comme à des hommes et comme à des chevaliers. Il admirait Bergson (« Rien n'est plus français que la morale de ce penseur israélite »). Il approuvait les lois de Vichy parce qu'il avait gardé le souvenir d'une cérémonie à Orléans, en l'honneur de Jeanne d'Arc, où le gouvernement du Front populaire n'était représenté que par des juifs (Léon Blum, André Blumel, Jean Zay). Il détestait l'Allemagne et la République, Hitler et Laval. Il pensait que la juste aversion pour la Grande-Bretagne ne devait pas conduire à devenir nazi. Il pensait que Pétain était, dans le sens le plus fort, providentiel, envoyé par la providence. Selon lui, la Révolution nationale ne devait adopter des vainqueurs qu'un seul principe : le *Führerprinzip*, fondé sur des délégations successives d'autorité. Chacun, à sa place, jouant le rôle d'un *Führer*. J'avais accepté de bénéficier du quota admis dans le *numerus clausus*. Pourquoi ? Quand j'y pense aujourd'hui, je ne vois pas très clair. Il y avait cette idée que les choses étaient provisoires et que, de toute façon, quand nous aurions à « résister », l'inscription à la faculté pourrait être un paravent. Mais je me souviens que je ne suis sorti vraiment des brumes que lorsque de Gaulle s'est identifié aux yeux de notre groupe à la France. Le professeur Pierre Mesnard l'a très vite compris. Un jour, en fixant certains d'entre nous, il a dit : « Ceux qui, pour une raison ou pour une autre, se laisseraient séduire par le gaullisme ne commettraient pas simplement une grave erreur politique, ils renonceraient du même coup et pour toujours à l'espoir d'avoir une place parmi les Français. » Il tremblait en prononçant ces mots. C'est la première fois qu'il menaçait. Jusque-là, il avait maintenu dans l'amphithéâtre une atmosphère d'ouverture, et de bonne compagnie. Soudain, ce fut la rupture. La trêve « philosophique » était terminée. On ne perdait plus son temps à s'interroger sur Pétain. On était pour ou contre de Gaulle. J'étais pour. J'étais heureux.

Depuis ce jour, de Gaulle n'a pas cessé de faire partie de mon histoire personnelle. Sentiment banal, en somme, ou qui le serait totalement s'il ne s'y ajoutait une réflexion sur les rapports du groupe que j'ai évoqués avec la France. Longtemps je n'ai jamais pu ressentir vraiment, éprouver, qu'il pût y avoir, sauf dans l'Antiquité, quelque chose d'important en dehors de la France, en dehors de ce qu'on appelait, en littérature, « le domaine français ». Le jour où le décret Crémieux (qui avait octroyé la nationalité française à tous les juifs d'Algérie en 1870) fut aboli par Vichy, j'ai eu l'impression d'une irréalité agressive. Comme si on prétendait m'enlever non pas seulement mon passeport ou mon droit mais mon identité profonde et je peux même dire, charnelle. Au point que le traumatisme psychologique qu'aurait

pu provoquer une telle mesure, du fait de l'intensité
de mon appartenance ressentie, a été comme adouci
par son absurdité. J'eus cependant une réaction
d'orgueil blessé : quel était donc ce pays, le mien, qui
s'érigeait en juge de mon héritage ? Ce n'était que le
pays « légal » ? Ou même usurpé ? Il incarnait des
idées qui n'étaient pas celles des professeurs qui m'ont
formé avant Vichy. Je ne crois pas que je m'y serais
résigné aussi rapidement s'il n'y avait eu, réfugié dans
un quartier de Londres et parlant parfois à la BBC,
ce Général au nom symbolique. Un nom qui récon-
ciliait la Tradition et la Résistance, les cathédrales et
la Révolution, la grandeur et la liberté. Quand Maurice Schumann disait, de Londres, au nom du Général, « la France continue », il ne s'est probablement
jamais douté du retentissement de cette formule dans
l'esprit et le cœur des jeunes gens que nous étions.
Cela voulait dire mille choses pour nous : que la
France avait donc été interrompue dans sa continuité ; que tout ce qui était fait en son nom dans cette
parenthèse n'exprimait pas son génie ; que la vérité
profonde de la France pouvait se trouver dans la
clandestinité ou dans l'exil, en tout cas dans le combat. C'est de Gaulle qui m'a, qui nous a empêchés de
nous inventer une judéité extrême et d'emprunt, une
judéité artificielle et de dépit. Ignorant tout des camps
de concentration, j'eus l'impression de faire partie, et
d'une manière d'ailleurs bien protégée, de toutes les
victimes du nazisme et de ses alliés. Il n'était pas
question de me sentir en rupture avec la tradition
dans laquelle, depuis mes grands-parents, ma famille
s'était épanouie. Il fallait seulement, pour que la

France continuât, rejoindre les Français libres – ce que je fis en allant retrouver en Tripolitaine la Division Leclerc.

Ce témoignage ne traduit pas seulement, je le souhaite, les dimensions subjectives de la gratitude. Il aspire à expliquer pourquoi de nombreux hommes qui se sont réclamés de la gauche ont vu sans surprise le Général rétablir la République ; prendre en charge la légitimité républicaine ; et par deux fois choisir le départ plutôt que le coup de force, la démocratie plutôt que le despotisme. L'homme qui avait souhaité que la France continuât pouvait souhaiter qu'elle fût plus ambitieuse ou plus grande ; il pouvait s'identifier à elle jusqu'à penser qu'elle se reniait quand elle le désavouait mais il ne pouvait soumettre le peuple à son caprice. Contre les miens, à tort ou à raison, du fait de cet ancrage originel, je n'ai pu penser que de Gaulle, en 1958, fût tenté par l'illégalité. Dans les brumes de ce que Jean Lacouture nomme avec bonheur le « Dix-sept Brumaire », je vois bien que ma certitude était celle de la foi. Elle m'a toujours détourné de prêter à de Gaulle des tentations louis-napoléoniennes. Je me suis, au contraire, toujours opposé à lui dans le malaise de l'expression et le désaveu de mon intime. J'ai pensé, et je pense toujours, qu'il avait échoué par présomption en Algérie, simplement parce qu'il a longtemps cru que les insurgés algériens pourraient lui céder ce qu'ils avaient refusé à ses prédécesseurs. Il avait fait le bon choix, sa vision de l'avenir se déployait dans son habituelle souveraineté, il n'a pas réussi à maintenir en Algérie ce qu'il considérait être au départ les intérêts de la France.

Était-ce possible ? La question n'a aucun sens à partir
du moment où il fut décrété que seul l'impossible
justifiait son retour au pouvoir. Pendant la guerre
d'Algérie, je me suis opposé à lui non pas en référence aux préventions que nourrissaient à son endroit
des hommes comme Mendès France, l'un de mes
maîtres, mais au nom des espérances et des exigences
que suscitait ma foi en lui. J'étais contre les miens du
côté de Mauriac et de Malraux. Je ne le disais pas.
Les amis de ces deux Princes n'étaient pas de ma
famille. Je l'ai souvent expliqué à Roger Stéphane,
parfois à Jean Lacouture. Mendès France, lui, préférait m'entendre parler de Churchill, le grand parmi
les grands. Quant à cette présomption qui devait
construire son destin avant de sombrer dans les pièges des maquisards algériens, il me semblait qu'elle
réunissait Shakespeare et Racine. Je relis ces phrases.
Je me demande si j'aurais pu les écrire il y a quelques
années seulement.

*Winston Churchill : « Vieux comme un prophète,
jeune comme un génie et grave comme un enfant »*

Avalanche de livres. Pourtant, ce n'est pas la saison. J'avais promis de parler de la réédition du livre de Robert Merle, *La mort est mon métier*, et de celui de Curzio Malaparte, *La Peau*. Deux auteurs qui ont précédé Jonathan Littell et ses *Bienveillantes* pour comprendre ce qui se passe dans le cerveau d'un officier nazi quand il planifie une extermination. Et puis, un petit livre tombe de la pile. Je le feuillette, je le lis, je me souviens.

Un jour, il y a longtemps, les gens de ma génération ont entendu à la radio un homme déclarer avec un merveilleux accent britannique : « Français, pendant plus de trente ans, dans la paix comme dans la guerre, j'ai marché avec vous. Et je marche encore avec vous aujourd'hui sur la vieille route. Cette nuit, je m'adresse à vous dans tous vos foyers, partout où le sort vous a conduits, et je répète la prière qui entourait vos louis d'or : Dieu protège la France. » Nous avons tressailli d'émotion et de gratitude.

L'homme qui prononçait ces paroles avait commencé par proclamer : « Français, c'est moi, Churchill, qui vous parle. »

A relire le discours entier, on frémit de reconnaissance pour une solidarité si pathétique. On a encore aujourd'hui, si longtemps après, la chair de poule. Vous pourrez lire ce texte et quelques autres dans un petit livre – une heure suffira – publié aux éditions de l'Aube, dont le titre est *Deux jours avec Churchill*. La lecture ne durera qu'une heure mais vous vous en souviendrez longtemps, même si vous le connaissez déjà. L'auteur du livre s'appelle Michel Saint-Denis. Vous ne le connaissez pas. C'est un Français qui n'est célèbre qu'en Grande-Bretagne, en tout cas sous ce nom-là. C'est un homme de théâtre pour qui on ne pouvait rien placer au-dessus de Shakespeare, qui a joué à Londres le rôle que Peter Brook joue à Paris et qui s'est entouré d'acteurs aussi prestigieux que John Gielgud, George Devine, Michael Redgrave, Alec Guinness et Laurence Olivier.

Mais l'autre nom de Michel Saint-Denis devrait sans doute évoquer des résonances sinon des souvenirs : c'est Jacques Duchêne. Car Michel Saint-Denis a pris ce pseudonyme pour épargner sa famille lorsqu'il a dirigé à Londres, dès octobre 1940, l'équipe de la BBC qui transmettait l'émission entre toutes glorieuse : « Honneur et patrie ! Des Français parlent aux Français ». Il y avait avec lui – et avec, bien sûr, Maurice Schumann, porte-parole du Général – Jean Oberlé, Jean Marin et quelques autres dont Pierre Dac. C'est Michel Saint-Denis, dit Jacques Duchêne, qui a traduit pour Winston Churchill le texte dont j'ai cité les débuts.

Le récit des échanges et des turbulences qui ont entouré cette traduction est simplement bouleversant. La bataille de Londres a déjà commencé. Churchill ne se soucie que de trouver le mot juste. Il ne parle pas encore très bien le français mais c'est un écrivain. Ce n'est pas pour rien qu'on lui attribuera le prix Nobel de littérature et non de n'importe quelle autre discipline. Duchêne, hélas, à cette époque, se méfie de De Gaulle. Cela ne le conduit jamais à desservir le Général. Simplement, l'homme du 18-Juin, si admirable soit-il, ne tient pas le coup, à ses yeux, face à la stature de Winston Churchill. Il décrit ce dernier comme un Clemenceau qui aurait l'allure d'un Orson Welles vieilli, ne cessant de boire du café, de fumer d'énormes cigares et de vider des bouteilles de cognac, qu'aucun bombardement n'aurait fait renoncer à sa sieste et qui prophétisait la résistance de son pays sur les mers et dans les airs tandis que les bombardements détruisaient tous les bâtiments autour du 10, Downing Street.

Je suis d'une génération pour laquelle la seule véritable aristocratie est celle des Français libres, je ne sais donc pas ce que les jeunes gens d'aujourd'hui peuvent éprouver devant cette évocation. Mais, j'ai réussi à rendre mon émotion contagieuse auprès de quelques-uns de mes proches.

Le portrait dont j'aurais sans doute le plus aimé être l'auteur est celui d'Albert Cohen, l'auteur de *Belle du Seigneur*, qui, après être passé à Londres, écrit de Churchill : « Je le regarde en ses soixante-huit années. Je le regarde. Vieux comme un prophète, jeune comme un génie et grave comme un enfant. Je le regarde. Grand, gros, solide, voûté, menaçant et bonasse, il fonce lourd de pouvoir et de devoir, en étrange chapeau de notaire élégant, un cigare passe-temps à la bouche entêtée. Il va hâtivement, lourd et agile, gai dieu marin, entre les deux rangs de la foule qu'il salue de deux doigts gantés et qui rit affectueu-sement de bonheur et de vassalité. Majestueux, sérieux, rieur, l'œil vif et inventif et frais et malicieux et loyal, tout à son affaire [...] patriarcal et alerte, soudain presque rigolo, soudain bougon et décidé, aristo, familier, méprisant, tout vital, quasiment furieux, puis affable et nonchalant. Et toujours par-faitement heureux. »

J'aurais bien voulu me contenter de cette citation pour conclure et justifier le fait que le grand homme fait bien partie des « miens ». Mais voici que des historiens modernes de la Deuxième Guerre mon-diale m'instruisent d'un cynisme qui me blesse. Wins-ton Churchill en a fait la preuve. Si j'en crois ces historiens, lorsque après le bombardement de Coventry et surtout l'échec de l'expédition des para-chutistes britanniques à Arnhem, Churchill convo-que son état-major pour lui dire : « Je veux que l'on bombarde Dresde, et je veux aussi que l'on rase une vingtaine de villes allemandes, quelle que soit leur situation stratégique. » Prisonniers, les parachutistes britanniques qui avaient survécu à l'expédition ont été atrocement traités par les nazis. Le récit de ces tortures avait exaspéré le vieux lion. Il réclamait vengeance.

Cette histoire m'est parvenue au moment où, en 2009, on ne cesse de parler des bavures et des « dom-

mages collatéraux » des bombardements pour justifier que l'on réponde à la terreur par la terreur. Je
viens d'écrire à propos d'Israël que lorsque l'on se
servait des mêmes armes que l'ennemi on se privait
de la possibilité de le juger. Mais l'administration
esthétique et même historique ne peut reposer sur le
jugement éthique. Lorsque Simone Weil, la philosophe, écrit : « Qui peut déclarer qu'il admire entièrement César s'il n'a l'âme basse ? » elle stigmatise
moins le Prince que ses courtisans. Elle n'était pas
destinée à se prosterner devant les héros de Plutarque ni devant les grands hommes de Carlyle mais
elle ne se trompait pas sur la force des créateurs. A sa
manière, et en tout cas à mes yeux, Churchill rejoint
Périclès comme Michel-Ange. Il a physiquement cette
puissance que Rodin a donnée à son Balzac.

Maurice Fleuret : ses fêtes de la Musique

Il y a deux sortes d'intercesseurs : ceux qui regrettent de ne pas être créateurs et en conçoivent une amertume qui leur interdit de faire accueil à la modernité. L'hommage au passé est alors lié à leur refus du présent, ou à un présent qui les refuse. Mais il y a aussi ceux qui ont une telle passion pour la création qu'ils s'oublient en elle, finissent par ne servir qu'elle et sont les premiers à déceler, saluer, célébrer les grands héros du renouvellement. C'est d'abord cela que j'ai admiré en Maurice Fleuret sans que je puisse toujours avoir le goût ou la compétence de partager ses passions. Même lorsque je me suis senti dérouté ou agressé par telle phrase musicale de Stockhausen ou de Boulez, je me suis laissé guider par lui avec une sorte de confiance préétablie. Et je me disais que sans des hommes comme Fleuret, certains créateurs auraient peu d'existence. C'est ce que Paul Valéry disait de la société du XVIIᵉ siècle où Boileau imposait Racine à un milieu prévenu, une cour parfois hostile. Xenakis a parlé de Fleuret comme de son Boileau. Je crois que l'une des raisons de notre amitié venait de ce que Maurice était bien conscient, malgré toutes ses coquetteries, de la véritable considération que j'avais pour lui, pour son allègre dévotion à la musique, pour son respect impertinent des créateurs, pour sa passion impatiente de les faire connaître.

Je n'ai pas eu cette considération dès le début. Il est vrai que lorsque je suis arrivé à *France-Observateur*, pour préparer *Le Nouvel Observateur*, nous étions assiégés par les vedettes. Qui pouvait être plus expert en cinéma que Michel Cournot et Jean-Louis Bory? En art, qu'André Fermigier? En théâtre, que Guy Dumur? En littérature, que Bernard Frank et Claude Roy? En histoire, que Mona Ozouf, François Furet et André Burguière? Et Jacques Julliard comme pamphlétaire? Sans parler de ceux qui allaient nous rejoindre : Maurice Clavel pour la chronique de télévision et, souvent, Michel Foucault pour la philosophie. A vrai dire, je connaissais déjà de réputation tous les collaborateurs dont je viens de citer les noms. Mais je ne savais pas qui était Fleuret. Le savait-il lui-même à l'époque (en 1964)? Il était le protégé de Michel Guy, qui devait par la suite être ministre de la Culture, et qui était déjà l'ami de mon collaborateur le plus intime, Hector de Galard. Je me souviens de ma première impression sur Maurice. Elle était indécise. Ce petit être mobile et vif, mince et joueur, agile jusqu'à être vibrionnesque, persifleur jusqu'à être oblique, aussi volubile qu'incisif, aussi rapide dans son élocution que définitif dans ses jugements, et qui regardait souvent d'en bas, en penchant la tête, avec ses grands yeux clairs, avant de décider s'il lui fallait attaquer ou s'attendrir, ce Maurice du premier instant, je me souviens que je m'en méfiais. Je le trouvais trop égocentrique, trop primesautier aussi, et trop maître de son charme.

Je l'ai un peu mieux connu un jour tandis qu'il organisait les rencontres des Jeunesses musicales. Il avait tenu à ce que j'assiste, une journée entière, à ses exploits. Il voulait me montrer qu'il était un organisateur méticuleux, chef d'entreprise, administrateur et animateur. Il était en effet tout cela avec une allégresse et une vigueur contagieuses. Il séduisait. Il persuadait. Il entraînait. C'est la première fois que je me suis dit que cet homme, si comblé qu'il fût par la critique musicale, ne tarderait pas à trouver un autre moyen de servir son art. Je n'avais pas prévu, bien sûr, qu'il accéderait à la Direction de la Musique. Je ne pouvais pas non plus prévoir qu'il séduirait Pierre Mauroy, à Lille, avant de devenir son protégé à Paris auprès de Jack Lang. Mais j'observais une énergie prête à exploser si elle demeurait inemployée. Et je me demandais comment elle allait se traduire. Pour l'heure, ce ne pouvait être que dans les articles. C'est ce qui eut lieu. Alors on vit, dans la page hebdomadaire de Maurice, la véhémence la plus échevelée s'unir à la technicité la plus sophistiquée. Il avait chaque semaine sa bataille d'*Hernani*, et M. Landowski n'était pas sa cible exclusive. Je revois Maurice vêtu d'un smoking, revenant de l'Opéra ou d'un gala de danse, nous rejoignant tard les soirs de bouclage à l'*Observateur*, s'excusant d'être déguisé, en remettant du côté faubourien, gavroche et grivois pour faire oublier ce déguisement, et puis soudain, admonestant une rédaction relativement inexperte pour lui faire partager ses indignations et ses révoltes. Comment pouvait-on avoir l'audace de Mme Untel et de se produire en public ? Comment osait-on diriger un concerto de Ravel avec l'impudence de M.X. ? Il aurait bien mobilisé les troupes du journal pour une manifestation contre les entorses faites à l'Art et à l'esthétique. Après quoi, s'étant trouvé soudain trop pathétique ou un brin grotesque, il revenait à la contorsion, aux pirouettes et aux contrepèteries.

Chez Maurice, le sens de la fête m'en avait imposé. D'abord parce que j'ai toujours eu le respect du bonheur comme des rites qui paraissent le rendre obligatoire. Mais surtout, parce qu'il me semble que Maurice (et il faut peut-être lui associer son ami Henry-Louis de La Grange ?) me paraissait être l'héritier de cette tradition du xviiie siècle vénitien telle qu'on peut en trouver les traces dans les Mémoires du librettiste de Mozart, Lorenzo Da Ponte. Une tradition qui fait du divertissement l'un des beaux-arts, et de la fête l'un des éclats de la société policée. Il paraissait naturel, dans l'ordre des choses et dans le rythme des journées, de chanter, de boire, de danser et de se déguiser pour honorer certaines villes comme Venise, bien sûr. Le déguisement, ce n'était pas ce qui convenait le mieux à Maurice, comme j'ai eu l'occasion de m'en apercevoir un soir dans ce si beau couvent d'Alziprato, à Calenzana, près de Bastia, en Corse. Mais pour préparer la fête dans ses détails et son déroulement, alors là, Maurice était à son affaire. Il faisait preuve d'imagination et en même temps de rigueur. J'admire toujours les êtres pour qui le plaisir est une chose sérieuse, qui se prépare et qui ne s'improvise pas. J'ai un jour entendu Sartre parler des réunions que Picasso organisait soit rue Séguier, soit rue des Grands-Augustins. Tout avait l'air improvisé puisque les invités étaient prévenus au dernier moment. En fait, Picasso avait tout imaginé, tout rêvé, et cette réunion de dernière heure s'articulait autour d'un guitariste ou d'un conteur depuis longtemps invité. Chez Maurice, ce raffinement surprenait parce qu'il se mêlait intimement à un bon sens paysan, à une gaucherie provinciale, à une gouaille faubourienne. Peut-être Maurice prenait-il d'autant plus de plaisir à souligner ces aspects de son tempérament qu'Henry-Louis incarnait exactement et radicalement l'opposé. En tout cas, notre ami n'avait pas son pareil pour organiser, ritualiser et ennoblir ce qu'on appelle la frivolité. Pour répartir les rôles, faire réciter des poèmes, trouver le fabliau ou la cantate de circonstance, utiliser les techniques modernes pour consacrer l'éternité d'un art, Jack Lang ne pouvait imaginer de collaborateur plus inspiré que Maurice. Mais longtemps nous ne l'avons pas su.

Je vois qu'on se souvient partout de la fête de la Musique et c'est un bonheur pour sa mémoire de voir son nom associé par des millions de jeunes gens à ce qu'il a le plus aimé. Mais je ne veux pas conclure ici autrement que sur ce qui, à mes yeux, a été tout de même, et quoi qu'on dise, l'essentiel de sa vie : l'invention d'un certain journalisme esthétique, le renouvellement radical de la critique, l'irruption de la pédagogie intempestive dans le compte rendu musical.

Voilà ce qui a fait de Maurice Fleuret non pas seulement un intercesseur, comme je le disais au début, mais à sa manière un créateur, et en tout cas un initiateur. Il a formé des générations de lecteurs, il a conduit des légions d'auditeurs, il a ouvert les esprits à l'écoute de nouveaux chants mathématiques du monde. Mais je m'arrête. C'est en effet le moment où, lorsque l'on devenait trop sérieux, Maurice faisait une pirouette.

Jean Cau : *destins croisés*

Une jeune fille qui m'est proche demande : « Qui est Jean Cau ? » Elle a tous les diplômes qui conviennent à son âge. S'intéresse aux Lettres. A lu Sartre. Ignore pourtant qui est Cau. Pourquoi pas ? Qui saura dans quelques années qui est qui ? Qui nous sommes ? J'esquisse un portrait rapide. Elle répond, elle observe : « Comment avez-vous pu être amis ? » C'est vrai. J'ai eu le tort de souligner le fait que Jean Cau, ancien secrétaire de Sartre, avait fini dans la peau d'un grincheux amer plein de superbe et de talent. Qu'il était pour la peine de mort. Contre la sécurité sociale. Contre la publicité des préservatifs. Pour la protection de la France dite chrétienne. E⟨ surtout, contre ce qui, de près ou de loin, pouvait lui rappeler la gauche. Et pas seulement, grands dieux, la gauche du pouvoir, des palais nationaux et des prébendes. Mais la gauche des illusions, de l'utopie, des rêves, et même la gauche de l'idéal. En somme, un rejet passionné de la gauche, fût-elle la plus anti-totalitaire, un antihumanisme chez cet ancien sartrien, encore plus fort que la fureur vindicative des anciens communistes. De ce seul point de vue, Jean Cau, après s'être cru maudit, est devenu, malgré lui, représentatif.

Comment a-t-on pu être amis ? Comment a-t-il pu m'écrire un jour qu'il m'aimait beaucoup plus que nombre de mes amis ? C'est une histoire qui commence en beauté. Un duo euphorique. Un tandem enivré. Ivre des talents polymorphes que l'on nous prêtait. Euphorique de les exercer en se jouant. Pas la moindre trace d'une angoisse devant la feuille blanche. Pas la moindre timidité devant les sujets qui nous étaient les plus étrangers. Je nous revois, fiers, rivaux et complices, à *L'Express* des temps héroïques. En marge du tragique et des engagements, nous faisions tout et n'importe quoi. Chacun saluant l'exploit de l'autre et se promettant de faire mieux. Il n'était pas encore écrivain. Je savais qu'il le deviendrait. Il avait des mœurs austères et la plume légère. J'étais libre dans la vie, camisolé dans l'écriture.

Cette attention de l'un à l'autre a duré trois bonnes années. Malgré les désaccords, les impatiences, les distances – les fuites. Le jour où il s'est retiré du journalisme pour écrire, il est venu me rendre visite pour m'adjurer d'en faire autant. D'avoir le courage de rompre, de l'imiter. Il avait lu mon premier roman, parrainé par Camus et René Char. « Flatteur et contraignant, a-t-il commenté. Mais dépêche-toi de quitter Camus, il te sèche. » Je lui ai demandé s'il avait lui-même quitté Sartre. A l'époque, il en était persuadé. Il se trompait. Je lui ai dit que je ne quitterais pas le journalisme avant la fin de la guerre d'Algérie. Aucune vertu dans cette obstination. J'étais drogué. Il a fait son roman, *La Pitié de Dieu*. Il a décroché le prix Goncourt. Entre-temps, j'avais été blessé à Bizerte. Il est venu fêter son prix dans ma chambre d'hôpital. Entouré de JJSS, Françoise (Giroud), Philippe Grumbach, Serge Lafaurie et K.S. Karol. Quand il est entré dans la chambre, je lui ai récité le début, merveilleux, de l'un des chapitres de son livre incertain. Il chantait les mots, les mots, les mots, comme s'il faisait la noce avec eux. Il était radieux, malgré sa méfiance paysanne, ou provinciale, ou pyrénéenne, comme il disait. Rien du nouveau riche. Il m'a dit : « Je t'attends sur les portraits : c'est ce que tu fais de mieux. » Mais c'est lui qui devait écrire les *Croquis de mémoire* : et c'est ce qu'il a fait, lui, de mieux. Le généreux, l'étincelant portrait de Sartre, en particulier, qui devait désarmer tous ses nouveaux ennemis.

Le tandem n'était pas disloqué dans l'esprit des autres. Mauriac nous associait parfois dans son *Bloc-Notes*. Gilles Martinet, alors directeur de *France-Observateur*, voulait nous débaucher de *L'Express* et nous engager ensemble chez lui. Nous recevions tous deux, au même moment, des propositions de Pierre Brisson pour *Le Figaro littéraire*, de Françoise Verny pour *Le Nouveau Candide*. Bien plus, lorsque j'ai quitté JJSS, Beuve-Méry et Jacques Fauvet se mirent en tête de constituer un trio sous leurs ordres directs : Jean Cau, Jean Lacouture et moi.

Nous n'étions pas amis sur tous les plans. Les équipées nocturnes, nous les avons faites chacun de notre côté, avec d'autres. Il ne serait pas venu à l'idée de l'un de choisir l'autre comme compagnon de voyage. Entre nous, les conversations littéraires (Montherlant, Hemingway, etc.) étaient interminables, mais les confidences sur notre intimité étaient inconcevables. De temps à autre, nous avions des échanges agressifs. Comme ce jour où il entreprit de me démontrer que je n'étais pas – et heureusement à mes yeux – vraiment un homme de gauche. Il me prêtait le sens de la tribu, de la maison de famille, de la continuité, de l'honneur. Il disait que nous étions l'un et l'autre toujours prêts à riposter à un défi réel ou supposé, qu'à une autre époque nous nous serions constamment battus en duel.

Il se jugeait plus castillan, il me jugeait plus andalou, mais il me gratifiait d'un brevet d'hispanité. Alors, j'observais banalement que toutes ces « valeurs », comme on dit maintenant, peuvent être aussi de gauche. Mais ce qu'il voulait dire au fond, c'est que je n'étais pas sartrien. Ce que je savais. Et que Camus aurait été son homme s'il n'avait été sermonneur, prêcheur, scout, en un mot catéchistique.

Il m'a dit un jour : « Ce sont les hommes de gauche qui m'ont fait fuir vers les idées de droite. » Oui, au début en tout cas. Ensuite, peu à peu, et parce qu'il avait renié avec une agressive volupté sa famille, parce qu'il découvrait les amères délices de la solitude (« L'air y est plus vif »), il a voulu prendre racine dans une tribu mythique et plus grande, une idée très épique et très reconstruite de la France. Il est devenu chauvin par haine de la gauche. Un héritier de Montherlant qui, par aversion pour Michelet, aurait idolâtré Joseph de Maistre. Je suivais de loin

cet itinéraire, ponctué de somptueux éclats littéraires.
Je le supportais de moins en moins.

Je ne supportais plus de l'entendre transformer,
même savoureusement, ses humeurs en éthique universelle et ses caprices en sagesse populaire. Lui aussi,
déjà, se faisait un mérite de dire tout haut ce que
chacun pense tout bas. Comme si la vérité se trouvait
jamais dans le non-dit ou dans le refoulé. De temps à
autre, entre nous, loin des oreilles ennemies, las de
nos engagements dans un univers trop fermé, il nous
arrivait d'éprouver le besoin de nous défouler dans
un humour autocritique. Nous brûlions en quelques
minutes vespérales ce que nous avions passé le jour à
adorer. Nous accablions la gauche, les Arabes, les
nôtres, de sarcasmes dévastateurs. Lui s'emparait
alors de ce désir d'équilibre pour retourner contre
nous ces contradictions supposées. Mais comme rien
n'est simple, rien ni personne, et surtout pas Jean
Cau, il lui arrivait de nous exprimer, grâce à la truculente perspicacité d'un diagnostic et grâce aussi à
cette manière, non dépourvue de panache, de mettre
le fer dans la plaie. Mais que reproche-t-on en définitive à ces hommes qui prétendent avoir vu clair ? Je
l'ai écrit à Jean Cau, puisqu'il se voulait mon ami :
c'est de finir par accepter l'injustice, sous prétexte
que les juges sont indignes et que les justiciers ont du
sang sur les mains. A la fin des fins, on se surprend à
répondre « Voyez Pol Pot ! » chaque fois qu'une ban-
lieue devient émeutière.

Après chaque livre, nous avons échangé des lettres.
Les siennes étaient admirables de verve, de rage,
d'emportement, de trouvailles. Mais elles étaient

aussi remplies de signes d'attention. Il voulait éperdument me séparer de mon journal. Sa dernière lettre, écrite à Saint-Pétersbourg, date du 18 février 1992. « Lorsque je courus ventre à terre, je me retrouvai seul, tout nu, haillonneux, barbu, croquant des sauterelles dans le désert. Autour de moi, prophète des désillusions à venir pour la gauche-intello et des poignées de cendres qu'elle contemplait au creux de ses mains, le désert. Sa solitude, mais aussi son espace. Il s'est peuplé depuis. J'ai vu arriver, de derrière les dunes, tant de pèlerins qui battaient leur coulpe en se frappant la poitrine, oh, doucement, sans se faire trop de mal avec les livres qu'ils avaient écrits, et où ils plaidaient leurs errances. » Pour des phrases comme celles-là, même si elles prétendaient justifier d'incroyables dérives, je n'ai jamais pu tout à fait renier son amitié. Surprise, à la fin de cette très longue lettre, il s'improvise une reconversion possible, parce qu'un livre de Jean-Pierre Chevènement l'y incite. « Inutile de te dire que son antiaméricanisme gaullien, politique, culturel, et le reste, son antibushisme et son anti-ONU, machin et marotte manipulé, dans les cintres, par Washington, m'ont comblé. Quant à son analyse de la guerre du Golfe, j'y applaudis. Bref, ça bouge. » Jean Cau voulait dire : ça bouge dans mon sens. Il n'avait jamais fait preuve jusque-là de cette cohérence après tout gauchisante.

Je garde pourtant de Cau une image d'étrange faiblesse. Le dernier souvenir que j'ai de lui est lointain. Il m'a téléphoné un soir pour me demander si je connaissais Jean-Pierre Melville, le cinéaste. J'avais vu ses films et je les appréciais. « Melville, disait-il,

s'est entiché de toi et il veut te proposer quelque
chose. » Pourquoi ne viendrais-je pas au premier
étage de chez Maxim's, où il réunissait quelques
amis ? Je m'y rendis. Je trouvais autour de Melville,
affublé de son grand chapeau, des poches énormes
sous les yeux, dans un visage ovale, lourd, olivâtre,
qui se terminait par un cou adipeux, je trouvais Jacques Dutronc rêveur sur un verre et ne prêtant attention à personne, un Alain Delon au charme malicieux
et dominateur, et mon Jean Cau tout frétillant. Ce
dernier m'a présenté aux autres. Il s'est mis en tête
d'être leur porte-parole et il m'a semblé, pour la première fois, intimidé. Melville avait eu l'idée de fonder
un prix du roman policier. Il voulait à sa tête un
« intellectuel ». « Et voilà, ajouta Cau avec une assurance d'emprunt, d'une manière qui voulait dire "je
ne sais pourquoi", il a pensé à toi. » J'étais déconcerté. Pourquoi moi ? Quelles compétences avais-je
en ce domaine ? J'observais que j'étais étranger à cet
univers. Je dus faire preuve de suffisance. Melville
tenait à son idée. Pour lui plaire, Cau insista. Je me
récusai. Cau se fit encore plus pressant. Alain Delon
dit alors à Cau : « Tu vois bien que cela ne l'intéresse
pas ! Curieux cette manière que tu as toujours d'insister. » « Toujours » ? Ce n'était pas dans la manière
de Cau. Il tremblait. C'était la première fois que je le
voyais en situation d'infériorité. Il était visiblement
sous le pouvoir d'Alain Delon. Et malheureux de
l'être devant les autres, devant moi. Il aimait. La fraternité virile n'est pas à l'abri des caprices passionnels. C'est lui qui l'a écrit.

Roger Stéphane : *éloge du suicide*

Je ne me sens pas quitte envers Roger Stéphane. Parce que, de son vivant, il était amusé à l'idée que je pourrais tracer un portrait de lui. Ensuite parce que son suicide me fait désormais penser à lui autrement. Car je ne l'ai pas cru et je me le reproche. Je n'ai pas pensé qu'il ferait ce qu'il annonçait. Je soupçonnais chez lui un goût du théâtre, une volonté d'attendrir, un besoin d'être entouré en laissant planer dans la conversation la perspective du drame. François Mitterrand qui le détestait (et Roger le lui rendait au centuple) a été ébranlé le jour où je lui ai annoncé la mort de cet « intrigant ».

Lorsque j'ai passé une année en clinique du fait d'une blessure de guerre, et pendant que l'on m'estimait en danger, c'est-à-dire pendant deux ou trois mois, il est venu, d'ailleurs comme Jules Roy, à mon chevet chaque semaine et il remplissait alors ma chambre des reflets de toute la vie intellectuelle, mondaine et politique de Paris. Il savait tout, il racontait tout. Et je n'aurais certes jamais songé à l'interrompre et encore moins à mettre fin à l'entretien si je n'avais eu tant de difficultés (à ce moment-là seulement) à m'habituer à sa voix éraillée, rocailleuse, interrompue de quintes de toux sèche et qui mettait son auditeur dans la vaine attente de l'expectoration qu'il recherchait.

Je le revois toujours oscillant entre une ambition vibrionnante et l'appétit des voluptés. Entreprenant, intriguant et complotant avec un entregent de femme du monde et de *monsignore*. Malgré une adolescence marquée par le départ d'un père pour les camps de la mort et malgré les épreuves de la Résistance, Stéphane se comportait comme un homme heureux et même parfois aussi comme un enfant gâté. Bien qu'il eût déjà publié à l'époque un excellent livre (*Portrait de l'aventurier*), il avait l'injuste réputation d'avoir plus de charme et de culot que de talent. Ce n'était certes pas l'avis de Jean Cocteau, qui avait pour lui plus qu'un faible. Mais le trait principal de Roger, c'était une dévorante, une insatiable curiosité de tout et de tous.

Il n'a pas abandonné ensuite l'hédonisme avide, mais il a trouvé son fil directeur : l'amour dévot des grands littérateurs et des hommes d'exception. Avant la guerre, il avait voulu suivre Cocteau dans les cabarets. Pendant la Résistance et les conflits coloniaux, il a voulu se conduire comme Malraux et Lawrence d'Arabie. Dans la vie gourmande, il s'est référé à Montaigne et à Gide.

Il avait chez lui Arlette, une gouvernante attentive comme la Céleste de Proust. Un garçon lui apportait des brioches recommandées par Emmanuel Berl. Il fréquentait le Récamier comme Malraux Lasserre, humait les vins comme Martin du Gard et jugeait comme Mauriac du niveau de son pouvoir à la façon dont il obtenait des places pour ses jeunes amis. Cela dit, il avait la capacité de tout engranger et de tout transmettre.

Dix ans plus tard, je l'ai revu encore plus accompli. Il était gaulliste, ému de l'être, heureux de l'affirmer. Il lui arrivait de plus – ô miracle! – de voir Malraux. Et chaque visite le nourrissait pour des mois. « Savez-vous ce que vient de me dire Malraux? Qu'il pensait que *L'Espoir* c'était de la merde! A peine du journalisme. Comment un génie peut-il se tromper à ce point? » Ce qui de Stéphane est le plus difficile à restituer? Sa conversation. Sa faconde truculente, parfois avantageuse, toujours érudite. Et il citait, il citait! De Gaulle me disait, Malraux m'a répondu, Martin du Gard m'a écrit. Nous étions comblés, tout était vraisemblable, presque tout était vrai, plus vrai en tout cas que les *Antimémoires*. J'aimais beaucoup Stéphane. Il m'était bénéfique. J'étais l'un de ses bons interlocuteurs. Ou plutôt, l'un de ses meilleurs auditeurs. Il me parlait comme s'il était Malraux et comme si j'étais Gide : déclarant un jour que je l'avais tellement enrichi par mon propos, alors que je n'avais pu placer un mot. Sauf un jour où je lui ai longuement parlé à la fois de son émission sur Proust (c'est lui qui a inauguré les fameux « Portraits-Souvenirs ») et du livre qu'il avait consacré à T.E. Lawrence, André Malraux et Ernst von Salomon (c'est le *Portrait de l'aventurier* déjà cité), il m'a dit que personne, et surtout pas les grands qu'il admirait, même le bon Roger

Martin du Gard, ne lui avait parlé de manière aussi sensible de ce qu'il avait fait et de ce qu'il voulait faire. Et soudain, il s'est mis, disait-il, à parier sur moi. Ma façon de parler de lui m'assurait un destin. Et il m'a dit : « Jean, mon cher Jean, vous ne trouvez pas que c'est un peu ennuyeux la gauche ? Vous ne trouvez pas qu'on y perd son temps ? Je ne voudrais pas que vous y perdiez le vôtre. » En tout cas, cette dernière adjuration était parfaitement sincère. D'ailleurs, et ce devait être de plus en plus vrai, c'était en effet un peu ennuyeux, la gauche.

Donc, les écrivains et les personnages de romans l'auront accompagné dans tous les moments de sa vie. Au point que parfois il paraissait couvert de vêtements d'emprunt. Jusqu'au jour où l'on s'est aperçu que ces vêtements étaient devenus sa peau même. Il est devenu authentique. Avant d'être pathétique. Il eut peur en effet de rater sa mort. Comme Gide, il voulut mourir serein. Il s'y est contraint en donnant comme titre à son dernier volume de Mémoires *Tout est bien*. Ensuite, comme Julien Sorel, il eut peur d'avoir peur. Enfin, comme Montherlant, il voulut éviter la déchéance du corps. Cette mort stoïcienne n'était pas forcément dans la ligne de cet épicurien. Il ne s'est pas contenté de laisser la mort transformer sa vie en destin, selon le mot de son Malraux : il a voulu faire de sa mort un acte de liberté. Oui, depuis ce suicide, je repense à Roger Stéphane d'une autre manière. Son parcours en est, si j'ose ce mot, illuminé.

Norbert Bensaïd, l'irremplacé

Norbert Bensaïd avait passé son adolescence à faire son autoportrait et pourtant à se déprécier. Je le vois dans son cabinet médical. L'expression à la fois éperdument attentive et dénuée de complaisance ; cherchant toujours vers un plafond, où elle semblait secrètement inscrite, la formule qui résumerait l'incapacité de guérir ou la vanité de soigner. De temps à autre, un sourire de charme, un réflexe de tendresse ou de timidité. On lui a toujours dit qu'il était un personnage du Greco. Il en convenait. Au départ, il a poussé l'humilité jusqu'à penser que son dévouement pour les autres était le seul moyen d'avoir un commerce avec eux. D'attirer les regards. Un jour, il s'est rendu compte qu'il pouvait fixer ces regards et même les enchaîner. La savoureuse difficulté avec Norbert, au fond, c'est qu'il était aussi mon médecin. Il avait joué longtemps le rôle du cadet, de l'accompagnateur sinon du suiveur. Chaque fois que je me suis occupé d'animer une revue, un journal ou un colloque, je l'ai invité, j'ai fait en sorte qu'il soit près de moi, qu'il soit admis par tous les professionnels qui m'entouraient. Lui, pendant ce temps-là, s'affinait et s'élevait au contact des patients. Je ne savais pas s'il me regardait comme l'un d'entre eux. J'avais créé un journal à quarante ans, je m'étais marié à quarante et un, et j'ai eu une fille à quarante-deux ans. Accumulation qui m'a provoqué des désordres nerveux, lesquels ne m'ont jamais empêché d'être à la fois éperdu et immergé dans le travail. Lorsque j'avais ce que l'on appelle des crises, et qui étaient tout simplement des accès de tachycardie, il traversait tout Paris pour venir me voir. Et si jamais, ce qui arrivait souvent, la crise se terminait avant qu'il n'arrive, alors, une fois près de moi, il hochait la tête pour me montrer qu'il me reconnaissait bien là et j'avais un peu l'impression que seule sa tendresse mêlée d'admiration l'empêchait de me trouver comédien.

En quoi croyait-il ? Lorsque je lui citais le mot de Malraux : « La vie ne vaut rien mais rien ne vaut une vie », il avait un rictus de doute en pensant à la sienne. Pour celle des autres, c'est bien ce qu'il pensait. Lorsque je lui disais, selon je ne sais plus qui : « La vie n'a pas de sens, mais certains hommes lui en donnent un », il était mieux convaincu. Encore une fois, pas en pensant à lui. Mais je crois que pendant toute une époque, savoir, par exemple, qu'un Sartre pouvait exister justifiait à ses yeux que l'on survécût. Je ne dirais pas que Norbert, lui, donnait un sens à la vie. Il se contentait, sans le savoir, d'être *indispensable*.

Je me suis parfois demandé si le « mal d'être » ne pouvait se résumer chez Norbert dans les rapports à la fois secrets et ombrageux qu'il entretenait avec sa judéité. « Par sentiment religieux, par fidélité à leur histoire, par refus de se renier et, surtout en raison de leur expérience commune d'une hostilité qui ne désarme pas, des juifs revendiquent leur judéité, donc une différence », écrivait-il. Mais, selon lui, on ne sait pas si la différence est subie, voulue ou naturelle ; si c'est la situation, la culture, la religion ou la « race » qui la constitue. « Ce qui est certain, affirme Norbert, c'est que cette différence assumée n'a rien à voir avec la différence que les antisémites attribuent aux juifs. » Rien à voir ? Même lorsqu'il dénonce le fait qu'il soit « devenu ridicule de se distinguer d'autrui par des idées, des valeurs, des choix – consensus oblige » et qu'« on ne peut s'en distinguer que par ses origines et ses croyances », Norbert se montre ici conscient de toutes les évolutions, qui vont de l'individu à la communauté, de la personne à la tribu, et de la valeur à la « race ». On peut s'alarmer et s'indigner du parcours. Je n'ai cessé de le faire, disais-je à Norbert, puisque j'approuvais le Clermont-Tonnerre de la Révolution, lorsqu'il proclamait : « Tout aux juifs en tant qu'individus, rien en tant que nation. » Pouvait-on nier cependant que le peuple juif existât ? Qu'il ait voulu depuis toujours exister ? Que lorsque certains ont voulu en sortir, ce ne sont pas toujours les antisémites mais les juifs eux-mêmes qui les y ont ramenés ? Oui, répondait Norbert, mais il faut distinguer ce qui fait la positivité du judaïsme du caractère que les antisémites attribuent à cette affirmation.

Norbert est l'un des rares (sauf Sartre) à avoir poussé si loin la distinction entre la différence qu'on assume et celle dont on est accusé. Seulement tout se présente autrement depuis l'existence d'Israël. Voici un pays qui croit au droit du sang, au nationalisme, à la terre, aux traditions. Les juifs qui, dans les diasporas extérieures, se réclament de ce pays sont contraints de jouer sur plusieurs tableaux. Norbert était moins embarrassé que je ne le souhaitais par cette argumentation. Il se déclarait prêt à prendre ses distances à l'égard d'Israël, sans bien sûr renier la spécificité de son histoire.

L'antisémitisme n'est pas, pour Norbert, une catégorie de l'esprit. C'est la xénophobie qui est une perversion pathologique. Il ne sépare pas les sentiments hostiles que suscitent les juifs de ceux que provoquent les Arabes ou les Noirs. Norbert pose le racisme comme préexistant à toute réalité et se jetant sur la moindre occasion de se manifester. Je m'opposais sur ce point à Norbert. Si le racisme est un, s'il vise également tout le monde, le judéo-centrisme est interdit. Les juifs militants n'ont cessé de souligner que, parmi eux, les riches sont plus visés que les autres : Rothschild, pour Marx, c'est l'incarnation du capitalisme, donc du mal. En fait, ils sont ou la quintessence ou le paroxysme ou la caricature de quelque chose. Maurice Barrès, à Tolède, cherche les héritiers de Spinoza et de Shylock; à Nice, sous l'Occupation, Valery Larbaud trouve les héritiers de Bergson et de Stavisky. Ils ont tous en commun d'être des *spéculateurs*.

J'arrivais parfois à montrer à Norbert qu'il fallait assumer les contradictions. Ainsi, je soulignais que Shakespeare dans *Le Marchand de Venise* et Racine dans *Esther* avaient mieux parlé du tragique juif que personne au monde.

En écrivant cela, je continue de dialoguer avec Norbert. Son désaccord me manque ici. De fait, je ne suis pas tout à fait à l'aise dans ma vérité. Cela me fait penser à Marie Susini, l'amie de toujours, qui nous disait sans cesse à Norbert et à moi : « Ce n'est pas d'entendre vos arguments qui me conduit à rester à droite. Mais j'ai besoin de vous savoir à gauche pour me persuader qu'il n'est pas dangereux de rester fidèle aux miens. » C'est ensemble que nous constituions selon elle l'équilibre de la vérité et du monde.

Evoquons à présent le médecin qu'était Norbert. Pour lui, le patient a un secret qui est son être même. Son être et son existence. Son organisme s'invente toutes les ruses de la pathologie pour camoufler le secret de son mal d'être. Il faut approcher le plus possible de ce secret sans espérer le trouver vraiment. Tout cela, on le sait. En fait, selon Norbert et ses maîtres, Freud, Groddeck, Balint, on vit comme si on ne le savait pas. Norbert défendait une vision globale de l'homme malade et une recherche de la médecine totale : nous ne sommes pas maîtres de ce qui se passe en nous et pourtant toutes les maladies ont un sens, un but, sont l'expression d'un « ça » qui nous gouverne et qui nous fait malades. « Dans certains cas la maladie est préférable à la guérison. Le rôle du médecin est d'assister le malade, non de le guérir à tout prix. » On en avait conclu que Norbert ne croyait pas à la médecine. Il n'a jamais cru qu'on pouvait soigner un cancer ou une maladie infectieuse par la psychothérapie, ni par l'acupuncture ou l'homéopathie. Mais il a cru de toutes ses forces à une participation du médecin à la maladie, à un échange pour mieux comprendre les chemins qui conduisent à la pathologie avant que celle-ci ne devienne incurable.

Cet homme étranger au péché se servait de la confession. Ce cartésien croyait aux mystères du corps. Ce sens de l'énigmatique lui donnait l'apparence du sceptique. C'est le dialogue entre un réseau de causes multiples et un organisme donné qui suscite la maladie. Il suffit que le patient refuse la guérison de l'une de ces causes pour que le médecin devienne impuissant.

Cette philosophie me semblait conduire à je ne sais quel fatalisme devant l'énigmatique. Je me contente d'observer que ses comportements impliquaient au contraire un volontarisme inlassable. Pour lutter contre son ennemie la nature, il n'a pas hésité à se servir de son autre ennemi : le mystère.

Médecin et psychanalyste, Norbert attachait une grande importance à ses écrits. Bien sûr, à ses quatre livres, et l'on retrouve dans ses trois essais, comme dans son unique roman, la recherche d'une vérité dans les rapports avec autrui. Il a toujours été fidèle à une jeunesse imprégnée de Faulkner et à une maturité fascinée par Sartre. Mais il tenait aussi, et peut-être autant, aux chroniques qu'il écrivait pour *Le Nouvel Observateur*. Je ne me rappelle pas avoir jamais lu un article de Norbert qui laissait indifférent. La fermeté de l'écriture et la liberté de la pensée pouvaient parfois irriter ou surprendre. Elles incitaient toujours à une exigeante réflexion. Il défendait des positions à contre-courant. Ses polémiques avec notre ami Claude Roy sur la drogue, avec le professeur Tubiana sur le tabac, avec tant d'autres sur les médecines douces sont mémorables.

En 1983, Norbert publia dans *Le Genre humain* un texte intitulé « L'avenir est-il ce qu'il était ? ». Pour réfléchir à cette question, Norbert a eu la belle, l'intelligente idée de reprendre les livres de fiction de deux Britanniques célèbres : *Le Meilleur des mondes*, qui fut écrit en 1932 par Aldous Huxley, et *1984*, que George Orwell publia en 1949. Ces deux grands livres ne sont pas contradictoires et ne s'excluent nullement. On peut très bien additionner les prophéties biologiques d'un côté et les prophéties politiques de l'autre. L'avenir a pourtant plus de chances de ressembler au *Meilleur des mondes* qu'à *1984*.

Il était impatienté par les litanies du discours antitotalitaire et se demandait si derrière le totalitarisme politique, il n'existerait pas quelque chose qui l'alimenterait, le soutiendrait et risquerait de lui donner une figure différente et irréversible. Comme par exemple, le désir d'« inscrire la rationalité dans le monde, désir qui est bien plus dans *Le Meilleur des mondes* que dans *1984* ». Norbert estimait que le totalitarisme n'aura pas créé un homme nouveau. Le biologisme, oui. Selon Norbert, les peuples sont prêts, comme l'avait annoncé le Grand Inquisiteur de Dostoïevski, à échanger leur liberté contre une promesse de bonheur et de sécurité. Si l'avenir n'est plus ce qu'il était, ce n'est pas à cause de Staline, mais de la science. C'est un esprit scientifique qui pensait cela. C'était un homme. C'était un médecin. En attendant

que l'Apocalypse arrive, et bien qu'il n'aimât pas spécialement Camus, il a fait comme le docteur Rieux
de *La Peste* : il écoute et il soigne. Un jour, il contracte
le mal qu'il ne peut guérir chez les autres. Il s'en va.

Je l'admirais davantage qu'il ne l'a jamais soup-
çonné. J'avais un besoin constant de son regard sur
moi, même pour me désapprouver. Au plus vif de
nos désaccords, je faisais le plus grand cas de sa
rigueur. Dans un certains sens, il jouait le rôle qu'ont
longtemps joué pour moi Josette Alia et Serge Lafaurie. Je ne vois pas de moment de ma vie auquel il
n'ait été associé – même sans le savoir...

Lettre à Simon Nora

Je me suis toujours demandé si votre courtoisie, cette affabilité attentive et délicate de grand seigneur, était le signe d'une trop parfaite éducation, d'une vraie politesse du cœur ou d'une maîtrise achevée dans l'art de séduire. Selon que cette courtoisie suscitait chez moi distance admirative, gratitude fervente ou méfiance émerveillée, j'optais pour l'une ou l'autre des interprétations.

Mais il est vrai que j'ai admiré dès qu'elle s'est manifestée devant moi, l'élégance avec laquelle vous bridiez ce que votre intelligence pouvait avoir de complaisamment supérieur et combien vous preniez le parti d'exhiber une curiosité si aiguë pour autrui qu'elle en était flatteuse et valorisante.

Au temps où Jean-Jacques Servan-Schreiber se demandait s'il lui fallait choisir entre Malraux et Jean Monnet, il parlait de vous comme d'une synthèse entre Althusser, Paul Valéry et Galbraith. C'est du moins la version que mon souvenir me fait lui prêter.

Avec vous tous, j'étais sur les cimes de l'ambition et je n'y respirais pas toujours à l'aise. Non que je me fusse jugé tellement inférieur ou indigne, ni que j'eusse manqué d'un intérêt pour moi-même. Mais comme je pensais davantage à mon destin qu'à ma carrière, je me permettais plus d'abandon et plus de paresse. Et dans ces moments, je me laissais prendre à votre complicité, admirant qu'elle puisse épouser les contraires, appréciant qu'elle me donne l'illusion de l'affinité.

A force de jouer plusieurs personnages avec tant de grâce et de virtuosité, vous avez fini par en choisir un qui était loin d'épuiser votre personnalité mais dans lequel je trouvais mon compte.

Vous aimiez les idées qui ôtent tout sens à la vie et les femmes qui lui donnent un sens.

Vous alliez si loin dans la pénétration de toute chose, et vous étiez dans ce parcours si rapide, qu'on vous voyait dissimuler le rictus de l'ennui naissant dès qu'on recherchait trop lentement une laborieuse vérité. Je vous ai vu au comble de la joie lorsque nos échanges dégageaient la dose idéale de désespoir et de jouissance, de pessimisme intellectuel et d'aptitude à vivre l'instant, de mise en commun des références culturelles aussi judaïsantes que proustiennes comme des expériences d'illusions caressées parce qu'elles étaient perdues. Cette lueur que donne la volupté altière d'être lucide, j'en ai vu souvent le reflet dans vos yeux amusés.

J'ai constamment aimé vous voir tourner en dérision les honneurs, juste avant d'en être couvert, redoutant souvent pour vous cependant que ce sentiment trop prématuré ne pût vous empêcher de les obtenir. Vous aviez tous les titres à occuper la première place, sauf peut-être la conviction qu'il fallait tout sacrifier à ce dessein.

Je suis heureux de penser que le « grand commis » que vous avez été a marqué plus des générations que des administrations, a fait plus de disciples que d'obligés, et que c'est comme *pater familias* et néophyte du Talmud, et non comme *condottiere* des institutions de la mondanité, que vous avez choisi de prendre la mesure des choses et le sens de la continuité malgré le temps qui passe.

Cher Simon, nous allons désormais connaître ensemble, je veux dire en même temps, cet état où chaque fois que nous ferons quelque chose que nous avons déjà fait, on dira que nous pouvons « encore » le faire.

S'adressant à son neveu qui se dirigeait vers la trentaine, Mme du Deffand écrivait : « Faites en sorte de mériter qu'on dise de vous que vous êtes *toujours* et non pas *encore* un bon bretteur ou un excellent écuyer. » C'est le bonheur que je nous souhaite.

Un souvenir, pour finir : un jour, chez Bérard-Quélin, j'ai vu le regard de Léone, votre future épouse, se faire moins indulgent sur moi, et plus exigeant. L'explication ? Elle venait de vous connaître. Il m'a fallu à peine un peu de temps avant d'avoir l'humilité de m'y résigner.

Jacques Berque, le messager lyrique

« Je ne pense jamais à la mort. » C'est Jacques
Berque qui assène cette phrase au cours d'un dîner
chez Pierre Nora, avec Michel Serres et moi. Sourire
olympien, à peine avantageux, tête renversée en
arrière, regard de défi protecteur, Berque observe les
réactions qu'il suscite. Pierre contemple soudain son
hôte comme s'il s'était évadé vers une exotique et
lointaine planète. Nous sommes en 1974. Michel
Serres, qui donne encore dans le charme modeste
des marins émerveillés par la science, se réfugie par
timidité (ou par prudence) dans la neutralité. Pour
moi, je ne suis pas surpris. Je connais déjà mon Jacques Berque depuis 1955, au moment où la jeune
indépendance de la Tunisie se voyait bousculée par
l'insurrection algérienne. Je le sais doué pour la vie,
la sensualité, l'autosatisfaction. Il est déjà le pacha
viril, le calife subtil, le cheikh enivré. A chaque instant il donne l'impression d'avoir remporté une
victoire.

Il est en même temps ce néo-marxiste raffiné,
ce matérialiste doté du sens du sacré, cet érudit

pénétrant qui s'exprime dans une langue étrange de préciosité efficace et juteuse, pleine d'inversions gidiennes et de trouvailles rimbaldiennes, et qui n'a pas son pareil pour projeter en quelques secondes n'importe quel débat vers les cimes de l'essentiel – vers ces dialogues tendus entre l'historique et le fondamental.

Le lecteur d'aujourd'hui peut être surpris d'apprendre comment on peut retrouver le « pied-noir » chez Jacques Berque (né en Algérie en 1910) non seulement dans son machisme joueur et dans l'enchantement que ce grand esprit trouvait dans les films d'Alexandre Arcady (il m'avait téléphoné après avoir vu *Le Grand Carnaval*), mais dans le choix du style que l'on dit noble. On avait dans cette « école d'Alger » le culte des classiques, comme si l'on voulait combler par le respect jaloux de la tradition le vide créé par la distance, loin de la capitale de toutes les cultures, loin de la NRF, loin de Paris. Il est bien connu qu'on parlait mieux de Michaux, de Leiris et de René Char à Alexandrie, dans les années 50 – mieux en tout cas qu'on ne le faisait à Saint-Germain-des-Prés. Il est moins connu que dans les années 40, à Alger, on parlait aussi bien qu'à Paris de Gide, de Claudel et de Valéry.

Cela donnait parfois des truculences. Nous nous répétions une phrase du poète Max-Pol Fouchet écrivant dans la revue *Fontaine* à propos de Saint-Pol Roux (qu'on appelait « le Magnifique ») : « Il vécut, non sans quelque ascèse, dans une immarcescible candeur. » Cette préciosité faisait jubiler la verve assassine de nos khâgnes. Dans son grand livre sur l'Egypte, il y a une phrase de ce genre sous la plume de Jacques Berque. Mais combien plus justifiée et plus lumineuse : « Descendant le cours du Nil nous remontions en fait, éblouis, la chromatique ascendante de l'africanité. »

L'émission « Connaissance de l'islam » s'ouvre sur un entretien avec Jacques Berque enregistré deux semaines avant sa mort. Je le retrouve à peine vieilli. Visage carré de lutteur sorti d'un tableau de Fernand Léger. Coupe de cheveux en vraie brosse, menton avancé en même temps que le torse se bombe. Simplement, le sourire vainqueur est devenu plus indulgent et même plus reconnaissant à l'égard de l'interlocuteur qui le comprend et qui le devine, comme si toute une vie de recherches solitaires obtenait sa récompense dans un regard. Il confie qu'il ne cesse de réviser dans chaque nouvelle édition sa traduction du Coran. Il tient compte de toutes les remarques, il les sollicite. « Une traduction n'est grande que si elle est inspirée par la recherche d'un dialogue entre deux cultures. »

Dialogue et non fusion. Jacques Berque n'a cessé de s'imposer une secrète distance au cœur même de son immersion dans le monde arabo-islamique. Comme je le questionnais sur la foi qu'on lui prêtait, il me répondit : « De temps à autre, j'éprouve le besoin de dire que je suis catholique, simplement pour rappeler que je ne suis pas musulman – ni prêt à le devenir. Je veux m'enrichir et même me transformer grâce à l'Autre. Je ne veux pas cesser d'être moi-même. » Il a lyriquement appelé de ses vœux le « modèle andalou », en souvenir de cette Andalousie des xiie et xiiie siècles où les théologiens, les mathématiciens et les médecins musulmans, juifs et chrétiens s'élevaient en s'appuyant les uns sur les autres, au temps où ils traduisaient tous ensemble Aristote. Mais ce multiculturalisme andalou transporté en Méditerranée ne devait pas, selon lui, supprimer les cultures dominantes. Il fallait qu'il y en ait une dans chaque pays. Il fallait surtout qu'il en restât une en France. Dans le projet de réforme de l'enseignement qu'il rédigea à la demande de Jean-Pierre Chevènement, il se montra soucieux de préserver la culture républicaine des Français.

Cette idée de l'enrichissement par la différence est enracinée dans l'univers berquien, et elle irradie sans cesse des lumières inattendues sur de multiples pistes de recherche. Si concrètes qu'aient pu être ses études de terrain sur « Les structures sociales du Haut-Atlas » (thèse dont le retentissement lui ouvrit les portes du Collège de France), si précises qu'aient été ses monographies rurales et sociales, Jacques Berque ne s'est jamais abandonné à une sociologie en rupture avec le sacré ou séparée d'une vision globale de l'homme. Dans le milieu où il se trouvait, c'était faire preuve d'anticonformisme. C'était s'exposer aux foudres de l'Université.

Mais encore une fois, près de l'Autre, il pense aux siens. En Egypte, il pense à l'Occident qui a perdu l'optimisme des Lumières en dépit du « décollage de la civilisation industrielle, de la découverte géographique de la terre et de l'invention d'un nouveau lyrisme ». L'humanisme planétaire n'est plus qu'un leurre depuis que « la technique a porté le capitalisme; l'expansion géographique est devenue impérialisme; la poésie s'est faite pleureuse de l'Histoire ». Pourtant, l'homme d'Occident sera global ou ne sera pas. « Il devra puiser à ses sources les plus telluriques l'avenir le plus rationnel. » Quant à l'homme du tiers-monde, il devra se souvenir que se décoloniser pour un peuple, c'est sans doute ne plus se satisfaire de l'Autre, mais c'est aussi et surtout dépasser « l'antique soi-même ».

L'antique soi-même? L'islam donc? Comme le patriarcat et le féodalisme qui lui ont servi de supports? Assurément. Telle est la réponse non sollicitée du maître aux islamistes qui prétendent « achever » la décolonisation par un retour à un radicalisme religieux. Thèse que l'on peut d'ailleurs comparer à celles des néo-pétainistes et des populistes, qui ont voulu retrouver l'identité française dans sa ruralité catholique. Entre la « décolonisation » des intégristes et la purification préconisée par le Front national, la différence s'amenuise chaque jour. Ce n'est pas un hasard si Le Pen déclare respecter les islamistes.

Ce qui m'a le plus attaché à Jacques Berque, en dehors de la préciosité raffinée de sa langue, de ses descriptions et de ses intuitions, c'est que sans le dire jamais il a été un philosophe de la décolonisation – phénomène pour lui essentiel dans l'histoire du XXᵉ siècle. Il fut à mon sens le premier, peut-être avec Charles-André Julien, à savoir que rien n'était fini avec les conquêtes de l'indépendance, et que tout au contraire commençait. Il a pensé avec Sartre, avec Fanon, avec Memmi, que le colonisé était un aliéné au même titre que l'ouvrier, la femme, le Noir, le juif, etc. Mais il n'a jamais pensé que la décolonisation, et encore moins le retour à la religion, supprimait l'aliénation. Berque n'a jamais été obsédé, comme certains aujourd'hui, par la désoccidentalisation et encore moins par la défrancisation des colonisés. Il voulait au contraire, et il ne manquait pas de le dire notamment aux Maghrébins, que les uns se nourrissent de ce qu'il y avait de meilleur chez les autres.

Cela dit, c'est un fait que Jacques Berque a été très malheureux de l'échec de l'arabisme et de l'apparente victoire de l'islam radical. Il a été surtout malheureux de la nouvelle tragédie algérienne. Il avait parié dévotement, lyriquement, sur un homme nouveau algérien. *La Dépossession du monde* est un poème publié après l'indépendance, à la gloire du fruit des amours de l'ambition berbéro-arabe et du génie français. Il voyait cet homme nouveau dans la lignée d'un Ibn al-Arabi et d'un Abd el-Kader qui eussent été imprégnés de la Révolution de 1789, d'Auguste Comte et de Nasser. Imprudentes espérances...

Sans doute n'a-t-il jamais séparé l'arabisme de l'islam. Il trouvait essentiel que le Prophète fût arabe et le Coran écrit dans la langue arabe. Mais il semblait voir dans l'islam, en tout cas pendant nos entretiens, une indispensable irrigation du projet arabe et de la restauration de son antique splendeur. Ainsi, tandis que parmi ses amis nous fûmes quelques-uns (Germaine Tillion, Maxime Rodinson, Pierre Vidal-Naquet, Jean Lacouture et moi-même) à nous alarmer du parcours de l'Irakien Saddam Hussein, Berque ne put s'empêcher de dire qu'« il se passait enfin quelque chose » dans ce monde arabe terrassé, effondré, et qui semblait n'avoir plus aucun message à délivrer à l'homme occidental.

Nous ne nous sommes pas pour autant séparés l'un de l'autre. J'ai continué à bénéficier de ses attentives lumières. De même, lorsqu'il avait dit à la fois que Salman Rushdie était un grand écrivain mais qu'il aurait pu faire, en son exil britannique, l'économie du blasphème. Rushdie eût-il vécu en Iran ou au Pakistan, Berque eût alors admiré son courage. Je crois surtout que ce néo-marxiste, ce laïque, ce républicain estimait qu'on pouvait puiser dans le Coran une sorte de laïcité virtuelle, et qu'il valait mieux surveiller l'application des principes coraniques que de récuser d'un seul coup le Livre sacré et de s'exposer à la rupture avec les peuples de ce Livre[1].

Reste que c'est un prince de l'orientalisme, un arabisant hors pair, un sociologue, qui, par l'érudition et la poésie, a élevé l'étude au niveau des textes inspirés, qui nous a quittés. Il était sûr qu'il ne pourrait jamais accéder à l'univers mystique de Louis Massignon, son idole. Mais il était non moins sûr qu'un jour on le mettrait sur le même plan que Braudel et Lévi-Strauss – qu'il admirait. Avait-il raison?

---

1. Sur ce point, je renvoie à l'article que Jacques Berque a publié dans le hors-série du *Nouvel Observateur* de décembre 1990 consacré aux « Maîtres de l'Islam ».

Les fidélités multiples de François Mitterrand

Depuis quelques années, on ne pouvait pas ouvrir une revue ou lire une tribune d'intellectuels dans un journal sans assister à un exercice littéraire aux dépens du grand séducteur narcissique et retors qui avait sévi à l'Elysée pendant quatorze ans. François Mitterrand était censé n'avoir de passion que pour lui-même et de convictions successives que pour servir cette passion égocentrique. Pour avoir plus ou moins souscrit à ces jugements dans les années 70, au temps où, par dévotion pour Mendès France, nous rejetions François Mitterrand, mais pour avoir révisé ces mêmes jugements dans les années 80, nous étions quelques-uns à être déconcertés par ces tardives candeurs. Pour nous, c'était du passé. Les contradictions suspectes de François Mitterrand nous avaient été en effet archifamilières et nous découvrions ensuite, bonnes ou mauvaises, ses cohérences.

A partir du moment où il a emprunté à de Gaulle les institutions de la Ve République et la politique de dissuasion, ce qui était logique dès lors qu'il acceptait l'élection du président au suffrage universel, François Mitterrand a eu sur l'Union soviétique d'abord, le Proche-Orient, le tiers-monde, l'Allemagne et l'Europe ensuite, des vues politiques dont la continuité a frappé les étrangers. Mais en politique intérieure et surtout économique, il a cru devoir afficher cette continuité jusqu'à refuser d'admettre, en 1983, qu'il avait radicalement changé – et à juste titre! – en raison de la conjoncture internationale et de la politique de nos voisins. Il s'est ainsi exposé à l'accusation de reniement au lieu d'être loué pour son audace européenne. Il s'est d'ailleurs ainsi privé lui-même de théoriser l'adoption de l'économie de marché et de maîtriser son évolution.

Pendant les entretiens qu'il m'a accordés, j'ai exprimé de manière constante et de plus en plus vive ce reproche (de ne pas convenir qu'il avait changé de conception économique). Bientôt, il ne le supporta plus. Il me le signifia au téléphone. «Je suis le même, dans le droit-fil de Jaurès et de Léon Blum.» Je pensais qu'en refusant d'être Olof Palme il risquait de n'être plus qu'un Lecanuet. Il eut par la suite d'autres raisons de m'en vouloir et d'oublier qu'il nous avait invités le 11 mai, Claude Perdriel et moi, rue de Bièvre, à fêter en petit comité, avec Laurent Fabius et Robert Badinter, sa victoire. Il nous avait alors dit qu'il devait au *Matin* et au *Nouvel Observateur* ce que Léon Blum en 1936 avait dû à un hebdomadaire intellectuel qui s'appelait *Vendredi*. Mais il est difficile de rester longtemps l'ami véritable d'un homme de pouvoir lorsqu'on écrit sur lui presque toutes les semaines.

J'ai regretté, dans la deuxième partie du second septennat, la rupture de François Mitterrand avec notre journal et avec moi. J'étais de ceux avec qui il parlait des heures de politique internationale, d'art, d'histoire et de littérature, sans jamais qu'aucune allusion fût faite aux intrigues politiciennes des uns et des autres, non plus qu'à ses propres projets manœuvriers. Dans les répits qu'il se donnait en ma compagnie, dans la cour de l'Elysée, ou en avion, dans les nombreux voyages où, sans jamais une seule fois le lui demander, j'ai eu le privilège de l'accompagner, je l'ai plus entendu sur Taine et Renan que sur le parti socialiste et sur l'univers de Jacques Séguéla. Un jour, il eut la suprême attention d'apporter le texte du « Syllabus » du pape Pie IX, publié en 1864, « Contre les erreurs de notre temps». Il voulait que je comprenne enfin la tradition réactionnaire de l'Eglise. Un autre jour, ce fut moi qui lui donnai, de Tolstoï, *Maître et serviteur* et *La Mort d'Ivan Ilitch*. Tolstoï était son idole, et j'avais la chance qu'il n'eût pas encore lu ces deux courts chefs-d'œuvre.

Depuis plus de trois ans, nos relations s'étaient espacées, sauf pour des raisons professionnelles et indifférentes. Deux fois, il avait fait appel à moi pour que je réagisse contre ce journalisme d'investigation qu'il exécrait, et dont il se croyait l'unique cible. Nous n'avions rien à nous reprocher et je ne pouvais accéder à ses souhaits qu'en répétant ce que j'écrivais chaque semaine. A savoir qu'on ne pouvait pas à la fois afficher une rigueur morale et compromettre sans preuves la réputation des hommes politiques. Mais cette rigueur, il avait tendance à penser que nous ne la trouvions que dans notre clan, celui de Mendès France, de Michel Rocard et de Jacques Delors.

Au fur et à mesure que sa maladie évoluait, je ne me consolais pas de ne plus le revoir. Je redoutais qu'il disparût sans que je lui aie témoigné une dernière fois ma fidélité à nos souvenirs communs. Le 11 octobre 1995, son infirmière, Christiane Dufour, m'appelait à onze heures trente : étais-je libre pour déjeuner une heure plus tard avec le président ? Rendez-vous au restaurant la Cantine des Gourmets, avenue de La Bourdonnais. Je fus à l'heure. Il se fit attendre. Cela me rappela de nombreux souvenirs. En particulier ce jour de 1980 où je lui avais tenu lieu de chauffeur pour le conduire de la rue de Bièvre à la Chambre des Députés. Au moment où nous approchions de l'Assemblée, Mitterrand s'était avisé en regardant ma montre (il n'en avait pas) qu'il était l'heure exacte de son rendez-vous : une importante réunion du groupe socialiste. Il m'avait prié de faire deux ou trois fois le tour du Palais-Bourbon, tout heureux de découvrir un encombrement dans la rue Saint-Dominique qui allait nous procurer le retard souhaité… « Pourquoi, président ? — Pour prolonger notre échange. » C'était faux : nous n'avions rien dit.

Ce 11 octobre 1995 donc, il arrive, marchant avec précaution, sans douleur apparente mais le visage livide, cireux, creusé. Il s'assied avec soulagement. Je comprends que je dois parler pendant qu'il reprend des forces. Je lui dis que de m'avoir invité à le revoir me met en accord avec moi-même. Il me regarde en silence, puis me dit d'une voix d'abord faible mais de plus en plus assurée : « Vous savez que je reviens d'un long voyage.

— Oui, président, vous étiez aux Etats-Unis, j'ai trouvé cela imprudent.

— Mes médecins aussi, mais je suis heureux de l'avoir fait. J'étais comme vous le savez dans le Colorado, et cette rencontre avec ces chefs d'Etat que j'ai fréquentés pendant tant d'années m'a beaucoup intéressé. J'ai eu plaisir à parler avec George Bush, et plus encore avec Margaret Thatcher. » Mitterrand sourit, visiblement amusé en évoquant la Dame de Fer. « C'est un tempérament, un vrai caractère. Nous avons des complicités qui ne s'expliquent que par la différence de nos convictions.

— De quoi avez-vous parlé, président ?

— De l'Allemagne. Surtout de l'Allemagne. Vous savez que c'est un sujet qui me tient à cœur. La seule version exacte sur mon attitude a été donnée par Robert Schneider, mais cela n'empêche personne, pas même Jacques Attali, de dire n'importe quoi.

— Je crois, dis-je, qu'Hubert Védrine veut répondre à Jacques Attali. Mais pourquoi ne vous exprimeriez-vous pas vous-même ?

— Peut-être le ferai-je un jour avec vous. Cela dépendra de mon état. De plus, aujourd'hui, ce sont nos retrouvailles. Ne précipitons rien. Au fait, dans l'avion du retour et en pensant au déjeuner qui nous réunit aujourd'hui, je me demandais ce qui vous avait détourné de faire une carrière politique auprès de moi, quand vous le pouviez, au tout début. Vous avez bien fait de rester vous-même, à la tête d'un grand hebdomadaire. Et comme le dit Françoise Giroud, vous ne supportez jamais d'être le numéro deux. Une voix comme la vôtre peut se faire entendre et par exemple, j'ai envie de vous dire, surtout après le voyage que j'ai fait, de ne jamais cesser de sensibiliser l'opinion sur l'Allemagne. Sans une entente entre les Français et les Allemands, rien n'est possible. C'est seulement lorsque j'ai compris cela, il y a longtemps, que j'ai vu plus clair. » Je lui ai dit qu'Hubert Védrine était selon moi de ceux qui le comprenaient le mieux en politique étrangère. Il a acquiescé, d'une manière à me faire comprendre que c'est ce qu'il avait eu envie d'entendre. Et puis nous avons remué ensuite des souvenirs d'anciens. Nous avions à peu près le même âge. Nous nous connaissions depuis si longtemps. Nous n'avions jamais été des amis, mais dans une certaine mesure nous l'étions devenus. C'était lui qui l'affirmait. Il m'a rappelé que Mendès nous avait peut-être séparés. Je lui ai appris que c'est Pierre Mendès France qui avait convaincu l'équipe du *Nouvel Observateur* de soutenir sans réserve sa candidature. Il se met à parler de la mort, « programmée dès la naissance. Nous passons notre vie à apprendre à mourir, peu de gens le savent. Suis-je sûr moi-même de savoir ? Il y a cinq ans, cela m'aurait révolté ; aujourd'hui, je suis serein. Mais tant que je ne deviens pas indifférent, la vie garde son prix ».

Mitterrand prononce cette dernière phrase avec une sorte d'émerveillement nostalgique. Soudain ce teint cireux, qui n'inquiète plus ses familiers car, depuis vingt ans au moins, son visage jaunit par intermittence, ce teint disparaît presque. Le regard demeuré vif n'a plus de peine à triompher de paupières mi-closes par faiblesse. Il me dit : « Sur les essais nucléaires, vous vous trompez en pensant que je ne les ai interrompus que pour faire plaisir aux Allemands. Sans doute me suis-je toujours préoccupé de ménager le chancelier Kohl, et je pense à l'avenir de notre projet de défense commune. Mais si j'avais estimé que ce fût l'intérêt de la France, je n'aurais pas tenu compte de l'Allemagne. » Je lui dis que l'amiral Lanxade, qui lui reste fidèle, précise tout de même qu'il lui avait donné le conseil de poursuivre les essais. « Pas seulement lui ! Tous les experts. Au gouvernement, Joxe lui-même me l'a conseillé. J'ai suspendu les essais nucléaires parce que je me suis fait seul une idée sur un dossier que je connais à fond. A partir du moment où l'on ne veut pas changer la politique de dissuasion et où l'on fabrique les bombes pour ne pas s'en servir, notre arsenal est amplement suffisant. Et il reste tout à fait dissuasif. Cela est l'essentiel. Vient après la raison politique qui m'a conduit à souhaiter ne pas inviter les pays à la non-prolifération ou au renoncement en donnant des exemples contraires qui peuvent paraître arrogants. »

Je le raccompagne avenue Frédéric-Le-Play. Pendant que nous marchons lentement, François Mitterrand me demande si je connais les circonstances exactes du suicide de Roger Stéphane.

Une semaine après, Christiane Dufour me rappelle : le président veut me réinviter. J'arrive le 30 novembre avenue Frédéric-Le-Play. Cette fois, François Mitterrand est plus fatigué que d'ordinaire. Nous déjeunerons dans ses bureaux. Je rencontre Odile Jacob, à qui il vient de remettre quatre cents pages d'un manuscrit. Quand il vient me chercher, il se désole d'avoir à s'appuyer sur une canne. « Le déplacement d'un pied devant l'autre relève de la lutte contre les murailles. » Il m'entraîne vers la salle à manger pour aussitôt me confier sa joie d'avoir retrouvé l'écriture. « La seule joie dans ces jours difficiles, ajoute-t-il. Je ne sais pas parler à un dictaphone ou dicter à une secrétaire. Je ne sais pas taper à la machine. Si je ne sens pas la résistance du papier sous ma plume, je suis infirme et ma pensée se fige. J'ai besoin de voir chaque phrase sous mon effort. J'ai écrit sans trop de difficulté. Je ne suis pas mécontent de ce que j'ai fait, entre autres choses sur l'Allemagne et sur ma jeunesse. » L'Allemagne, encore.

Je lui demande si Jacques Chirac lui téléphone quelquefois. « Cela lui arrive. Il est à la fois courtois et chaleureux. Il m'a demandé mon avis sur la reprise des essais nucléaires. Je le lui ai donné. Il ne l'a pas suivi, bien entendu, mais c'est son affaire. » A-t-il de Chirac les idées qu'on lui prête ? « C'est un homme d'abord généreux, intelligent, qui connaît les dossiers, simplement je le crois imprévisible. Il m'a semblé tout heureux d'être à l'Elysée. Tout heureux d'avoir sept ans devant lui. S'il savait comme cela passe vite ! »

Je sens, comme la dernière fois, que le président a envie que je parle pour qu'il puisse récupérer. Je lui raconte mon voyage en Argentine et au Chili. Il a un éclair d'intérêt dans les yeux. J'ai vu les écrivains Ernesto Sabato à Buenos Aires et Coloane à Santiago : deux vieillards somptueux de puissance et de rayonnement. Mitterrand me demande comment ils prennent leur vieillesse. Sabato déclare vivre comme s'il était immortel. Coloane dit qu'il est déjà mort.

« Savez-vous, dit Mitterrand, que je sais maintenant pourquoi Roger Stéphane s'est suicidé ? Menacé par la maladie, il manquait surtout d'argent et il n'avait plus la capacité d'en réunir, il n'avait plus l'orgueil d'en demander.

— Je crois, président, que c'est surtout la maladie.

— J'ai toujours de la peine à le croire. Quand elle s'aggrave, la maladie ne fait que priver de la conscience, de l'énergie, du courage qui sont indispensables pour décider de mettre fin à ses jours. En tout cas, je pense à Roger Stéphane de manière totalement différente. Il faisait grand cas de Malraux. Comme vous, je crois. Mais ce n'est pas seulement cela qui nous séparait. » Je lui parle des rapports de Roger Stéphane avec la littérature. Avec Cocteau, Martin du Gard et Gide. Il dit : « Ah oui, votre Gide ! » Je le remercie des entretiens qu'il m'a accordés pendant ses voyages dans son avion présidentiel. Il dit que j'ai fait beaucoup de jaloux, d'autant plus que je ne devais pas ce privilège au bien que j'écrivais sur lui. Je lui rappelle nos discussions sur Lamartine. Bernard Pivot avait trouvé Mitterrand éblouissant sur ce sujet. Moi aussi. Il prend plaisir à cette évocation. « Vous vous souvenez de ce que je vous disais à cette époque sur mes auteurs préférés ? » Je réponds : « Absolument. C'étaient Albert Cohen, Marguerite Duras et Michel Tournier.

— Il faut tout de même ajouter Paul Guimard, me dit-il. Mais il y a eu un moment où je savais par cœur des passages de *Belle du Seigneur*. » Là, il est franchement heureux.

« Savez-vous que je fais des entretiens avec Jean Lacouture ?

— Je sais même que vous lui avez parlé de l'Aquitaine, de la Guyenne, et que vous lui avez dit que, pour vous comprendre, il fallait commencer par cela.

— C'est vrai. Je crois que c'est dans cet espace que sont nés et se développent tous les parfums, toutes les saveurs, tous les comportements qui ont fait de moi ce que je suis. » Je lui demande s'il revoit d'autres amis. « Je ne cesse pas. Je n'ai pas toujours le temps ou l'humeur de déjeuner avec les gens qui me sont proches, mais je reste en contact avec Dumas, Badinter, bien d'autres. Chevènement aussi. Vous savez que je lui ai gardé toute mon estime ? C'est un homme de conviction. Je regrette l'éloignement de Régis Debray. Pas celui d'autres, qui passent leur temps à se reprocher à eux-mêmes d'avoir été trop courtisans.

— Vous avez beaucoup aimé Jacques Attali…

— Sans aucun doute. Cette affaire des *Verbatim* est regrettable. On ne peut pas s'abandonner devant quelqu'un à des boutades sur des personnes de son entourage et les voir ensuite répercutées. Je crois que cela a beaucoup de succès en librairie. J'avais l'habitude de lui faire confiance. Il s'est cru Saint-Simon.

— Saint-Simon ne devait rien à Louis XIV.

— Sans moi, Attali serait tout de même devenu quelque chose. »

Soudain, son visage s'éclaire tout à fait. Il trouve des mots inhabituels pour dire tout ce qu'il attend de son prochain voyage à Assouan, rien ne lui est plus salutaire que l'air sec de la Haute-Egypte. Il faudrait pouvoir y respirer le même bonheur physique que les autres années et, si Dieu lui prête vie, au printemps il ira en Allemagne, oui en Allemagne, il y est invité. Et puis après...

Pour finir, François Mitterrand se met à m'interroger sur les miens, sur moi, avec les questions les plus attentives, les plus délicates. On se demande quel est le secret de sa séduction. Il est simple : lorsque cet homme veut plaire, il s'intéresse sincèrement à l'autre, il sort de lui-même, il s'investit. Il dépense une énergie que l'on ne peut pas juger autre que généreuse. Dans ces cas-là, c'est la séduction qui fait sortir du narcissisme. C'était difficile d'aimer cet homme. Mais comme je l'ai aimé.

Nous parlons de l'amitié. Je lui dis que je n'ai jamais vraiment été de ses intimes. Il dit : « Oui, mais vous êtes là. » Il ajoute : « J'ai découvert que nous avions des points communs quand j'ai lu vos souvenirs d'enfance, *Le Refuge et la Source*. J'ai écrit deux articles sur ce livre. C'est très rare. » J'ai besoin de lui dire que je n'ai jamais été au courant de ses rapports avec les hommes de Vichy. Il répond : « Maintenant vous l'êtes, et vous êtes là. » L'entretien une fois terminé (c'est lui qui y a mis fin par les signes de fatigue qu'il donnait), je suis sorti et j'ai pensé au chapitre d'un livre que j'ai consacré à Mitterrand, « Les religions d'un président », notamment à un texte que j'ai cité pour montrer le besoin qu'il avait de souligner son appartenance à la France : « Je souhaite par ces textes convaincre de l'unité d'une démarche qui exprime de bout en bout l'ambition que, d'instinct, de passion, de raison, je nourris pour la France. Aussi loin que remontent mes origines, je suis né d'elle, et d'une de ses provinces. Et j'en tire fierté, tout en m'émerveillant du renouvellement permanent que lui valent les immigrations successives auxquelles elle doit une part de sa grandeur. [...] *Je fais partie du paysage de la France.* » L'homme qui a écrit ces phrases, et qui fut en même temps, tout le long de sa vie, l'un des hommes les plus injuriés, les plus calomniés, les plus vilipendés, ne pouvait que rêver de recevoir de la nation, de ses élites, de son peuple et de son successeur à l'Elysée l'hommage posthume qui lui a été rendu après sa mort. Il avait quitté la scène politique comme l'un des derniers grands Européens. Il avait quitté la vie comme l'un des derniers grands de ce monde. C'est, en substance, ce que le chancelier Kohl avait alors exprimé : que ce fût un Allemand, et précisément celui-là, qui l'ait fait n'aurait pu que combler le président disparu.

Dans cette seconde moitié du XXe siècle, il y aura eu en somme, pour les Français, de Gaulle et Mitterrand. Que ce soit juste ou injuste, qu'une explication puisse en être donnée par la légende du premier et la longévité élyséenne de l'autre, il reste que, plusieurs années après la mort de De Gaulle, on imaginait encore le Général à l'Elysée, et que huit mois après le départ de Mitterrand, c'est à lui qu'on pensait quand on disait *le président.* Il reste aussi que tous les Français auraient voulu se reconnaître en de Gaulle, l'homme de la grandeur, et que tous les Français se reconnaissaient dans Mitterrand, « l'homme des deux France » ou des fidélités multiples.

Mes deux Claude...

Ces deux hommes avaient plus en commun qu'un prénom. L'âge : cinq ans à peine les séparaient ; Bourdet disparaît à quatre-vingt-six ans, Mauriac à quatre-vingt-un. La naissance ; tous deux étaient des bourgeois alliés aux grandes familles. L'allure : ces deux longilignes, personnages de Giacometti, à la voussure donquichottesque, avaient malgré eux de la distance. Bourdet aurait pu porter monocle ; Mauriac, des lorgnons. Le tempérament : ils avaient des principes et les appliquaient avec une ironie morose et péremptoire. Bourdet avec un accent oxonien, Mauriac avec une réserve bordelaise savaient s'entêter dans une élégante obstination.

Les différences entre eux étaient accusées, assurément. Bourdet, résistant exemplaire, déporté à Buchenwald, qui avait trouvé sa lumière personnelle dans la nuit de l'Occupation et dans l'armée des ombres, aimait à s'affirmer dans une indépendance chevaleresque et subversive. Mauriac n'aimait rien tant qu'admirer, comme André Maurois, comme

Roger Stéphane, comme Jean Lacouture, et il passait d'un père à l'autre, pourvu que ce ne fût pas le sien. Le premier était un pamphlétaire-né, un grand polémiste. Dans *France-Observateur* il donnait toutes les semaines les preuves éclatantes de son souffle, de son rythme, de ses humeurs. Le second était littéraire jusqu'au bout des ongles, ne plaçant au-dessus de la création que les idées où les créateurs l'entraînaient. Sans Foucault, Clavel et Deleuze, Claude Mauriac n'eût peut-être pas quitté son « Temps immobile », Gide, Cocteau, ni son gaullisme...

En tout cas, il y avait chez les deux Claude une constante disponibilité à ferrailler, à prendre des risques, à en découdre. Il suffisait à Bourdet qu'il fût le premier ; il était indispensable à Mauriac qu'il fût le second. L'un, sans les rechercher, n'évitait pas les projecteurs ; l'autre en avait une sainte horreur. Le premier n'écartait pas l'idée qu'il pût mériter les honneurs ; le second s'en croyait toujours indigne.

Comme bien des gens de cet univers, j'ai été à certains moments lié à l'un et à l'autre. Bourdet m'avait demandé de persuader Camus de rester à son poste de directeur de *Combat*. Vaine tentative... Puis j'ai fait quelques réunions à ses côtés pendant la guerre d'Algérie. Lorsque Roger Stéphane d'abord, Gilles Martinet plus tard furent en conflit avec lui, j'étais plus proche de ces derniers. Le premier jour de notre arrivée rue des Pyramides, à l'ancien *Observateur* en voie de transformation, Claude Perdriel et moi avons adressé à Claude Bourdet et Roger Stéphane la même lettre : puisqu'ils avaient fondé ensemble (avec Martinet, Galard et d'autres) l'*Obser-*

vateur ancien, nous étions prêts à leur ouvrir les colonnes du nouveau. Bourdet me fit comprendre que l'on ne pouvait occuper un tabouret dans un lieu où l'on avait eu un trône. Il était alors entièrement investi dans le combat pro-palestinien.

De Claude Mauriac je ne me suis rapproché que grâce à Clavel et Foucault. Familier du père au temps de *L'Express*, j'étais surtout l'ami de Jean, le frère. Je n'ai pas suivi Claude dans ses flirts avec le Nouveau Roman, lorsque Claude Simon et Robbe-Grillet lui procuraient l'occasion de s'opposer à son père. En revanche, avec les dix volumes du *Temps immobile*, il me parut au contraire se révéler comme l'un de nos grands mémorialistes : entre tous précieux, lorsqu'il se voulait humble greffier de rencontres irremplaçables. Nous nous sommes écrit. J'ai de lui des lettres à peine lisibles tant sa fine écriture était serrée. Un jour il me dit son amitié comme s'il lui était soudain, et sur le tard, arrivé une chose étrange.

Ces deux Français sont la signature d'une époque où le gaullisme et le marxisme ont été la grande affaire d'un certain monde. Malraux et Althusser, Aron et Sartre remplaçaient Gide et Cocteau. Claude Bourdet aimait Camus sans l'admirer. Claude Mauriac le respectait sans l'aimer. Mais leurs débats projetaient ces hommes au-dessus d'eux-mêmes, dominés qu'ils étaient par les épopées de la Résistance et les désillusions de la révolution. D'où leur refus de rien accepter jamais qui fût indigne ou seulement inélégant. Des seigneurs, en somme. Et deux grandes âmes.

Les révolutions de François Furet

A Mona Ozouf

De nombreux correspondants étrangers et en particulier mes amis de Rome et de Madrid se sont immédiatement inquiétés de connaître mes réactions au moment où disparaît François Furet, l'historien auquel les Français doivent d'avoir pu « repenser » leur Révolution et avec lequel ils connaissaient mes liens affectifs et intellectuels.

En tout premier lieu, je pense à Mona et à Jacques Ozouf car ils ont compté tous les trois ensemble, et inséparablement, dans ma vie, dans ma réflexion, dans mon métier. Je réponds aussi, sans redouter la moindre complaisance, que huit ans auparavant, j'avais prononcé solennellement son éloge à la Bibliothèque nationale. Il appréciait la façon dont ce texte dégageait le sens de son parcours, de sa démarche, de ses travaux. On ne comprenait pas toujours sa fidélité profonde à la Révolution, sous prétexte qu'il l'avait séparée de la Terreur. Selon lui, entre autres choses, mon texte soulignait cette fidélité.

Et il m'avait dit sans prévoir ce qui lui arriverait
– être élu sans pouvoir être reçu à l'Académie – qu'il
souhaitait, le jour venu, que mon texte pût inspirer
l'académicien chargé du discours de réception. J'ai
plusieurs fois entendu dire que ce texte n'était pas
publié parce que je n'étais pas universitaire. C'est ce
que j'appelle le scandale français : la faculté ne donne
le droit de penser qu'à ceux auxquels elle a daigné
accorder un titre. Ce n'est le cas ni à Madrid, ni à
Rome, ni en Amérique latine. D'ailleurs, François
Furet s'en gaussait volontiers mais ses thuriféraires se
sont empressés de l'oublier.

C'est donc avec le sentiment d'exaucer un vœu
que je publie ici la quasi-intégralité de ce discours à
la Bibliothèque nationale. Je n'oublie pas pour autant
le bonheur véritable qu'il connut après l'accueil
réservé à son dernier essai sur *Le Passé d'une illusion*.
Tirage exceptionnel, traductions multiples, débats de
toutes sortes autour du livre : l'Académie est venue
consacrer une vraie et pourtant très jeune gloire. Une
sérénité aussi, nourrie d'une bienveillance qui décon-
certait ses amis. Avec ce livre, il expliquait comment
on pouvait devenir communiste et pourquoi, en
somme, il l'était lui-même devenu. Grand livre qui
contient un chapitre appelé à devenir classique. Celui
où la haine des intellectuels pour la bourgeoisie et la
démocratie comme la « haine de soi » du bourgeois
sont autant d'aptitudes à accueillir aussi bien le fascisme que le communisme, et à en précipiter l'arrivée. J'ai reproché à François Furet de trop mettre
l'accent sur l'antifascisme manœuvrier des staliniens,
au risque de sous-estimer tous ceux qui étaient deve-

nus antifascistes tout simplement par haine du fascisme. Ce fut pour lui l'occasion d'une mise au point vigoureuse, altière, convaincante.

Discours à la BNF

Les rapports que l'historien François Furet entretient avec la chose politique, comme d'ailleurs avec un certain journalisme, disons intellectuel, sont inséparables des lumières qu'il nous a apportées pour *Penser la Révolution*. J'avais appris à ne pas trop faire confiance aux historiens, ni d'ailleurs aux intellectuels en général, pour ce qui était du *pronostic*. Mais dès qu'il s'agissait du *diagnostic*, j'ai vite été pénétré de l'idée qu'il ne pouvait en exister de meilleur que celui de François Furet. De meilleur et de plus souverainement exprimé.

François Furet est un rapide. Il mène sa pensée et son style tambour battant, dès que son intuition de félin a la caution des auteurs qu'il aime. Quand il ne tire pas du passé un pouvoir, Furet y puise une esthétique. Cet aristocrate des idées a des fascinations singulières. Par exemple, lui, procureur de toute terreur, interdit qu'on touche à son Robespierre, selon lui figure emblématique de la Révolution, laquelle, je cite, « parle à travers lui son discours le plus tragique et le plus pur ». Mais il a aussi des faiblesses – ou plutôt un faible. Les différents portraits qu'il a brossés de Mirabeau, pour plus ou moins sévères qu'ils fussent selon les époques, trahissent je ne sais quelle

tendresse sceptique pour les truculentes aventures de
la lucidité. Il est séduit comme d'autres, et des plus
grands, par les richesses de la décadence. Un certain
goût du bonheur au quotidien n'est que l'altière rési-
gnation des grands mélancoliques.

J'en viens à une intuition décisive, souvent oubliée
ou méconnue, de François Furet sur le rôle des intellectuels. Intuition qui explique assez bien ses rapports
avec le journalisme et la chose politique. J'avais lu,
dans la revue *Preuves*, une étude de Furet sur l'horizon intellectuel après la guerre d'Algérie – et, du
même coup, après l'existentialisme marxiste et le
structuralisme.

Cette étude débouchait sur une attitude néo-
aronienne et néo-braudélienne. En tout cas, sur une
incitation exigeante à l'humilité. On peut dire, avec
le recul, qu'elle annonçait la future collection de
Pierre Nora dont le manifeste prendra son parti de
« l'éclatement de l'Histoire » pour inspirer l'idée
qu'on ne pouvait plus rien attendre des maîtres à
penser. Autrement dit, que c'en était fini de ce que,
selon Foucault, les intellectuels avaient entrepris
depuis le XVIIIᵉ siècle : unir dans un même message
l'héritage du sage grec, du prophète juif et du législateur romain.

Dans *Penser la Révolution*, Furet va se montrer plus
sévère et plus précis. Commentant le texte où Toc-
queville analyse la fonction politique de la littérature
et où il montre comment, à la veille de la Révolution,
les écrivains étaient devenus la première puissance
politique, Furet y apporte la correction suivante :
« L'installation des hommes de lettres dans une fonc-

tion dont ils n'exercent que la partie imaginaire, c'est-à-dire le magistère d'opinion, à l'exclusion de toute pratique du pouvoir, [...] les fait s'orienter sans le savoir vers l'illusion de la politique. »

Sans doute Furet admet-il qu'une fois libéré du mécénat « l'écrivain devient le roi d'une opinion qui reconnaît en lui le mandataire dont elle avait besoin et dont la seule légitimité est celle des idées ». Il acceptera que ce rôle ait été rempli, dit-il, par Hugo, Zola, Gide, Malraux, Sartre ou Camus. Mais par le biais de la critique de la légitimité des seules idées, il continue d'enfermer l'écrivain dans l'imaginaire et, au fur et à mesure que la Révolution à ses yeux se termine, il ne voit pas quelle peut être la fonction politique des intellectuels.

Je me demande si François Furet n'a pas fait la transposition qu'il suggère au lecteur : les intellectuels français s'imposaient dans nos années 60 par le fait du credo marxiste, comme leurs aînés l'avaient fait avant la Révolution dans le cadre du mécénat. Les uns et les autres évoluaient dans l'imaginaire : les premiers dans l'illusion de la révolution socialiste, les seconds dans l'illusion de la politique.

Chargé de ses idées, l'air du temps nous conduisait donc à redécouvrir ce réel sur lequel historiens et sociologues travaillaient loin des écrivains à messages. La voie était alors ouverte pour les héritiers de l'école des Annales, les promoteurs des sciences humaines et les fondateurs de l'Ecole des Hautes Etudes en sciences sociales. Sauf qu'il convenait d'y ajouter ce qu'Augustin Cochin, toujours cité par Furet, appelle « la sociologie de la démocratie » ; faire de la gauche, en la délivrant du marxisme, un objet d'étude ; et conceptualiser le politique. Les écrivains conservaient sans doute leur magistère : mais il n'était plus que moral.

Tout cela ne devait pas rester sibyllin lorsque cela se traduisait dans un journal et par des choix. A ce qui, au départ, fut une simple complicité intellectuelle, certains ont voulu donner l'inquiétant visage d'une stratégie de « pouvoir intellectuel » dont Furet était, de toute évidence, le premier scribe. Qu'en était-il de l'insertion de Furet dans la politique ? Déjà, sous de Gaulle, et quels que soient les engagements des uns et des autres, le clivage droite-gauche ne lui paraissait plus constituer « le tribunal de l'Histoire ». Et, pour ma part, je n'ai jamais estimé que Furet désertait lorsqu'il rejoignait son ami Edgar Faure pour élaborer la loi d'orientation sur l'université.

Depuis que Furet nous a donné tant à lire, et qu'on ne cesse de le quitter pour en revenir à lui, j'y trouve de plus en plus une réflexion sur le pouvoir, un débat sur l'événement, une philosophie de l'histoire. Ce n'est pas ici le lieu d'y insister. Mais j'observe qu'on trouve à chaque tournant des analyses de Furet une sorte d'indécision planifiée à l'instant de choisir entre la *force des choses*, la *contingence des situations* et le *caprice des volontés*. J'apprécie que, soucieux de recenser la pluralité des causes à propos de chaque événement révolutionnaire, il ne cesse jamais de souligner la contingence de leur cristallisation.

J'aime qu'il discerne chez l'historien une maladie professionnelle, je cite, qui « le conduit à devenir l'éternel réducteur des virtualités d'une situation à un futur unique puisque seul ce dernier a eu lieu ».

C'est un réconfort, surtout aujourd'hui où tant de faits accomplis, parce qu'ils sont accomplis et bien qu'ils n'aient été prévus par personne, nous sont parfois présentés – et avec quelle superbe ! – comme le déroulement de la nécessité. Gorbatchev, disent-ils, devait arriver. On ne comprend pas pourquoi lui, pourquoi maintenant ; pourquoi de cette façon.

Je voudrais maintenant répondre à la question que je me suis posée moi-même en imaginant, François Furet, que vous vous la posiez : celle de l'itinéraire politique qui se dégage de votre œuvre d'historien. Vous dites que vous êtes entré au parti communiste comme tout le monde, en 1947, après avoir été résistant et communisant pendant la guerre. Une telle description de la force des choses me fait penser à ce que vous dites de la volonté générale lorsque vous y installez ce modeste avocat de l'Ancien Régime qui a nom Robespierre. Mais aussitôt, au lieu d'y puiser comme Robespierre votre ambition, vous voyez dans la volonté générale une protection. Et vous dites : « Le monde communiste, notamment sous sa forme stalinienne, était un monde sécurisant pour les natures inquiètes, soucieuses de recevoir une explication globale et exhaustive de la société dans laquelle elles se sentent mal à l'aise. » Je suis frappé que de nombreux Soviétiques évoquent aujourd'hui la sécurité que leur donnait le communisme.

Avant l'agrégation, vous choisissez tout de même, non pas l'angoisse, qui était alors à la mode, mais la Révolution comme sujet de diplôme. Et après la force des choses, voici la contingence des situations : un éditeur vous propose, ainsi qu'à votre ami Denis Richet, de commenter ce que vous appellerez un « livre d'images ». Or ce commentaire, qui prétend prendre la Révolution comme sujet d'étude en la dégageant de ses présupposés, va déclencher des tempêtes. Vous êtes accusé de faire le jeu de l'idéologie bourgeoise, et non seulement vous tournez le dos à l'interprétation marxiste mais vous heurtez de front la sensibilité jacobine. Puis-je dire que c'est à partir de cette attaque, et en réaction, que votre réflexion politique va se trouver, s'affiner, s'approfondir ?

La suite permet en effet de dire que vous désiriez que ces orages se lèvent et que vous désiriez mériter ce mot d'Edgar Quinet, que vous citerez bien plus tard : « Faisons-nous une âme libre pour révolutionner la Révolution. » C'est à partir du « Catéchisme révolutionnaire », publié dans les *Annales* en 1971, que naît chez vous une vision de la Révolution et peut-être aussi une vision du monde, en tout cas de l'Histoire. Et c'est à partir de cette polémique que vous ferez preuve d'une opiniâtreté et d'un courage intellectuel que chacun trouve imposants mais sans lesquels vous n'auriez pu, comme l'indique la dernière phrase de votre grand ouvrage, « faire entrer au port la Révolution ».

Vous avez été bien plus politique en étant historien que vous ne l'étiez quand vous étiez communiste, ou que vous auriez risqué de l'être si, comme tant d'autres, vous étiez devenu un simple théoricien de l'anticommunisme. C'est simplement qu'avec la Révolution vous êtes resté, pour ce qui est de notre pays, au cœur des choses. Dans notre jeunesse, on interprétait de plus en plus la Révolution de 1789 grâce aux grilles de la Révolution de 1917. Votre mérite aura été de retourner radicalement les choses. C'est la révolution bolchevique qui va se trouver constamment en procès, grâce à votre refus de prendre, après Clemenceau, la Révolution comme un bloc. En la séparant de la Terreur, vous avez sauvé l'essence démocratique de la Révolution. C'était capital.

J'y pensais en lisant, dans la *Lettre internationale*, une singulière et vaste étude de Soljénitsyne sur l'enseignement comparé des révolutions de 1789 et de 1917. A l'en croire, il résume la pensée de bien des historiens soviétiques de l'ère nouvelle, qui pourraient reprendre, à propos de la révolution bolchevique, la boutade de Joseph de Maistre : « Tout est miraculeusement mauvais dans la Révolution française. » J'ai retrouvé votre catéchisme révolutionnaire, mais à l'envers. Autrement dit, on peut prendre la Révolution comme un bloc, soit pour la sauver, soit pour la discréditer. Soit pour l'empêcher d'être souillée par la Terreur, soit pour y voir, au contraire, la source de toute terreur passée, présente et à venir.

Le respect intransigeant que vous manifestez pour le rayonnement inaugural et séminal des idées qui ont émergé en 1789, la savante complémentarité que

vous avez établie entre la continuité chère à Toc-
queville et la rupture chère à Cochin, le trait d'union
que vous avez tracé entre Sieyès et Gambetta, tout
vous a armé pour accueillir, dans les bouleverse-
ments qui ébranlent le monde de l'Est, un retour à
des printemps où l'on a fait le chemin inverse de celui
que vous avez indiqué pour la Convention, c'est-à-
dire que l'on y passe d'un héritage infidèle à Rousseau à un héritage fidèle à Montesquieu.

Parmi les armes que vous m'avez personnellement
données, je veux signaler votre analyse du *complot*.
Vous avez montré avec force le rôle de l'idée de complot dans l'idéologie révolutionnaire, « notion centrale et polymorphe par rapport à laquelle s'organise
et se pense toute action ». C'est-à-dire que vous avez
refusé l'argument dit « des circonstances » pour justifier la Terreur. J'ai été si pénétré du bien-fondé de
cette observation que le premier signe par lequel Gorbatchev m'a semblé profondément réformateur, c'est
lorsqu'il a proclamé qu'il fallait désormais rechercher
les causes des échecs de l'Union soviétique non dans
la conspiration des ennemis de l'extérieur ou de l'intérieur mais dans les crimes de la nomenklatura.
Khrouchtchev s'était contenté, non sans audace, de
dénoncer le passé stalinien. Mais il se livrait en même
temps à d'incessantes imprécations contre le capitalisme impérialiste. C'est cet abandon du complexe
obsidional qui montre que Gorbatchev a voulu faire
dans l'irréversible.

C'est ainsi toute la gloire de ces hommes que vous
avez aimés qui resplendit aujourd'hui dans les rues de
Varsovie, de Berlin et de Prague. L'ancien chancelier

Helmut Schmidt va jusqu'à dire – laissons-lui la responsabilité de son lyrisme – que 1989 pour l'Allemagne, c'est aussi important que Luther et que c'est la poursuite de 1789. Puisse la comparaison ne pas s'étendre jusqu'à la dérive bonapartiste...

Claude Roy, le mandarin émerveillé

Je me suis immergé dans son œuvre. Bien m'en a pris. J'en suis sorti avec une force singulière, décidé à ne pas laisser place à la tristesse, à ne pas donner dans l'oraison funèbre, qui n'est jamais, comme il aurait dit, qu'une funèbre oraison. Qu'ai-je trouvé dans ses innombrables livres, tous ouverts à des pages particulières sur ma table ? Un décrypteur caracolant, un radar allègre, un sismographe inspiré, un tritureur de mots : un mandarin séducteur, facétieux, désenchanté par les idées, ébloui par les civilisations et émerveillé par les êtres.

Je me suis trouvé devant un poète, le Poète en fonction. Celui qui, de Ronsard à Octavio Paz, de Pindare à Apollinaire, de Charles d'Orléans à Lewis Carroll, se fait l'enregistreur des battements de cœur du monde — de sa respiration cosmique. Et d'autre part, celui dont la curiosité vorace, l'érudition boulimique, la volupté culturelle scandent tous les instants de la vie. Il n'est pas un poète persan, un conteur nippon, un griot dogon, un fabuliste mandchou qui n'ait eu son lecteur, son traducteur, son amplificateur dans ce Pic de La Mirandole et cet honnête homme qu'on appelle aujourd'hui, par incapacité de l'imiter, un « touche-à-tout ».

Extraits de son « Portrait de l'artiste en vieux fou » : « Je m'emballe, m'emporte, m'envole, m'engoue, m'enivre. Puis mon élan retombe. Une lucidité désolée et ravageuse réduit et déprécie ce qui m'avait fait flamber. La "papillonne", passion que baptisa Fourier, je connais bien. [...] J'ai besoin, dans les idées, de sauter d'une affirmation à sa négation. »

Parfois, en se laissant aller, s'excusant de sa science et murmurant ses fulgurances, il avait l'air d'un Malraux faisant se télescoper les civilisations du rare et du sacré. Si la Pléiade s'empare de l'œuvre de Roy, et l'on voudrait bien qu'elle ne tarde pas à le faire, nous aurons un tome contenant les trois somptueux volumes d'autobiographie, *Moi je, Nous, Somme toute,* et les trois volumes de carnets. Alors, nous aurons déjà obtenu une petite réparation du défaut de considération dont Claude Roy aura tout de même été la victime. Car il est bien l'un des quinze ou vingt très bons, très très bons écrivains français de ce siècle. Dira-t-on qu'il n'y a pas un ou deux livres créateurs de personnages auxquels on puisse associer son nom ? Peut-être. Mais son œuvre autobiographique, infiniment originale, traversée de poèmes et faite de ruptures, vaut bien celle de Gide (*Journal* inclus), et ses poèmes, comme ses essais, ne sont pas inférieurs – aveu d'un gidien – aux romans de l'auteur des *Faux-Monnayeurs.*

Citation : « On s'étonnera peut-être doucement de quelques vers surgis de moi un jour. Trois ou quatre de mes poèmes seront de temps à autre lus par des curieux, trouvant que "ce n'est pas si mal" pour un poète mineur du début du xxe siècle. Tous les ans, on me demande de Caracas ou de Bratislava l'autorisation de reproduire la "Nuit" dans une anthologie de la poésie française contemporaine. J'en suis flatté vivant, mais pas moins mortel pour ça : ce verre d'eau ne désaltère aucune soif. Peut-être l'assurance d'avoir eu du génie m'eût-elle donné conscience d'être insubmersible ? J'en doute cependant. »

Claude Roy a fait de la critique littéraire en créateur et non en spécialiste. En amoureux et non en procureur. Il a parlé des peintres comme l'avaient fait Baudelaire, Zola et Proust. Il a parlé des écrivains comme Hugo et comme Mauriac. Je ne connais pas de portraits plus pénétrants et plus heureux que ceux de Giraudoux – grâce à lui, mille fois réhabilité – et de Picasso ; d'Aragon et de Balthus ; d'Eluard et de Zao Wou-ki. Quant à Stendhal, son intimité avec lui explose dans cette incandescente préface qu'il a écrite pour *Le Rouge et le Noir*, dans la collection « Folio ». Il n'en est qu'une, de préface, que je place aussi haut, et dans la même collection : c'est celle de Jean-Louis Bory pour *L'Ane d'or* d'Apulée.

Claude Roy aimait aimer, aimait admirer, et rien n'était moins convenu ou banal que l'expression de ses admiratives amours. Le brillant, le brio, l'insolite, l'étincelant lui venaient naturellement sous la plume. Il y a du Vivant Denon, du Giraudoux, du Cocteau dans son style. Je n'ai pas le temps de vérifier si c'est bien à Max Jacob que Picabia, interrogé sur sa peinture, disait : « Je ne dissèque pas les colombes qui me sortent des manches. » Claude semblait prendre soin de fabriquer ces colombes et de les placer soigneusement. Mais c'est un fait qu'elles s'envolaient ensuite. Les oiseaux et les enfants, ses compagnons, éblouis, les contemplaient. Tous les enfants de ses amis adoraient ses poèmes. Claude, qui s'en doutait, ne les oubliait jamais dans ses dédicaces. Depuis le premier numéro du *Nouvel Observateur*, Claude Roy a fait partie d'une équipe, celle du « littéraire », où il a côtoyé Jean-Louis Bory, Michel Cournot, Guy Dumur, André Fermigier, Maurice Fleuret, François Furet, Mona Ozouf. Plus tard les rejoignirent Pierre Ajame, Hector Bianciotti, Maurice Clavel, Jean-Paul Enthoven, Frédéric Ferney, Gilles Anquetil et Jean-François Josselin, avant que mon ami Jérôme Garcin ne tire fierté de le faire travailler.

Claude Roy était le plus âgé, le plus cultivé, le plus brillant, le plus respecté – le moins écouté aussi – dans les déjeuners. D'une part parce qu'il doutait à l'avance de ce qu'il allait dire et qu'au milieu d'une phrase il semblait penser le contraire ; d'autre part parce qu'il aimait écouter, observer, rire, s'attendrir et noter.

Depuis plus d'une dizaine d'années, notre jour, pour lui et moi, était le mardi. Vers dix-sept heures trente, toutes les semaines, je voyais la porte s'entrouvrir et Claude, sur le seuil, passer la tête pour vérifier que la voie était libre. Il venait s'asseoir en face de moi, conscient d'accomplir un rite, désireux de lui donner toute sa densité. Chaque fois que ce rendez-vous ne s'est pas tenu, nous nous sommes inquiétés de savoir pourquoi l'un ou l'autre en avait été empêché.

Au cours de nos deux derniers entretiens, Claude, qui lisait peu, se fatiguait vite et ne reprenait surtout de l'intérêt pour les choses que stimulé par sa visite au journal, me demanda de lui faire le point sur les débats concernant l'opportunité de comparer nazisme et communisme. Sur ce sujet aussi, encore un, il savait tout. Il me donna la liste, dont je n'ai retrouvé nulle part l'exhaustivité, de tous ceux qui, depuis les années 30, nous avaient précédés dans cette fausse audace. Pour lui, il y avait eu avant guerre Marcel Mauss et Ante Ciliga. Et après la Libération, il y avait eu Koestler, Orwell et David Rousset. Ce dernier, auteur de *L'Univers concentrationnaire*, a disparu juste avant Claude Roy.

On sait que l'importance de Rousset dans le débat en question fut énorme, considérable. Mais là où Claude Roy se sentait à juste titre orfèvre, c'était lorsqu'il s'agissait de décrire à travers son parcours personnel (parcours qu'il n'a jamais dissimulé, au contraire) ce que les intellectuels, tentés pendant l'entre-deux-guerres les uns par le nationalisme les autres par le communisme, pouvaient avoir en commun. Claude Roy m'a renvoyé alors au chapitre intitulé « La quadrature du cercle » dans son premier récit autobiographique : *Moi je*. Il rappelle qu'en 1927 Breton, Eluard, Perret et Aragon entrent au parti communiste. Les trois premiers en sortent avec violence en 1933, pendant qu'Aragon entre en communisme pour de bon, comme on entre en religion. Il y retrouve Paul Nizan. En 1932, Drieu la Rochelle était communiste, tandis que Paul Nizan s'inscrivait aux Camelots du Roi.

Citation : « Il y a plus de courants souterrains, d'échanges, de transfusions et de transfuges entre le communisme et le fascisme qu'entre eux et le libéralisme, le "laissez faire, laissez crever", le radical-combinazione. [...] Dans les deux sens, il y a une sorte de sympathie souterraine ou affichée pour le frère qu'on juge dévoyé, pour l'adversaire qui a bifurqué à partir des mêmes prémisses : l'espèce de fraternité agressive des camarades d'Ernst von Salomon pour leurs antagonistes "rouges", de Drieu la Rochelle pour les staliniens, le thème de "l'adversaire fraternel" chez Brasillach. La fascination des violents par des violents. Prêts à s'entre-tuer en méprisant du même mépris "les tièdes", les mous, les pâles, l'injuste milieu. »

Je comprends seulement aujourd'hui ces rictus d'impatience désenchantée sur le visage d'un Claude déjà marqué par la maladie. C'est qu'il avait, lui, déjà tout dit, et surtout qu'il était allé plus loin que les autres dans le débat qui nous préoccupait. En fait, l'eussé-je bien lu, j'eusse peut-être eu la tentation d'infléchir ce que j'affirmais, à savoir qu'il ne pouvait jamais rien avoir de commun entre la démarche d'un jeune homme qui va vers le communisme (idéal de la révolte égalitaire) et celle d'un jeune homme qui va vers le nazisme imprégné de domination. Sans doute, oui, il y a eu bel et bien, hélas, Claude Roy en a témoigné, des jeunes intellectuels romantiques qui, associant l'argent sale à la démocratie, finissaient par trouver de la grandeur et de la passion dans le gouvernement des chefs, qui estimaient que la grandeur de la nation était une idée trop noble pour être confiée aux partis politiques et qu'on pouvait découvrir dans le nationalisme une mystique qui élève l'âme. Mais ces jeunes gens rejoignaient-ils indifféremment les deux camps? Aragon et Ramon Fernandez ont-ils eu la même attitude en rejoignant l'un le parti communiste et l'autre le parti pro-nazi de Doriot?

Autrement dit, dans ces allers et retours de Maurras à Marx où, parmi tant d'autres et des plus grands, le jeune Claude Roy avait perdu son cap et sa boussole, les idéologies nazie et bolchevique n'avaient plus soudain qu'un seul visage : celui d'un nationalisme totalitaire. Il avait rompu avec Maurras en 1940; avec Staline en 1956. Le poète savait désormais flairer le monstre que le militant ignorait par fascination. D'où, probablement, ce réflexe, cette promptitude, cette pugnacité à dénoncer le maoïsme en faisant, le premier en France, écho aux thèses de Simon Leys. Un seul visage pour Hitler, Staline, Pol Pot et Mao. C'est en tout cas, et en marge des bonheurs qu'il a vécus et qu'il nous prodigue encore, le message singulièrement politique que laisse Claude Roy.

Octavio Paz : mort d'un poète

Deux mois avant qu'il ne s'éteigne, nous reculions avec quelques amis le moment de nous rendre à Mexico parce qu'Octavio Paz, avec lequel nous avions rendez-vous, était malade. Nous voulions le voir parce que, préparant un film sur Camus, nous voulions, pour la première fois, enregistrer ce que le prix Nobel mexicain m'avait dit du prix Nobel français. Et cela au cours d'une soirée chez moi, en 1996, avec sa femme Marie-Jo, Claude Roy, Loleh Bellon, Florence Malraux, Michèle Daniel et moi-même. Je savais depuis longtemps qu'Octavio Paz avait un cancer et qu'il s'en accommodait. Jusqu'au jour où il a subi une chirurgie du cœur. Jusqu'au jour surtout, selon Marie-Jo, où s'est abattu sur sa maison ce maudit incendie qui a ravagé sa bibliothèque : une pièce amoureusement aménagée et dont tous ses visiteurs avaient pu constater à quel point il y était attaché. Il avait non seulement des manuscrits qui lui étaient dédiés par des poètes de plusieurs pays, ainsi que des partitions de musique très rares, mais une quantité

de gravures et d'objets entre tous personnels et précieux qu'il avait rapportés d'Inde où il avait été
ambassadeur de 1962 à 1968.

Fils de révolutionnaires zapatistes, il a vingt-trois
ans lorsqu'il est invité, en 1937, au congrès des écrivains antifascistes de Valence, où il se rend avec
Pablo Neruda, le grand écrivain chilien, qui sera
longtemps son maître en poésie. A Valence, les écrivains sont tentés de rejoindre André Malraux, Arthur
Koestler, Stephen Spender et George Orwell aux
côtés des républicains espagnols. Mais comme la philosophe Simone Weil, c'est le spectacle même de la
guerre civile espagnole qui conduit Paz à une rupture
intime avec le communisme stalinien. Cette rupture devait devenir totale après le pacte germano-
soviétique, et publique après l'assassinat de Trotski au
Mexique. C'est la période où il rencontre André Breton, Benjamin Péret et Alejo Carpentier, le Franco-
Cubain qui devait me conduire dans sa maison.

Au cours de la soirée évoquée, Octavio Paz s'est
livré avec Claude Roy à un assaut de citations poétiques dont les auteurs étaient des surréalistes de tous
les pays. Au passage, il m'a plaisanté sur l'illusion qui
avait été la mienne de pouvoir le réconcilier avec un
autre grand écrivain mexicain, Carlos Fuentes, lors
de mon dernier séjour au Mexique. Enfin, il a évoqué une impopularité par lui partagée avec deux
autres prix Nobel, Czeslaw Miłosz et Albert Camus,
du temps qu'ils étaient antistaliniens à Paris, après la
Libération. Tous les trois étaient boudés et parfois
persécutés par l'intelligentsia parisienne. Il disait
qu'au contraire des deux autres, il ne se sentait en

rien culpabilisé par cette mise à l'écart, alors qu'il était bien plus difficile d'être anticommuniste quand on vivait au Mexique, c'est-à-dire près des Etats-Unis, que lorsqu'on en était loin.

D'*Itinéraire*, l'autobiographie intellectuelle et politique d'Octavio Paz, Claude Roy avait extrait cette citation de Victor Serge, lui aussi ancien et célèbre communiste puis anticommuniste : « La question n'est pas tant de changer les hommes que de les accompagner, d'être l'un d'eux. » Oui, mais l'un des plus grands.

Ce que j'avais retenu de cette extraordinaire soirée chez moi, c'est ce que j'ai appris ensuite. Lorsque nous nous sommes séparés, nous avons eu l'impression que rien ne pouvait aviver les tendresses et les richesses de nos échanges. En tout cas, le grand homme, selon son épouse, devait rentrer. Mais il ne l'a pas fait. Il est allé danser dans une boîte cubaine. Rétrospectivement, cette fantaisie m'a rempli d'envie. Pourquoi ne nous avait-il pas entraînés ? Il ignorait que je me serais fait son complice. Il devait me dire ensuite, comme pour s'excuser : « Plus on prend de l'âge, plus on a besoin de danser. » Les Mexicains le savent, les Cubains aussi, pas les Français.

Jules Roy, notre Julius

Plus beau, plus impérial que jamais sur son lit de mort, Jules Roy, à Vézelay. Dans la rayonnante basilique, un moine franciscain souligne qu'il faut voir un signe de la Providence dans le fait que disparaît cet Algérien – français sans doute, mais chrétien aussi célèbre que saint Augustin – au moment où arrive en France un chef d'Etat algérien qui prêche la et les réconciliations. Celle et celles dont Jules Roy avait rêvé.

Le président algérien, qui a rendu hommage, en français, à la France, à la langue française, à sa culture et, entre autres, à Jules Roy, a proposé de « tourner la page de la guerre d'Algérie » et a invité chacun et tous – ô merveille ! – à la réconciliation. Sans doute a-t-il dit autre chose, comme pour corriger, pour infléchir, pour compenser. Et j'ai été heureux que Jules Roy, notre Julius, n'entende pas ces restrictions. M. Bouteflika a invité les pieds-noirs à revenir en Algérie, mais seulement à la condition que ce ne soit pas dans l'idée de la reconquérir. Comme s'il y avait un seul Français, d'où qu'il soit et quoi qu'il ait fait, qui se donne jamais pour objectif un tel cauchemar! Et d'autre part, comme si, à propos de circonstances identiques, la France réclamait des Algériens qu'ils s'engagent à ne pas l'envahir.

J'ai de même imaginé les réactions de Jules Roy, lorsque Abdelaziz Bouteflika s'est parfois, et comme par accident, posé en victime et a invité la France à je ne sais quelle repentance. Dieu sait que Julius a été, et que nous avons été, aux côtés des insurgés algériens. La première fois qu'on a appelé la guerre d'Algérie par son nom, c'est lorsque fut publié un livre de Jules Roy qui portait ce titre. La première fois qu'un ancien officier a pris parti, c'est lorsque le même Jules Roy m'a apporté à *L'Express* un article qui commençait par ces mots : « Si j'étais musulman, ce n'est pas de notre côté que je serais. Je refuserais d'égorger des innocents, car cela est de la lâcheté et de la barbarie, mais je serais dans le maquis. » La première fois que l'on a osé comparer le comportement de certains éléments de l'armée française à celui des nazis, ce qui était d'ailleurs énorme et d'une certaine façon injuste, c'est toujours de Julius que cela est venu. Et pourtant, et pourtant!

S'il avait entendu, comme nous l'avons fait, le chef de l'Etat algérien inviter la seule France à la repentance, j'assure – et qu'on me croie, je le connaissais bien – qu'il aurait eu ce fameux haussement d'épaules, cette façon lasse d'élever la main et le bras pour traduire une sorte de désenchantement actif. Pour lui, pour moi, et, je le jurerais, pour Abdelaziz Bouteflika aussi, la guerre d'Algérie était une guerre, mais c'était aussi, à certains moments surtout, une guerre civile. Alors il faut que les Algériens se pardonnent les uns aux autres. La tragédie de la « décennie sanglante » des années 80 en montre la nécessité, et n'est-ce pas ce à quoi aboutit le pacte de « concorde civile » ? Or on ne peut tout de même pas offrir le pardon aux criminels du FIS, du GIA et de tous les groupes islamistes et marchander ce pardon au pays, la France, où les jeunes Algériens rêvent sans cesse de se réfugier.

Cela dit, presque tout le parcours de M. Bouteflika est un sans-faute. Et d'ailleurs, il parle tellement qu'il lui arrive de corriger le lendemain ce qu'il a dit la veille. De toute manière, il est à mes yeux sur la bonne voie. Je lui fais confiance. Je ne désespère même pas de l'entendre un jour prochain – il réclame seulement du temps – demander pardon aux harkis, comme je le fais moi-même ici.

Bon. Alors, Julius, tu as décidé de partir. Depuis deux ans, tu étais devenu difficile et parfois insupportable. Tu remâchais ton ressentiment, fulminais tes rancœurs et théâtralisais ta révolte. Tu étais d'ailleurs injuste, capricieux, désespéré, désespérant. Je te soupçonne, de plus, d'avoir eu conscience de ta transformation et de l'avoir assumée. Tu jouais avec l'alibi de l'âge, avec l'excuse de la maladie, alors qu'il suffisait de voir le pétillement de malice dans le regard que tu posais sur ton indispensable compagne, sur Tania, pour comprendre que tu cherchais par-dessus tout à te faire admettre tel que tu étais, tel que tu devenais.

Tu avais raison, en un sens, j'ai fini par tout te pardonner. Un jour, j'ai décidé d'en rester à une phrase que tu as écrite dans *Mémoires barbares*, un vrai grand livre, en parlant de nous. Après avoir évoqué notre commune opposition à notre communauté d'origine, tu as écrit : « Nous étions tous deux nés dans la Mitidja, cela crée un lien du sang que j'ai toujours tenu pour sacré. » Après cela, après le sacré, j'ai décidé qu'il ne pourrait rien survenir qui pût mettre ce lien en question.

Maintenant, je vais m'éloigner de toi pour te décrire, prendre de la distance pour te considérer, t'apprécier comme si je ne te connaissais pas. Parti du séminaire et de l'armée, Jules Roy était un écrivain dans l'âme. C'est-à-dire qu'il n'écrivait que pour raconter sa vie, et finissait par ne vivre que pour écrire. Le choix d'une femme, d'une maison, d'une lecture, d'une promenade, d'une église, c'était la vision anticipée des chapitres du livre qui leur serait consacré. Qu'on le déplore ou non, c'est cela, écrire, même pour des croisés comme lui, même pour des rebelles et des indomptables. Particularité ? Il y a des écrivains que l'on imagine couchés, comme Proust et Katherine Mansfield, d'autres que l'on ne peut voir qu'assis, comme Gide et Fitzgerald. Et puis il en est d'autres qui sont debout. Jamais autrement. Debout, Rabelais ; debout, Diderot ; debout, Malraux ; debout, Hemingway. Debout, Jules Roy. Ce côté perpendiculaire les définit. Ils sont toujours un ton au-dessus, un cran au-dessus. Ils vivent dans une sorte de raideur pathétique et de transe hautaine. Toujours en vigilance et interdisant aux autres le repos. Méditerranéen, Julius ? Oui, peut-être, par ses goûts culinaires, et par son penchant pour le théâtre, l'emphase et les poses. Pied-noir ? Si l'on veut, mais de ceux de l'intérieur, des plaines et des montagnes, pas de ceux des rivages. De ceux qui sont naturellement portés vers la dignité plus que sur la truculence. Et puis, il faut le dire, Jules Roy était sans aucun doute l'homme le plus beau de notre littérature. Ne souriez pas en pensant à Le Clézio. Julius était un homme alluré, mais à la manière des bustes de Marc Aurèle et des Don Quichotte de Daumier. Incomparable.

Et maintenant il y a, très vite, le parcours : celui des grands marginaux, tels qu'on les admire et qu'on les aime. Le parcours des hommes qui ont dominé ce que l'on appelle aujourd'hui les déterminations biologiques et les structures identitaires. Cela consiste souvent à déserter son camp pour se choisir des idées. Pour Julius, à quitter le séminaire, à décrire l'atroce tranquillité des aviateurs bombardant l'Allemagne, à quitter l'armée d'Indochine, à prendre le parti des maquisards contre les pieds-noirs, à dire ses vérités à de Gaulle, à dénoncer Mao. Un homme de caractère et d'humeur, qui suit sa pente, mais, comme dit Gide, en montant. Il est à contre-courant sans le vouloir, non pour se distinguer mais parce qu'il ignore le courant. « Si je vaux quelque chose, c'est parce que, vrai sauvage, vrai contempteur des valeurs admises, j'ai osé [...] défier des militaires, mes camarades, soulever la fureur de mes compatriotes pieds-noirs, et même traiter de Gaulle de procureur impitoyable, ce qu'il ne me pardonna jamais. »

A la fin de l'entretien qu'il eut avec lui, de Gaulle conseilla vivement à Jules Roy de voir Malraux. Julius en eut la tentation. Mais, d'une part, le héros du Général jouait les inaccessibles. A Verrières, chez Louise de Vilmorin, avant l'arrivée de Julius, il s'était enfermé pour son Musée imaginaire. D'autre part, Jules Roy, par instinct, redoutait un envoûtement inhibiteur, Enfin et surtout, Camus survint dans la vie de Julius, séduisant et dévastateur, maître à penser et à vivre, disant le Juste, le Bien et le Beau, et voici notre Julius qui s'annihile avec délices, qui se néantise avec panache devant le seul être dont il accepte, en dépit d'une superbe de grand d'Espagne et d'héritier de Vigny, de se déclarer le disciple. Ses amis les plus proches, Jean Amrouche, Armand Libert, Pierre Moinot, n'arrivent pas toujours à le suivre sur ces cimes.

Lorsque Camus meurt dans un accident d'auto, une sorte d'hystérie lyrique s'empare de Julius. Il a le vertige, il a perdu ses béquilles intellectuelles, il s'était mis en état de dépendance amoureuse, il croit qu'il va s'effondrer. Et c'est, bien sûr, le contraire qui arrive. Il va trouver son émancipation dans le regret, sa liberté personnelle dans l'hommage au maître disparu. Il n'est rien en faisant tout. Plus de quarante romans, essais, récits, biographies, des livres de poèmes, des pièces de théâtre, des pamphlets contre Massu. Et pour se divertir, il se livre à des aveux solaires. Il écrit avec ses *Amours barbares* l'œuvre qui surprend le plus les lecteurs de *La Vallée heureuse*, des *Chevaux du soleil* et de *Vézelay*.

J'ai écrit à ce moment-là : on croyait que ce moine-soldat, qui rêvait à quinze ans d'être à la fois Kessel et Saint-Exupéry, n'avait de territoires que dans le ciel et que sa patrie était la chevalerie. Entre

la fraternité altière de *L'Equipage* et l'aventure stoïcienne de *Vol de nuit*, cette patrie ne pouvait être que
la solitude héroïque. Et puis voilà que Jules Roy
confessait avec fougue que sa patrie n'avait jamais
été que celle des femmes. Et on le vit caracoler sur ses
souvenirs d'amoureux et d'amant comme Don Juan,
Casanova, Laclos, les Saintes Ecritures et les défis
profanes. Même au cœur de ce divertissement cependant, pour dérouter une certaine société recomposée
autour de ses autres provocations, Jules Roy gardait
ce halètement illuminé, ce pathétique parkinsonien
qui avertissait qu'avec lui, sur n'importe quoi, on
n'était pas du côté des tièdes et qu'il fallait préférer
l'intensité flamboyante à la durée installée.

La politique ? Elle importait aux yeux d'un Julius.
Il s'engageait en faveur des causes que l'on appelle
grandes, jamais pour une faction, pour un homme,
pour un pouvoir. Il se trouve que ces causes différentes ont souvent été à gauche, mais Julius ne mettait
pas d'étiquette sur ses luttes et ne redoutait aucun
compagnonnage. Il n'était d'ailleurs pas né à gauche.
Le séminaire et l'armée, comme le gendarme dont il
était le fils adoptif, l'en avaient consciencieusement
détourné. Il n'a rejoint les Forces françaises libres,
dans l'aviation de bombardement, qu'en 1943, en
même temps que Saint-Exupéry. Il avait été comme
lui attentiste et déchiré pendant deux années qui
pesèrent lourd par la suite. Il avait enragé que la
France capitulât en juin 40, mais avait longtemps
pensé que Pétain attendait son heure pour sauver
l'honneur de la France. Lorsqu'il comprit que cette
heure ne viendrait pas, alors il eut la frénésie des

combats refoulés. Mais de tous les camps qu'il a
désertés il lui restait quelque chose à quoi il a été
fidèle, qu'il a recomposé dans l'écriture en une synthèse vibrante et fraternelle.

Après Romain Rolland, après Georges Bataille,
après Max-Pol Fouchet, après Maurice Clavel, il s'est
réfugié à Vézelay, où Louise de Vilmorin l'avait
conduit avec distraction et dont il s'était épris d'une
passion intermittente. Amoureux de la somptueuse
basilique et de sa dédicataire, mais impatient devant
la vie de province. « De Vézelay, si peu que je
m'écarte, je ne revois jamais les tours et les remparts
sans un battement de cœur et les rares fois où les
courants de la vie m'éloignèrent d'ici, j'y revenais en
pèlerinage, allumant des cierges et tombant à
genoux : s'il vous plaît, Mademoiselle, ramenez-moi
près de vous. Elle m'écoutait. Qui cela, elle ? Marie-
Madeleine, l'ancienne courtisane de la cour du roi
Hérode, soudain attachée à la suite du Christ et qui,
pour moi, ressemble plus au portrait de la danseuse
Salomé par Bartolomeo Veneto qu'à une dame de
Saint-Sulpice. [...] La femme que ce jésuite de
Claudel désigne sous le terme de sainte pécheresse,
que j'appellerai irrespectueusement ma tourterelle,
ma toute belle, mon amour. Et l'ensemble, elle, son
abbaye et son église, devient la citadelle céleste, la
terre natale. »

Yehudi Menuhin : le cœur en partage

On a tellement tout dit et bien dit sur la mort de Yehudi Menuhin que j'ai un peu l'impression, venant après tout le monde, de n'écrire que pour moi-même. J'ai besoin, même *mezza voce*, d'évoquer l'incomparable stature de cet homme. De ne pas faire comme s'il était parti comme n'importe qui d'autre; comme si les choses allaient être exactement les mêmes sans lui.

Je l'ai à peine connu. Simplement, je l'ai bien « rencontré ». Je n'avais pas alors les compétences que d'autres ont affichées devant le déclin supposé de son génie. Dans mon enfance, on célébrait le groupe des Six. Un peu plus tard, j'ai entendu dire : « Pour Bartók, c'est-à-dire pour le seul génie du siècle, il n'y a que cet élève d'Enesco, ce jeune Yehudi Menuhin, qui soit capable de l'interpréter à la perfection. »

Je savais aussi que Yehudi avait été un enfant prodige. Mais le grand Stravinsky avait prédit que cet enfant-là ne serait pas qu'un animal de cirque. Il aurait un « avenir ». Il était, bien sûr, déjà célèbre quand le hasard m'a fait croiser son chemin. Il a toujours été célèbre. Il était assis, seul, dans un parc, et semblait n'avoir pas décidé s'il allait s'abandonner au rêve ou se concentrer sur une réflexion. Il avait joué la veille, avait été l'objet de plusieurs ovations, de plusieurs rappels, et avait accepté de jouer de nouveaux morceaux. Bref, le rite habituel. Et son regard, chaque fois, sur le public dévot, avait l'air d'exprimer une sorte de gratitude familière, comme s'il disait à chacun : il y a si longtemps que vous m'aimez et si longtemps aussi que j'affecte de croire que je mérite de l'être.

J'incline de plus en plus à trouver dans la tendresse davantage une vertu rare qu'une manifestation de sensiblerie. Or, de tous les êtres que j'ai pu rencontrer dans la vie, personne ne m'a jamais semblé exprimer une tendresse aussi protectrice : une compassion aussi vraie, aussi simple. Ce soir-là, il s'était passé des choses habituellement tragiques dans le monde, il n'y en avait ni plus ni moins, sauf que peut-être, au Proche-Orient, l'horreur avait été plus spectaculaire encore que la veille. Yehudi Menuhin avait joué un concerto très connu de Mozart. Il m'avait en tout cas bouleversé. Je savais que j'allais le voir après ce concert et je savais aussi qu'il voulait me parler du Proche-Orient.

J'étais comme réconcilié avec les hommes. C'était donc cela aussi, la vie. Les horreurs et cette beauté. Les monstruosités et cet homme d'exception. Je venais d'apprendre par Rostropovitch comment le grand violoniste David Oïstrakh avait « lâché » Prokofiev et comment personne n'avait défendu Chostakovitch. Yehudi Menuhin n'était pas en Russie à l'époque mais il n'a jamais cessé de les défendre. Il était là, à peine voûté, avec son visage si lisse depuis son nez jusqu'à son crâne qu'on oubliait sa calvitie. Il était là comme pétri de noblesse, il offrait de ses deux mains son archet et son violon au public transporté, ses instruments de bonheur, pour endiguer, si peu que ce soit, les vagues déferlantes des barbaries. Il disait : « Gardez au cœur du désespoir cette allégresse que nous procure la musique et qui vient d'ailleurs, qui ne peut pas ne pas venir d'ailleurs... »

Après quoi, d'une voie douce, calme, bien articulée, et avec ce fameux regard qui venait des profondeurs, il a évoqué à la fois la vanité de ses engagements publics et le besoin qu'il avait ressenti de jouer dans les camps palestiniens : « C'est tout ce que je peux leur donner. Mais ils m'écoutent comme si c'était une partie de mon cœur qui passe et qu'ils ont en partage lorsque je joue pour eux. »

Je n'exclus pas qu'un Daniel Barenboïm soit mû par de tels sentiments lorsqu'il organise ses concerts avec les jeunes Palestiniens en Palestine. Je n'ai pour ma part que des mots, de pauvres mots, à leur apporter. Mais lorsque j'ai fait l'éloge d'un David Shulman, ce grand spécialiste du sanskrit qui a entrepris de reconstruire sous les bombardements les maisons palestiniennes que les Israéliens détruisent, alors j'ai reçu cette lettre : « *I received a copy of your magnificent new book, with its kind dedication to me and to Daniel Barenboïm. Yesterday, I was again in the south Hebron hills, trying to protect Palestinian shepherds from the constant violence of the settlers. You may find it surprising, but I spoke to one of our*

Palestinian friends, a simple shepherd, about your book – about the fact that far away, in Paris, there is someone who truly cares about his life and his struggles. He was interested, though it is not easy perhaps for him to imagine this. I hope we will meet again someday soon. »

Balthus : une visite au comte Klossowski

Il y a longtemps que j'admire l'altière perversité avec laquelle le peintre Balthus semble mettre des suaires sur les jeunes corps. Le 11 juin 1998, il m'avait invité à lui rendre visite. J'avais relu auparavant les études que lui avaient consacrées Claude Roy et Jean Leymarie, son entretien superbe avec France Huser, ainsi qu'un court texte de Camus. Texte qui établit une étrange complémentarité entre l'écrivain puritain, qui ne voit dans les adolescentes de Balthus qu'un « érotisme négligent », et le peintre aussi libertin que souverain. En fait, la vérité sur Balthus, obsédé par l'obscure incertitude de l'innocence chez les adolescentes impassibles, a peut-être été le mieux exprimée par René Char : « L'œuvre de Balthus est verbe dans le trésor du silence. Nous désirons tous la caresse de cette guêpe matinale que les abeilles désignent du nom de jeune fée et qui cache dans son corsage la clef de Balthus. »

J'ai fait dans *Avec le temps* le récit de cette visite :

« Au sortir de Lausanne, nous nous trompons de route, erreur qui nous fait emprunter le chemin superbe qui grimpe vers Gstaad. L'alternance des giboulées tardives et d'éclaircies triomphantes rend vivantes et multiples les vertes forêts gorgées d'eau. Au pied du château de Gruyère, apercevant le promontoire du château d'Œx, nous arrivons à Rosinière, où le comte Klossowski de Rola, dit Balthus, a installé son atelier, son épouse japonaise, sa petite famille, ses appartements.

« Le maître entre, appuyé sur l'épaule d'un valet asiatique. Il me fait penser tantôt à François Mauriac, tantôt à Jean-François Deniau. Il est plutôt sourd. On me place près de sa bonne oreille, tout près, et je suis invité à parler fort et à articuler avec lenteur et netteté. On ne peut rien dire de nuancé ou de délicat de cette façon. Mais il n'attend pas mes questions. Il parle avec un désenchantement seigneurial.

« Je suis un survivant : mes intimes disparaissent. Après Fellini, dont le départ m'a tant éprouvé, c'est soudain coup sur coup Octavio [Paz] et Claude [Roy] qui me quittent. Difficile. A qui penser, à qui parler ? Oui, c'est cela le plus difficile… Nous nous sommes donc rencontrés à Rome ? C'est vrai que j'ai été chez moi, et si longtemps, à la Villa Médicis. Vous y êtes venu de mon temps, et aussi un jour où j'étais de passage et où nous étions, en somme, vous et moi, les invités de mon successeur, Jean Leymarie. J'aime beaucoup ce que Jean a écrit sur moi. Pas vous ? Il sait tout et il est lyrique. Très littérairement lyrique. Mais je suppose que vous avez lu Claude Roy, cher Claude, "cet aristocratique souci de déplaire [1]", a-t-il dit de ma "Leçon de guitare". Je lui ai dit en effet que

_____
1. Claude Roy citait le prince de Ligne.

ce tableau, qui a fait scandale, était de ma part une provocation délibérée, un défi. J'ai fini par le retirer, comme vous le savez. Je ne tenais pas à ce que l'on m'associe trop longtemps à une œuvre polémique[1]. Où est aujourd'hui "La leçon de guitare"? Setsuko va nous le dire : à New York, au Guggenheim, c'est bien cela?

« Oui, je me souviens de l'amertume de Camus après l'échec de sa pièce *L'Etat de siège*, mise en scène par Jean-Louis Barrault. Vous avez connu l'acteur Pierre Bertin, qui jouait aussi dans cette œuvre? Combien sommes-nous à nous souvenir de cet acteur exceptionnel? Pierre Bertin et Pierre Brasseur, avec des tempéraments totalement différents, c'était tout de même la prestance et la grâce. Donc, Camus était ulcéré après la première représentation. Il m'avait reproché de ne pas utiliser pour les décors une matière plus noble que le lin. Cela m'avait absolument déconcerté. Les critiques ont été assassines. Jean-Louis [Barrault] était le plus malheureux. Arthur Honegger, qui avait composé la musique, a dit qu'il avait prévu le désastre. Pas moi. Dans le texte que vous avez lu, vous n'aimez pas sa phrase sur l'érotisme? Moi oui. Mes adolescentes seraient, selon Camus, "érotiques par négligence". C'est une belle trouvaille. Elles seraient des lolitas? Je ne le crois pas. Nabokov était très russe malgré lui, je le suis trop peu. A certains moments, j'aurais voulu l'être davantage. Est-ce que je n'ai peint que des "victimes", comme le dit Camus? Je ne sais pas. En revanche,

---

1. La critique avait crié au blasphème en croyant découvrir que, dans le tableau, une petite fille allongée sur les genoux d'une femme prenait la pose du Christ de la Pietà d'Avignon.

j'aime beaucoup cette idée que la passion des deux amants de Hurlevent dans *Wuthering Heights*, serait vécue comme une nostalgie de leurs amours enfantines. C'est exactement ce que j'ai éprouvé en illustrant le roman d'Emily Brontë. Vous allez donc faire un film sur Camus ? Il ne faut pas le rater. »

Léopold Sédar Senghor : sept syllabes et un destin

Peut-on ne pas être poète lorsque l'on se prénomme Léopold Sédar ? Eviter d'être président, donc seigneur, lorsque l'on se nomme Senghor ? « Léopold Sédar Senghor !/Je chante ce nom annonciateur du poème !/Cette triple vague, ce palier de gloire !/La fugue aux lointains de silence et d'or/Sept syllabes constellant un destin d'homme » (Pierre Emmanuel). Le chantre de la négritude et de la francophonie avait l'obsession de l'étymologie et du métissage : il pouvait très bien penser que son nom avait été imaginé à la fois par Isidore Ducasse, comte de Lautréamont, et par Henri le Navigateur, souverain de Lisbonne. Ce sont des constructions imaginaires que Malraux aurait pu lui prêter dans *Hôtes de passage*. Des propos apocryphes dans lesquels Senghor – Seigneur, *Senhor* en portugais – vérifiait que son génial interlocuteur plongeait, grâce au mensonge, dans cette combinaison magique « d'émotion africaine et de raison hellène ».

J'ai entendu Senghor lire, avec la poitrine gonflée de gratitude, tout ce que Malraux avait mis dans sa bouche, tout ce qu'il ne lui avait jamais dit et qu'il trouvait pourtant d'une évidence plus lyrique que l'infidèle vérité. Sauf que cet agrégé de grammaire dont les idoles étaient d'abord les grands poètes, les linguistes et les historiens des civilisations, cet universitaire sans cesse soucieux de corriger Aristote par Baudelaire, qui n'abandonnait ses poèmes à la gloire de la sensualité africaine que pour rêver d'une civilisation de « négresses blondes », était aussi un chef d'Etat. Alors il lui fallait bien, en pensée mais à regret, passer de la compagnie de Saint-John Perse à celle de Pompidou, son ancien condisciple de khâgne à Louis-le-Grand. Le successeur du général de Gaulle était loin d'être poète, bien qu'il eût fait une *Anthologie de la poésie française*. S'il y avait quelque chose de commun entre les jeunes Senghor et Pompidou, c'était d'être nés dans un milieu catholique, d'être des enfants de l'école républicaine et d'être socialistes. « Je ne savais pas que je cherchais Dieu dans Marx et dans Engels, je ne l'y ai point trouvé », écrira plus tard le poète noir lorsqu'il découvrira le paléontologue chrétien Teilhard de Chardin.

Résumons. Cet homme d'Etat, entre tous remarquable, était un président catholique dans un pays aux neuf dixièmes musulman. Il célébrait les triomphes de la négritude tout en se mariant à une Blanche et pourfendait le colonialisme de l'homme blanc tout en cherchant la place de son pays dans un Empire français. Car Malraux, toujours lui, se trompe, cette fois. Il écrit que Senghor est français comme Nehru était anglais, que « c'est un Nehru sans Gandhi ». Erreur, Senghor est mille fois plus français que Nehru

ne fut jamais anglais, et mille fois plus africain que
Nehru ne fut jamais indien. En guise de Gandhi, il
avait la langue française. Ce n'était pas sa langue
maternelle (le sérère), ni sa langue régionale (le
wolof). C'est au catéchisme qu'il a appris cette langue, laquelle n'était pas pour lui, comme pour l'Algérien Kateb Yacine, un « butin de guerre ». C'était
une patrie. « Je m'exprime en français parce que je
pense en français, parce que c'est la langue qui
dompte le mieux les sauvages richesses de mes
racines. »

Il est très difficile de comprendre aujourd'hui, en
ces temps de « pensée correcte », de « discrimination
positive », de « repli communautaire » et de « choc
des civilisations », comment un Senghor a été possible, comment il a fonctionné en accord avec lui-
même au milieu de tous les antagonismes de ses
héritages. Pendant vingt ans, il a régné en monarque
républicain sans qu'aucun de ses sujets-citoyens lui
fasse la moindre observation sur son mariage avec
une Normande, sur la priorité qu'il donnait dans
l'enseignement à l'étude du grec et du latin, sur la
liberté avec laquelle il rappelait que sur l'île de Gorée
les négriers étaient des Arabes, sur son refus d'établir
la moindre hiérarchie entre les *peuples souffrants,* qui
comprenaient à ses yeux autant les Noirs que les juifs
et les Berbères. Lorsque son pays accède à l'indépendance, il interdit aux élites sénégalaises de mettre
désormais leurs faiblesses et leurs lacunes sur le
compte de la colonisation.

Chrétien noir, donc, il chante à la fois la négritude
et la mixité. C'est qu'il entend « assimiler mais non

être assimilé ». Patriote africain, il veut à toute force trouver des racines portugaises dans les mots Senghor et Sénégal. Partisan de l'indépendance de son pays, il est l'un des rédacteurs de la Constitution de la IVe République. Président de la République du Sénégal, il acceptera d'entrer à l'Académie française. Il trouve des origines communes à tous ceux qu'il aime. Je l'entends encore m'initier aux tableaux de Soulages – il a été l'un des premiers découvreurs de ce peintre – en soulignant l'africanité de l'abstraction dans l'utilisation de la couleur noire. Je ne crois pas qu'un étranger, si du moins on peut employer ce mot en parlant de lui, ait jamais compris avec autant de pénétration ce que fut le génie de la France.

Grâce à quoi Senghor était tout sauf un « aliéné ». Grâce à quoi il a ignoré tous les complexes des colonisés et des Noirs. S'il intégrait les valeurs d'autrui, ce n'était jamais au prix de son reniement : rien de la fameuse « haine de soi » dans son amour de la France. Tout cela composait un personnage difficile à concevoir et qui fut parfois dénoncé par tous les héritiers de Frantz Fanon, ce psychiatre inspiré qui voyait partout des « masques blancs sur les peaux noires » et qui en arrivait à préconiser le meurtre du colonisateur comme thérapeutique pour guérir la névrose des colonisés.

Léopold Sédar Senghor est mort pendant ces jours de décembre où jadis nous fûmes ses hôtes près de Dakar, ma petite famille et moi-même, pendant dix années de suite. Tous les ans, nous l'entendions commenter les sources gréco-sahéliennes ou indo-africaines des civilisations qui nous entouraient.

Aucun événement de son siècle, aucun souci de politique intérieure ni même aucun drame familial – et Dieu sait qu'il ne fut pas épargné puisqu'il perdit deux de ses enfants – n'a découragé Senghor de s'émerveiller des audacieuses hypothèses de l'anthropologie. Pas étonnant, dès lors, que, tout en conservant un culte pour Teilhard de Chardin, il ait éprouvé une passion pour l'œuvre de l'Allemand Leo Frobenius, à qui il ne reprochait que de n'être pas français.

Ce Frobenius, mort en 1938, fut un ethnologue rapidement rendu célèbre par ses travaux sur les civilisations africaines, un ethnologue visionnaire qui crut pouvoir établir l'existence jadis sur tous les continents d'une conception commune de l'homme et du monde. Age d'or, paradis perdu, Afrique idéale : Senghor avait besoin d'y croire. Il s'enchantait de le faire en lisant et relisant l'œuvre de l'ethnologue allemand sur *Le Destin des civilisations*. Frobenius, prenant appui sur des mythes, des œuvres d'art et des institutions, distingue plusieurs civilisations africaines et méditerranéennes qui convergent vers ce que nous appellerions aujourd'hui des valeurs universelles. Cent fois nous avons entendu Senghor évoquer, comme si nous partagions sa science, les civilisations « éthiopienne » de type végétal et « hamitique » de type animal, où il était question de l'influence des constellations mythologiques et du symbolisme des nombres.

Et puis un jour, tous ses amis, ses disciples, ses visiteurs, ses ministres se sont jetés sur un petit livre, *Ce que je crois,* qui permettait de voyager à ses côtés dans le labyrinthe des origines africaines de notre avenir. Un petit livre dont je recommande la lecture car, en marge des irremplaçables textes poétiques de Senghor, il donne les clés pour comprendre les débats qui vont opposer le grand poète antillais Aimé Césaire, dont Senghor fut l'ami à Paris, et la jeune génération des chantres de la créolité.

Senghor est sans doute l'un des hommes d'Etat, avec Pierre Mendès France et Mário Soares, dont j'ai été le plus proche. Il a souvent perdu un temps précieux pour commenter mes écrits avec une attention critique. Peu familier des choses de l'économie, souvent inapte à sortir son pays du sous-développement, trop exclusivement soucieux de créer chez lui des élites humanistes et de se débarrasser d'adversaires encombrants, il a eu cependant l'insigne mérite de fonder une démocratie en Afrique et celui, plus rare encore, de quitter ses fonctions de sa propre initiative pour consolider les institutions de son pays. Il faisait preuve, d'autre part, d'une stupéfiante disponibilité intellectuelle dès lors qu'il s'agissait d'anticiper l'avenir à partir des déterminations de l'ethnologie. En ces temps où la mode est au *différentialisme,* il aura été, selon ses mots, un militant de la symbiose et de la fusion.

Pour finir : il était difficile de ne pas être gagné par la contagion de ses humeurs poétiques, et, sans son influence tutélaire, personne n'aurait songé à placer en tête de certains reportages politiques des titres comme « Le sourire des citrons verts de M'Boro » ou « L'envol vespéral des hérons cendrés de Casamance ». Des titres que je trouve avec stupeur dans le dossier de nos anciens articles.

J'apprends que Senghor, qui trois ans avant sa mort assistait déjà à son propre déclin, confiait, désarmé, qu'il ne désirait pourtant pas mourir. « C'est peut-être cela qui est l'enfer », aurait ajouté ce catholique demeuré africain, à qui le paradis est assuré, et qui avait déclaré qu'il rejoindrait avec sérénité l'éternité africaine des forces cosmiques.

Geneviève de Gaulle-Anthonioz :
Geneviève selon Germaine

J'ai plusieurs fois, longuement, téléphoné à Germaine Tillion après la mort de Geneviève de Gaulle-Anthonioz. Germaine Tillion a redouté longtemps la fin de la plus grande amie de sa vie. Chaque fois que je l'ai vue, dans la conversation, elle a évoqué à un moment ou à un autre « sa » Geneviève. Germaine m'avait invité en Bretagne, avec Geneviève de Gaulle ainsi qu'Annie et André Postel-Vinay, des fidèles de toujours. Des compagnons de Résistance, puis de déportation, puis de combat, enfin d'apostolat. En les quittant, j'avais pensé que cela resterait un privilège de ma vie d'avoir rencontré ensemble des êtres de ce niveau. Je n'ai plus l'âge d'être intimidé. Je l'ai été.

Qu'est-ce que Germaine Tillion souhaite aujourd'hui que l'on rappelle en évoquant le souvenir de Geneviève de Gaulle, au-delà de tous les hommages et en attendant la cérémonie du 8 mars à Notre-Dame ? D'abord que le 18 juin 1940, Geneviève, qui a vingt ans, est venue avec sa grand-mère (la mère du Général) rendre visite à Xavier, son père (le frère de

Charles), surpris par la capitulation dans un petit village breton. A l'église, le curé qui célèbre la messe leur annonce qu'un général vient de déclarer que la guerre n'est pas finie. « Ce général, c'est mon oncle », dit Geneviève au curé.

Elle avait des raisons de le savoir. La veille, le 17, c'est-à-dire avant l'appel, Geneviève avait pris position pour la poursuite du combat et l'avait dit aux siens. Elle fera remarquer ensuite plaisamment au général qu'elle avait, quant à elle, devancé l'appel. Trois mois plus tard, la mère de Charles et de Xavier de Gaulle meurt. Aucun faire-part n'est possible pour un de Gaulle dans le village. Toute la région vient cependant aux obsèques. Les gendarmes font une haie d'honneur au passage du cercueil. « Ne nous dites pas que tous les Français ont été des collaborateurs ! », observeront souvent, avec impatience et parfois devant moi, les deux grandes dames.

Le 20 juillet 1943, Geneviève a vingt-deux ans. Elle est arrêtée, embastillée puis déportée. Elle arrive à Ravensbrück en janvier 1944 avec... Emilie Tillion, mère de Germaine et qui mourra en déportation non loin de sa fille, laquelle ne l'apprendra que bien plus tard. Libérée en 1945, Geneviève rencontre Bernard Anthonioz, résistant savoyard avec lequel elle se marie en 1946. Le général de Gaulle est son témoin. Germaine Tillion se trouve là, « évidemment ». Date importante, car Germaine va rencontrer pour la première fois Charles de Gaulle et cette rencontre aura des suites.

Pendant la guerre d'Algérie, les deux amies vont rester soudées dans leurs interventions humanitaires.

Au début, chaque fois que Germaine Tillion veut informer le Général, c'est Geneviève qui lui apporte le document. Avant son retour aux affaires en 1968, de Gaulle n'ignore rien de ce que savent Germaine et Geneviève de Gaulle sur la torture en Algérie, sur les condamnations à mort et sur le terrorisme des deux bords. Geneviève obtiendra que Germaine rencontre de Gaulle sans intermédiaire chaque fois qu'elle le jugera indispensable. Mais Geneviève recevra à chaque fois une copie de tous les documents. L'intimité des deux amies ne cesse de s'affirmer, de s'aviver, de s'élever.

Germaine Tillion rappelle enfin qu'elle m'avait demandé de recevoir son amie, devenue présidente d'ATD-Quart Monde après la disparition du père Joseph Wresinski, ancien aumônier du « camp des sans-logis » de Noisy-le-Grand. Toutes deux me font honneur, et je désire non recevoir mais me déplacer. Geneviève de Gaulle dit que c'est son métier de le faire et elle décide de venir. Elle me fait très vite comprendre que, quel que soit le respect que suscitent son nom et son action, il ne faut pas trop en faire avec elle.

Ce qui lui importe, c'est qu'on lui fournisse avec simplicité de véritables capacités d'agir. Elle les obtient aussitôt, bien sûr. Mais dès qu'on fait quelque chose, il semble que c'est bien le moins et en même temps que ce n'est rien à côté de ce qu'elle fait. A côté de l'idée qu'elle a de la misère du monde, de la détresse de ceux que l'on sépare parce qu'ils sont trop pauvres, de ces enfants que l'on prend à leurs parents pour en faire des orphelins assistés. « C'est cela qui m'obsède en ce moment », dit-elle.

A l'occasion d'une remise de décoration, j'ai revu Germaine Tillion et Geneviève de Gaulle ensemble. Je les ai embrassées toutes les deux. Les effusions ont été vite interrompues : Geneviève de Gaulle n'a pu rester jusqu'au bout de la cérémonie. Elle était déjà très malade. Elle s'était surtout déplacée pour entendre son amie, qui entrait dans sa quatre-vingt-treizième année. Geneviève de Gaulle avait quatre-vingts ans. Une société, une nation où l'on trouve des « Geneviève » et des « Germaine » ne peut pas mourir.

Antoine Riboud : pourquoi lui ?

Messe solennelle à l'église Saint-Germain-des-Prés pour Antoine Riboud. Nicole Notat commente le fait qu'on l'a invitée à être, dans l'ordre, la première à prononcer l'éloge d'un grand patron. De la part de la responsable d'une grande centrale syndicale, ce n'est pas banal, observe-t-elle. Et de conclure que l'homme auquel est destiné cet hommage devait être lui-même tout sauf banal. C'est le moins que l'on puisse dire. C'est le moins que je me sois dit le jour où j'ai rencontré celui qui n'était pour moi alors que le frère du grand photographe, mon ami Marc Riboud.

Non, Antoine n'était pas banal et cela malgré tout le soin qu'il prenait à paraître tel. Provincial affectant d'être à l'écoute des intellectuels. Paysan étonné d'être consulté par tous les hommes de pouvoir. Bourgeois lyonnais évoquant ses stupéfiantes réussites comme des hasards qu'une espiègle providence aurait rendus bénéfiques. Aussi intraitable devant les insuffisances de ses pairs qu'il était exigeant avec ses collaborateurs. Ignorant du racisme et si éloigné de

la démagogie qu'il n'exprimait jamais ni pitié ni fla-
gornerie à l'égard des étrangers et des subalternes. Et
tous ces rôles, Antoine Riboud les jouait à merveille
parce qu'ils n'étaient pas de composition.

J'évoquerai aussi ce morceau de bravoure que fut
l'expédition de Slava au pied du mur de Berlin. Le
célèbre violoncelliste se met à jouer près des ruines
du Mur pour célébrer l'événement. Certains Allemands croyant qu'il pratique la mendicité déposent
des marks d'Allemagne de l'Est à ses pieds. Riboud
dit qu'il ne faut rien laisser perdre, il ramasse la mon-
naie et murmure à Rostropovitch : « Nous ferons
moitié-moitié. »

Pendant plus de douze ans, nous avons été un certain nombre à nous rendre, à ce moment de l'année
où Antoine Riboud disparaît, non pas à Cannes pour
le festival du cinéma, mais à Evian pour un festival
de musique. Antoine Riboud y recevait musiciens,
mélomanes, amis industriels et hommes politiques
dans un grand hôtel à l'ancienne près duquel un
architecte avait transformé une grange en merveilleuse salle de concert. Les invitations étaient faites
pour trois jours. Il m'est arrivé de m'attarder une
semaine. Je nous revois tous les soirs, au second rang,
derrière Antoine et Michèle, qui étaient, eux, enca-
drés par le couple des Rostropovitch et les plus illustres de leurs invités. Après l'exécution de chaque
morceau, Antoine se tournait vers nous, comme s'il
l'avait joué lui-même. Et si c'était « Rostro » qui
jouait, alors il arrivait que des larmes lui vinssent. Le
grand violoncelliste russe paraît ne pas s'en souvenir.
Lorsque Antoine n'était pas sûr de ce qu'il convenait

de penser d'un morceau ou d'un interprète, alors je le voyais prendre par le bras le luthier érudit et porte-bonheur de ce festival. Si bien que j'ai associé l'attentive tendresse de ce grand capitaine d'industrie à d'intenses émotions musicales dont le souvenir accompagne et avive aujourd'hui le cuisant regret de sa disparition.

Il a singulièrement fait partie de ces visiteurs de la nuit que j'ai évoqués dans ma préface. Mais il est aussi de ceux qui, comme François Mitterrand, m'a fait m'interroger sur des sentiments que n'importe qui peut ressentir à l'égard des êtres qui lui vouent une admiration si attentive. Pour Antoine, la réponse est simple. J'aimais cet homme.

Françoise Giroud : la vie, c'est la guerre

La disparition de Françoise Giroud a emporté, c'est l'évidence, une part immense de nous-mêmes. Mais pourquoi, au-delà de la douleur, a-t-elle suscité une inquiétude étrange ? D'où vient que le départ de cette femme nous fasse ressentir un frisson annonciateur de ténèbres prochaines ? Trois mois avant sa mort, chez elle, où l'on fêtait sa convalescence et son anniversaire, elle disait ou plutôt elle murmurait, le regard clair mais la voix éteinte : « Nous sommes en guerre et personne n'a l'air de s'en rendre compte. » Elle disait que nous étions *déjà* en guerre non seulement du fait des menaces qui pesaient sur la paix mais à cause de ce tenace parfum d'avant-guerre qu'elle estimait pouvoir humer mieux que les autres.

Nous ne l'écoutions pas. Pas vraiment. Il nous semblait que le registre de Cassandre n'avait jamais été le sien et que sa fragilité nouvelle l'inclinait à redouter l'apocalypse. Sur les dons qu'on lui prêtait ou qu'on lui refusait, on s'est trompé, on va le voir. Mais enfin, voici que ce grand témoin du siècle dernier nous quitte en paraissant terminer un cycle, boucler une ère, en finir avec un « monde d'hier », comme si nous avions vécu depuis quelques années la chronique d'une rupture annoncée.

Elle « disparaît », mot singulier. Ne plus paraître avant de ne plus être. Or cette femme avait la passion de paraître, non pour la montre mais pour l'allure. Jusqu'à la dernière seconde, étrangement droite, férocement souriante, tout en défis et en affrontements, Françoise n'a jamais été prise en flagrant délit d'insuffisance, de déclin, ni même de détachement. Dans ces conditions, être, c'est paraître intacte jusqu'au bout. Mort rêvée, mort souhaitée, mort voulue, mort méritée. Immigrée, résistante, cinéaste, d'abord journaliste de la féminité avant d'être celle du féminisme, dévorée par la passion des mots et l'obsession de la libération de son sexe, elle cachait sans même le vouloir un secret simplement parce qu'elle était belle. On croit que la beauté est une force, elle savait qu'il n'en est rien. Elle était bien placée pour le savoir. J'ai mis longtemps à découvrir cette autre chose : que la beauté pouvait être réductrice pour une âme altière et que chez Françoise le combat était une composante de sa personnalité – peut-être une dominante.

Oui, le combat, et Dieu sait qu'elle a utilisé ce mot. Elle a été élevée dans l'idée que rien n'est jamais facile, que rien n'est jamais donné, que tout est à conquérir et à protéger, qu'il faut rester sur ses gardes et au besoin, pour n'être pas prise au dépourvu, dégainer la première. C'est le sourire qui prétendait cacher tout cela. Mais ce sourire lui-même était le drapeau de la lutte.

On ne comprend rien à Françoise Giroud, c'est ma conviction, si l'on oublie que le milieu, la famille, le sexe, les origines étaient considérés par elle comme autant de handicaps, d'obstacles et même de prisons. C'est le fil d'Ariane. La petite Françoise a pris conscience qu'il fallait réussir pour survivre, être la première pour être acceptée, entrer par le mérite dans le milieu où l'on n'est d'ordinaire accepté que par l'héritage et où les héritiers sont bien décidés à empêcher les méritants de s'élever. D'où son obsession de connaître ce que l'on appelle, et qu'elle-même a appelé, « le Tout-Paris ». Dans cette suite de chroniques mondaines et souvent jugées incertaines, la question était là, qu'il fallait trouver : comment les autres ont-ils fait ? Comment s'y sont-ils pris ? Comment se sont-ils débrouillés ? Comment se sont-ils évadés de leur prison ? La curiosité fervente pour Marie Curie, pour Alma Mahler et pour Lou Andreas-Salomé lui a fait découvrir des exemples de sorties par le haut.

Elle, venue de ses régions ottomanes, a dû chuchoter « Paris, Paris » comme Elia Kazan a hurlé « America, America ! ». Son parcours forcené de Parisienne a d'abord façonné son identité française. Cette conception du combat a construit bien des personnages des grands romans américains. Sauf que la façon dont elle le vivait était dissimulée par une convivialité planifiée et méfiante. Il y a ceux, comme Giscard selon Aron, qui ne savent pas que l'Histoire est tragique, et ceux qui, comme Malraux, n'en retiennent que l'aspect épique. Françoise était plutôt de celles à qui l'Histoire impose d'abord, à titre individuel, personnel et singulier, un héroïsme de tous les instants.

Il y a sans doute eu le grand moment qui seul aurait pu faire oublier l'épuisement du combat, le moment de la passion, en vérité sublime, pour Jean-Jacques Servan-Schreiber. Il ne faut jamais dissocier le nom de l'un et de l'autre. C'est lui qui l'a fait devenir ce qu'elle était. Mais même cette passion ne fut pas un vrai répit tant c'était le combat qui scellait la communion entre les deux lutteurs. L'échec de cette passion a donné à l'amour son habituel destin tragique. Paris se réjouit de tous les mots assassins que Françoise Giroud a glissés dans ses chroniques de bretteuse. Soit. Mais le mot le plus bouleversant que Françoise Giroud ait jamais écrit, c'est, à mes yeux, le commentaire qu'elle a fait de sa tentative manquée de suicide après la rupture avec Jean-Jacques Servan-Schreiber. Elle a observé qu'il aurait fallu beaucoup d'amour pour la comprendre et accepter de la laisser mourir. Le jour où j'ai lu cette phrase, toutes mes réserves sont tombées.

Je lui ai fait cet aveu à peu près dans les mêmes termes, ce fameux jour de 1982 où, après avoir été à *L'Express* ma directrice, elle a accepté de devenir au *Nouvel Observateur* notre collaboratrice. C'est d'ailleurs une histoire bien édifiante. J'avais choisi pour tenir la rubrique de télévision un des personnages les plus hauts en couleur de l'époque, mon ami Maurice Clavel. Il tonitruait, éructait, interpellait, discutait d'égal à égal avec Dieu, les saints, les héros, les hommes d'Etat. Chaque chronique était un événement et personne n'avait besoin de regarder la télévision pour tomber sous le charme. Clavel est mort, foudroyé, en avril 1979. Par qui le remplacer? Pouvait-on y songer ? Plusieurs collaborateurs, dont Bernard Chapuis, ont assuré des chroniques intermittentes. C'est Walter Lewino, en octobre 1982, qui m'a conseillé de penser à Françoise Giroud. Quelle idée ! Pour moi, Françoise demeurait elle-même, mais Paris parlait déjà d'elle au passé. On a bien lu : il y a vingt ans, Paris avait enterré la plus grande dame du journalisme. Moi, j'avais des souvenirs et donc j'avais confiance. Parier sur elle n'avait à mes yeux aucune espèce de mérite, je redoutais même qu'elle n'acceptât point. Je la revois lorsqu'elle consentit à succéder à Clavel. Elle brandissait son sourire amusé, reconnaissant et défensif. Un piège derrière cette gageure ? Elle m'a dit : « Je voudrais n'être jugée qu'au bout de cinq semaines. Si je ʼn'ai pas trouvé mon ton après cinq articles, on s'arrêtera. » Son premier article ne fut pas une réussite. Mendès France venait de mourir, Mitterrand prononçait son éloge place de l'Assemblée nationale, Giroud bridait son émotion, freinait ses mots. Et pourtant je savais que le pari était gagné et que le fameux style fait de phrases courtes, d'adjectifs incisifs, de paragraphes brefs et de mots d'auteur était là. Jamais ensuite, je crois pouvoir le dire, pendant vingt ans elle n'a manqué de présence, de pertinence, de brio et de professionnalisme chaque semaine. Elle a été heureuse parmi nous, elle a tenu à l'écrire plusieurs fois avec des mots d'une générosité dont elle n'a jamais été trop prodigue. C'est *L'Express* des débuts qu'elle retrouvait auprès de nous.

Bien sûr, cela me rappelait des souvenirs. Lorsque j'ai rejoint, à la fin de 1953, Jean-Jacques Servan-

Schreiber et Françoise Giroud à *L'Express*, je faisais partie de ces « intellos » qui n'étaient pas supposés avoir un respect particulier pour Françoise Giroud. Elle régnait sur une partie du journal qui ne me concernait pas. Elle avait écrit son livre sur *Le Tout-Paris*. Son talent nous en imposait, mais ses intérêts nous paraissaient différents des nôtres. Et puis, auprès de nous comme auprès de toute la société, ses victoires se sont accumulées. Des victoires sur nos préjugés.

Un jour, j'ai entendu Mendès France dire que non seulement sa femme était une fervente de « Madame Express » mais que lui-même se divertissait à lire des pages si intelligentes. J'ai lu et j'ai commencé à comprendre que le léger pouvait être distingué du frivole et le divertissement de la vanité. Un autre jour, c'est Camus qui me confiait que d'avoir vu Françoise Giroud au marbre découper, modifier, transformer, rewriter et retirer un article avait été pour lui un régal artisanal sans pareil. « Une des plus grandes pros que j'aie connues », m'a dit Camus, qui n'avait jamais eu de respect sur ce plan que pour Pascal Pia. Enfin est arrivé le jour où Jean-Jacques Servan-Schreiber a été mobilisé en Algérie. Nous avions toutes les raisons de croire au complot. Bourgès-Maunoury était ministre de la Défense et il haïssait les ennemis de la patrie que nous étions, surtout, d'ailleurs, Jean-Jacques et moi à *L'Express*.

Françoise a été déchaînée. Elle a menacé de ses foudres le ministre si jamais il arrivait quelque chose à son lieutenant. Mais la révélation de Françoise a eu lieu pendant l'absence de Jean-Jacques. Elle vivait pratiquement au journal entourée des professeurs qu'elle se choisissait : Gabriel Ardant, Alfred Sauvy et surtout Simon Nora pour l'économie, Pierre Viansson-Ponté pour la politique, François Erval pour la littérature, et moi pour les affaires de décolonisation. Je n'ai jamais vu personne s'initier avec autant d'humilité et d'assiduité ni assimiler avec autant de voracité. Elle changeait d'image, une fois encore. Et quand récemment, par exemple, elle s'est mise à étudier tous les problèmes du numérique à la télévision, personne n'était meilleur pédagogue qu'elle.

Je crois que tous ses combats, même accompagnés de victoires, ont procuré à Françoise au moins autant de souffrances que de satisfactions. Je ne sais pas si cette pugnacité de chevalier peut rendre une femme heureuse. Je ne sais d'ailleurs pas si le bonheur était pour elle une question intéressante. Mais pour finir par où j'ai commencé, et relatant certaines de nos conversations, je voudrais dire que, comme bien d'autres, elle a regretté, dans le maudit xxe siècle, une certitude confortablement manichéenne que l'on croyait avoir obtenue sur les vertus du progrès et sur les bienfaits de la morale. Cela ne l'a jamais empêchée d'être présente sur un front quelconque, mais peut-être à certains moments le cœur lui a-t-il manqué.

Cette femme libre et lucide se souciait davantage, selon le mot de Mauriac, de dire ce qu'elle pensait que d'éviter de se contredire. Par exemple elle convenait, à la fin de sa vie, que les femmes devaient accéder à tous les plus hauts postes de responsabilité mais qu'il ne fallait pas espérer d'elles qu'elles les exerceraient mieux que les hommes. Ce n'est pas la femme qui transformera le pouvoir, c'est le pouvoir qui transforme tout le monde.

Mohammed Dib et Jean Pélégri :
au-delà des racines : la langue

Mohammed Dib était un véritable, un grand écrivain français. Cet Algérien avait en commun avec Camus, son ami et protecteur, le fait d'être orphelin de père, d'avoir été initié à la littérature par un instituteur et d'avoir adhéré peu de temps au parti communiste. Il est l'auteur d'une œuvre saluée par les plus grands (de Malraux à Aragon) et qu'il faut redécouvrir. A vrai dire, les oraisons funèbres, les « nécros » comme on dit dans ce métier, ne devraient servir qu'à cela quand il s'agit d'écrivains ou d'artistes. Sinon ils meurent deux fois : c'est l'œuvre qu'on enterre en même temps que l'auteur. Il faut qu'un hommage soit une incitation. Dib a été le romancier d'une grande trilogie dont le premier tome m'a beaucoup influencé, *La Grande Maison*. Il a publié des récits, des poèmes, des réflexions. Je me souviens qu'avec Louis Guilloux, Jean Cayrol et Emmanuel Roblès nous disions qu'il était « simple, sobre, secret et sec ». Quatre s. Sa discrétion et sa réserve donnaient à ses jugements un surcroît d'authenticité.

Visage asiatique, teint de Berbère, voussure allurée, regard amusé et tendre, il disait éprouver une jouissance particulière à lutter contre la résistance opposée par le français, cette langue « extérieure » mais non étrangère et toujours exigeante. « Je me suis trouvé grâce à une langue d'emprunt dans un exil librement choisi. » Cette phrase n'est pas de Milan Kundera mais de Mohammed Dib. Amateur passionné de romans policiers, il disait que tout l'art littéraire pouvait y être résumé. L'un de ses meilleurs amis, Jean Pélégri, a su prédire qu'il serait l'un des plus grands de cette génération avec Kateb Yacine, Mouloud Feraoun, Rachid Boudjedra, Rachid Mimouni. Note qui n'est pas indifférente pour ces cinq écrivains : l'islam était une affaire privée dont il convenait de n'encombrer personne. C'était la poésie de leur enfance.

De même que j'avais choisi d'écrire, au moment de la mort de Mohammed Dib, qu'un grand écrivain français s'éteignait, de même aujourd'hui j'affirme qu'avec la disparition de Jean Pélégri, c'est un grand écrivain algérien qui nous quitte. Je sais par l'un et par l'autre qu'ils souhaitaient qu'on les considérât ainsi.

On ne sait pas, on n'a jamais bien su d'ailleurs, on saura un jour, quel écrivain de haute race était Jean Pélégri. On sait encore moins qu'il n'est pas de romancier qui ait donné des preuves plus charnelles de ses liens avec sa « mère l'Algérie ». Aucun écrivain français d'Algérie, pied-noir comme on dit aujourd'hui sottement, n'a accepté comme il l'a fait l'Algérie tout entière et telle qu'elle était depuis toujours. Peut-être, à la rigueur, le poète Jean Sénac. Mais ni Gabriel Audisio, ni Emmanuel Roblès, ni Jules Roy, ni Albert Camus ne se sont sentis, comme Jean Pélégri, aussi naturellement que lui, fils de toutes les Algérie, arabe, berbère, espagnole et française.

Depuis *Les Oliviers de la justice* jusqu'au *Maboul*, c'est un véritable *cante jondo* de l'Algérie paysanne qui est chanté par lui dans sa complexité baroque. *Le Maboul* est, avec *Nedjma* de Kateb Yacine, le seul roman faulknérien de notre littérature. Un peu comme *Le Sang noir*, de Louis Guilloux, en est le seul roman russe. Il y a un rapport secret, disait Pélégri, entre le Sud profond et les steppes.

Jean Pélégri fut longtemps mon ami, après que nous eûmes partagé en classe de première, au lycée d'Alger, un petit bureau et un prix de français. Né dans le même village que Jules Roy, il était l'ami de tous les écrivains arabes, kabyles ou autres. Mais il déclarait volontiers qu'Emmanuel Roblès était un conteur qu'il fallait mettre au-dessus de tous. Même de Jules Roy, même de Camus, même de Kateb. L'égal de Dib, en somme. Ce merveilleux professeur de lycée était un paysan, fin et pesant, silencieux et lumineux. Il avait une « gueule » : au cinéma, Alexandre Arcady et Alain Cavalier l'ont exploitée avec bonheur dans des rôles de silence et de secret. Je partageais avec lui, au lycée d'Alger, un bureau en classe de première. Nous étions premiers en français, soit ensemble, soit l'un après l'autre. Un jour, Pélégri s'est levé pour répondre à une convocation du proviseur. Il avait laissé ouvert sur sa table cette sorte de carnet personnel que les scouts catholiques devaient tenir et où se mêlaient des photos, des poèmes, des images saintes. Je l'ai regardé et je suis tombé sur les premiers vers d'un poème dont je ne connaissais pas l'auteur :

> *Il est midi. Je vois l'église ouverte. Il faut entrer.*
> *Mère de Jésus-Christ, je ne viens pas prier.*
> *Je n'ai rien à offrir et rien à demander.*
> *Je viens seulement, Mère, pour vous regarder.*
> *Vous regarder, pleurer de bonheur, savoir cela*
> *Que je suis votre fils et que vous êtes là*
> *Rien que pour un moment pendant que tout s'arrête.*
> *Midi !*
> *Être avec vous, Marie, en ce lieu où vous êtes.*
> *Ne rien dire, regarder votre visage,*
> *Laisser le cœur chanter dans son propre langage.*
> *Ne rien dire, mais seulement chanter parce qu'on a le cœur*
> *trop plein*[1] *[...].*

A côté de ces vers, j'ai vu la reproduction du portrait d'Anne, la mère de Marie, dans le tableau de Léonard de Vinci. Il se trouve que ce portrait ressemblait incroyablement à celui de ma grand-mère et aussitôt j'ai pensé que ces vers lui étaient adressés. Après tout, Anne était une grand-mère juive.

Un jour, Pélégri si fraternel et s'abandonnant à évoquer notre passé m'a confié, comme si cela était naturel, que de m'avoir connu quand nous étions jeunes l'avait empêché d'être antisémite. Il a fait cette réflexion d'une manière douce et désenchantée mais il ne semblait pas se douter combien cet

---

1. Paul Claudel, « La Vierge à midi », *Poèmes de guerre* (1914-1915).

hommage pouvait me blesser et se retourner contre lui. Il voulait simplement dire qu'il aurait pu subir l'influence des préjugés piteux et honteux de son univers familial. Mais faire de moi une exception, c'était juger tous les autres juifs. Il a été effaré par mon interprétation. Il s'en est suivi une longue correspondance parfois conflictuelle. Nous tenions à notre amitié davantage qu'aux raisons qui auraient pu la troubler.

Maxime Rodinson : entre Marx et Mahomet

Marie Susini m'avait raconté que la première année où elle avait été conservateur à la Bibliothèque nationale, le nouveau directeur général revenu au poste qu'il occupait avant l'Occupation, Julien Caïn, recherchait un spécialiste du monde sud-arabique et de la quinzaine de langues et dialectes qui s'y rattachaient. Le hasard a voulu qu'au service dit du Catalogue se trouvât un chercheur plus ou moins officieux qui se révélait très précieux à la documentation. Il avait, selon Marie, la particularité d'être laid, mal habillé, peu soigneux de sa personne et de s'exprimer en mâchouillant ses mots. Seulement voilà, disaient les grands maîtres à cette époque exclusivement sortis de l'Ecole des Chartes, cet homme était véritablement décourageant par sa science. Bref, c'est ce même homme qui allait devenir, avec Charles-André Julien et Jacques Berque, l'un des plus grands orientalistes français et l'un des maîtres à penser de plusieurs générations d'arabisants francophones. Philosophe, historien, anthropologue et philologue, ce fils d'immigrés juifs et ouvriers parlait en effet couramment, outre les langues européennes, l'arabe, l'hébreu, le turc et l'éthiopien ancien (le guèze).

Il fut communiste comme ses parents, morts en camp de concentration. Et il a décidé qu'ils étaient morts en communistes et non en juifs. Son marxisme devait le rendre indépendant de toutes les dévotions courantes chez les savants de sa discipline. Il a écrit le plus librement une vie de Mahomet, livre de référence longtemps interdit dans le monde arabe. Il a écrit sans complaisance mais avec empathie une thèse décapante intitulée « Fascination de l'islam ». Il a été l'un des premiers savants juifs à prendre ses distances à l'égard du sionisme mais en prenant soin d'expliquer pourquoi Israël était aux prises avec « le refus arabe ». Il a constamment troublé, dérangé et déconcerté par son érudition et son indépendance. Il n'a jamais voulu attribuer un caractère d'exception au destin juif. « Ils ont été persécutés, comme beaucoup d'autres, pour des raisons qui n'ont rien de métaphysique mais qui se rattachent aux tristes ressorts sociaux de l'histoire humaine. » Comme Bernard Lewis, pour la science duquel il avait un grand respect, Maxime Rodinson a refusé de sous-estimer l'éventualité d'une reprise du « choc des civilisations » qui a notamment opposé pendant des siècles la chrétienté et l'islam.

Il s'était depuis longtemps préparé à défendre une thèse de ce genre devant les convulsions de l'islam radical. Et il n'a jamais hésité à souligner l'importance de la religion dans les mouvements que les hommes politiques présentaient comme « nationalistes ».

Les Arabes qui habitaient l'Egypte se sont révoltés contre l'intrusion des infidèles amenés par Bonaparte. « En vérité, soulignait-il, c'était une indignation de musulmans bien plus que d'Arabes. » C'était aussi ce qui s'était passé, selon lui, dans la partie du Maghreb occupée par les Turcs qui ne s'était pas opposée aux Turcs musulmans comme elle devait s'opposer aux chrétiens français.

Maxime Rodinson a vieilli dans la compagnie de ses amis de l'Union rationaliste, de Jean-Pierre Vernant à Pierre Vidal-Naquet et à Mohamed Harbi. Lors de la première guerre du Golfe, il a signé un communiqué contre Saddam Hussein qui réunissait les noms de Germaine Tillion, Pierre Vidal-Naquet, Jean Lacouture et le mien. Il n'en a pas moins été furieusement hostile à la seconde et désastreuse guerre d'Irak pensée par les néo-conservateurs « ignares » de la Maison-Blanche, décidée par le fils de George Herbert Walker Bush – mal conseillé cette fois par le même Bernard Lewis –, approuvée par Henry Kissinger et applaudie par Elie Wiesel.

Les hommages universitaires à la mémoire de ce grand professeur ont été l'occasion de manifestations qui, contrairement aux cérémonies habituelles, réunissaient des élèves érudits et reconnaissants qui se souvenaient de tous les traits d'humour dont usait leur maître dans une trentaine de langues. C'est un univers particulier que celui des polyglottes qui paraissent avoir le monde dans leur tête. Mais celui des disciples, des amis et de l'entourage de Maxime Rodinson était caractérisé par l'allégresse des échanges, par les ruses que les langues se jouaient l'une à l'autre pour ne pas dire la même chose. On aurait rêvé qu'un Woody Allen pût assister à l'une de ces réunions ou pût mimer une conversation avec Rodinson. Parce qu'il y avait tout de même un refuge juif chez cet homme libre et libéré : c'était l'humour.

Maxime Rodinson habitait pas loin de moi, rue Vaneau, la rue de Gide, de Jean-Pierre Faye, de Julien Green. Il était l'écrivain public de tous les étrangers et notamment chrétiens d'Asie qui ne pouvaient s'exprimer en français. Il y a une petite chapelle qu'il a ressuscitée en s'inspirant de la chapelle de la Médaille Miraculeuse de la rue du Bac.

Czeslaw Miłosz : le vrai moment dans sa vie

Le XXᵉ siècle a attendu le XXIᵉ pour être décapité. Les princes s'en vont un par un et souvent en août, sans faire de bruit. En tout cas, le souci de la postérité n'appartenait plus depuis longtemps au caractère rugueux et sauvage d'un Czeslaw Miłosz, né en 1911 en Lituanie, et dont on ne sait s'il eut en 1980 le prix Nobel de littérature parce qu'il fut un grand poète, un grand Polonais ou l'un des visionnaires les plus efficacement inspirés dans la dénonciation du totalitarisme.

Je me souviens d'un jour très chaud dans un café des Halles où il s'est confié dans une sorte de mauvaise humeur cordiale : la France ! Commençons par elle ! Ce ne sont pas les Français qui lui auraient donné le prix Nobel pour ses seuls talents poétiques : « Je dois le prix Nobel aux Etats-Unis et à la poésie. La France a un problème avec la poésie, surtout avec celle des autres. Quand on pense qu'il a fallu attendre Baudelaire et Saint-John Perse pour juger asséchantes les règles classiques imposées après la

Pléiade ! Règles qui ont étouffé l'inspiration poétique pour des siècles et à vrai dire jusqu'à Blaise Cendrars et Apollinaire. Il faut rappeler que, déjà, les Etats-Unis avaient su accueillir, comme ils l'ont fait pour moi, celui qui devait devenir le plus grand poète russe aujourd'hui : Joseph Brodsky. Ils ont été plus sensibles à ce qu'il y a de plus européen en lui. »

Notre Miłosz, l'auteur de ce chef-d'œuvre, *La Pensée captive,* est resté longtemps amer sur la façon dont il avait été accueilli en France. Sur les conseils de son parent, le poète polonais devenu français Oscar Vladislas de Lubicz-Miłosz, il avait cru pouvoir faire une entrée dans le Paris d'après la Libération. C'est à cette époque qu'il décide, alors que personne ne l'inquiète, de rompre avec son métier de diplomate et son pays d'origine. A Paris, il y a beaucoup d'exilés des pays de l'Est, qui n'inspirent pas toujours confiance. « On ne peut rien faire avec les communistes, mais on ne peut rien faire sans eux », décrète Jean-Paul Sartre, pour qui les anticommunistes sont tous des chiens.

Le seul qui accueille vraiment Miłosz, c'est Albert Camus. Ils sont tous les deux en disgrâce auprès des autorités intellectuelles communisantes. Plus tard, entre *L'Homme révolté* et *La Pensée captive,* on découvrira bien des points de sensibilité commune. S'y ajoute vite une découverte qui éblouit Miłosz. C'est Camus qui a pris l'initiative et la responsabilité de publier toutes les œuvres posthumes de leur grande Simone Weil. Or déjà Miłosz a décidé de traduire l'auteur de *L'Enracinement* en polonais. Pour lui, la France est le pays qui a pu produire avec Simone Weil « un êtreévénement immense dans l'histoire du monde et des idées ».

Après le déjeuner dont il est question ici, Miłosz devient prolixe et tout excité à l'idée de parler de Simone Weil. Il m'apprend quelque chose qui, je crois, est encore ignoré. Il avait décidé de traduire un livre de Raymond Aron, qui lui aussi l'avait bien reçu à Paris. Mais, au milieu de son travail, il a décidé de s'arrêter en découvrant qu'il n'était décidément pas suffisamment d'accord avec le livre qu'il traduisait, et que son univers était décidément plus proche de celui de Simone Weil et de Camus que de celui d'Aron. Au moment de me quitter, ce poète au port impérial a, me semble-t-il, les yeux humides. Il vient d'apprendre que la première chose que Camus a faite à son retour du prix Nobel, c'était d'aller se recueillir sur la tombe de Simone Weil. Prodigieuse anecdote pour terminer. Ils sont à Paris et ils sont jeunes. Ils n'osent pas encore penser qu'ils ont du génie. Ils ne sont pas reconnus. Ils en souffrent. Ils renient le stalinisme. On le leur fera payer. Ils se rencontrent. Camus, Miłosz et Octavio Paz passent quelques soirées ensemble. Plus tard, bien plus tard, ils auront tous les trois le prix Nobel...

Personnellement, et entre bien d'autres choses, je dois à Miłosz d'avoir compris l'importance réelle de l'aveu dans la discipline totalitaire. On s'est demandé pourquoi, dans les procès de Moscou, de Budapest, de Prague et d'ailleurs, les procureurs mettaient tant d'acharnement à obtenir que les accusés se chargent de fautes qu'ils n'avaient pas commises. Pourquoi surtout leur fallait-il persuader leurs accusés et le monde entier qu'ils demeuraient tout de même quelque part coupables. C'est Miłosz qui le premier montre que, pour que ce mensonge devienne vérité, il était indispensable qu'il fût confirmé avec éclat par les victimes elles-mêmes. C'est l'aveu de l'accusé qui sacralise l'autorité du tyran. « Miłosz a plongé ses regards dans les éclairs de la tempête, il a vu la gorgone de notre temps » (Gombrowicz).

La stupéfiante liberté de Françoise Sagan

« J'ai toujours trouvé que la télévision était une chose détestable. Détestable d'ailleurs moins par la quasi complète inanité de ses programmes que par l'usage immodéré et fanatique qu'en font ses possesseurs. J'ai vu des gens intelligents béer devant des âneries, j'ai vu des gens bien élevés répondre la tête détournée à leurs invités, j'ai vu des télé-parties où des gourmets se passaient, en grognant, de vieux sandwichs, les yeux fixés sur cette tache blanche ; bref, j'ai vu bafouer devant ce petit autel en Plexiglas l'intelligence, l'éducation et les sens. Néanmoins, tous les mardis, mercredis, jeudis, à sept heures tapantes, revenant essoufflés d'un cauchemar de voitures, de rues embouteillées et de rendez-vous abrégés, nous sommes au moins trois à attendre, frémissants, la joyeuse musique de M. Pierre Sabbagh. "L'Homme du XXe siècle" a obtenu de nous ce qu'aucun homme vivant sans doute ne pourrait obtenir : une ponctualité quotidienne. »

Qui écrit cela ? Françoise Sagan. Où ? Dans le premier numéro du *Nouvel Observateur*. Avant Maurice

Clavel et bien avant Françoise Giroud, elle inaugure chez nous une chronique de télévision. Sagan a vingt-huit ans. Elle est riche et célèbre depuis qu'elle en a dix-huit. Elle était avec nous à *L'Express* de JJSS et de Françoise. Elle nous rejoint tout naturellement. Bernard Frank et Florence Malraux l'y conduisent.

Oserai-je le rappeler, cela n'enchante pas tout le monde. Il y a dans son univers trop d'argent, trop de mondanités, trop de frivolité cynique. La gauche était alors volontiers puritaine. Nous, je veux dire les responsables, savions ce qu'elle allait écrire deux ans plus tard, et toujours dans nos colonnes : « Si vous parlez de la femme qui claque des centaines de millions, qui écrase les vieilles dames avec une Jaguar, qui éprouve un plaisir cynique à choquer et qui passe sa vie entière dans les boîtes de nuit, non, ce personnage n'existe pas. » Mais surtout elle incarnait à nos yeux le talent à l'état pur et la liberté à l'état premier.

Qu'est-ce qui se passe, en effet, pour qu'un auteur aussi catholique que François Mauriac s'émerveille dès les premières lignes de *Bonjour tristesse* en évoquant le « charme » du « petit monstre » ? C'est, bien sûr, l'éclatante évidence du style. Mais c'est surtout la liberté écrasante que cette évidence implique. C'est elle qui en impose le plus. C'est l'honnêteté d'un jeune être allègrement amoral, après qu'André Gide, que Sagan avait lu, s'était voulu héroïquement « immoraliste ». C'est la fraîcheur insolente de cet amoralisme tranquille qui suscite chez un Mauriac, mais aussi chez tant d'autres, une stupéfaction éblouie. On dira que Mauriac contenait dans son univers bien des monstres. Mais il prend toutes les précautions du monde avant de défaire ce qui sera son « nœud de vipères ». Sagan ignore ce que peut signifier le mot prudence. Elle le paiera cher à la fin de sa vie. Bien trop cher. Mais enfin, je ne vois que Colette en son temps et Houellebecq de nos jours pour susciter une telle surprise esthétique.

On aimait que Françoise ait lu *Les Nourritures terrestres* à huit ans, *L'Homme révolté* à quatorze, et qu'elle ait considéré *Les Palmiers sauvages* de Faulkner comme l'un des plus beaux romans du monde. On admirait qu'interrogée sur Coco Chanel elle fasse entendre une fausse note au milieu des concerts d'éloges en déclarant : « Cette dame, qui d'ailleurs me voulait du bien, était décidément trop antisémite pour mon goût. » J'ai été son compagnon, chez Bernard Pivot, la dernière fois qu'elle fut l'invitée de « Bouillon de culture ». Elle a bredouillé un peu moins qu'on ne s'y attendait. Elle a même été plus claire que Patrick Modiano. Et elle a été tout à fait audible en prononçant cette phrase admirable : « Il y a parfois, dans l'absence de frivolité, ou en tout cas de légèreté, comme une sorte d'impolitesse, ne trouvez-vous pas ? » Et aussitôt après, chacun a tout fait pour paraître frivole, léger et poli.

Jacques Derrida à New York

Un jour de Kippour (la fête juive du Grand Pardon), en octobre 1995, Annie Cohen-Solal nous a invités, Jacques Derrida et moi, à faire un exposé sur nos « aliénations respectives » à l'université de New York, où elle était professeur. Ce jour-là, il n'y avait pratiquement pas d'étudiants blancs dans l'amphithéâtre. Annie était, à son habitude, érudite et survoltée. J'étais heureux d'être au côté de Derrida dans cette ville où son prestige était déjà grand. Je ne l'avais pas souvent rencontré. Il était venu un jour chez moi et j'avais été conquis par son besoin de douceur et de simplicité.

Le cours a commencé et Derrida a souhaité que je parle le premier. J'ai osé dire, au risque de décevoir mes jeunes auditeurs, que je ne me sentais pas aliéné. Peut-être mes grands-parents avaient-ils eu ce sentiment jadis. Moi, je me trouvais plutôt à l'aise dans mon identité française. Annie a insisté en me posant des questions de sociologue lacanienne. Rien n'y a fait. Je ne pouvais pas jouer la comédie.

Mais Jacques Derrida, à son tour, s'est exprimé. Les choses avaient été pour lui moins simples. D'abord, il avait dix ans de moins que moi et il avait subi très jeune les lois antisémites de Vichy : on l'avait un jour refusé à l'école, c'est-à-dire là précisément où l'on apprend, en français, la littérature et l'histoire de France. Et Derrida s'est mis à parler de la langue d'une manière particulièrement émouvante si l'on songe qu'il devait confier plus tard son rêve de laisser une trace dans la langue française.

Il a dit que le français était sa langue maternelle et que, jusqu'à quinze ans, il n'en connaissait pas d'autre. Mais il a ajouté qu'en même temps, lorsqu'il s'évertuait à trouver le mot le plus adapté ou le plus rare, il lui semblait qu'il y avait en lui une langue enfouie et secrète qui se cachait derrière les seuls mots qu'il connaissait. Comme si, dans une vie antérieure, il avait pratiqué une langue intime et souveraine qui rendait compte de tout et qui avait disparu. Comme si, dans un certain sens, le français était parfois pour lui une musique étrangère qui lui rappelait une autre mélodie parlée qui l'aurait précédée. C'était seulement de ce côté-là qu'il acceptait de se déclarer aliéné.

Annie Cohen-Solal lui a proposé l'explication selon laquelle il fallait plusieurs générations pour s'approprier une langue. Il n'a pas été satisfait. Il voulait garder tout son mystère à cette chambre obscure où se concentraient des virtualités linguistiques qui avaient été injustement freinées dans leur mise en mots. Dans ce cas, lui dis-je, vous ne devez jamais avoir l'impression d'atteindre la traduction fidèle de vos idées ou de vos sentiments. Il répondit : « Jamais, en effet. Mais de la rechercher avec tant d'impatience enrichit ce que je veux dire parce que je ne peux pas le dire complètement. »

Le cours a pris fin. L'amphithéâtre s'est vidé. Nous avons poursuivi la conversation dans un restaurant. Jacques Derrida nous a dit : « Je n'ai jamais jeûné le jour de Kippour, mais ici, dans cette ville qui observe tant les rites, je ressens comme une gêne. » Je n'avais pas encore lu le livre magnifique d'Hélène Cixous sur les nouveaux rapports de Derrida avec le fait d'être né juif, *Portrait de Jacques Derrida en jeune saint juif*[1].

---

1. Galilée, 2001.

Germaine Tillion : elle a eu cent un ans

Quelqu'un de grand nous quitte et, si j'ose le dire, me quitte. Je n'étais pas des intimes de Germaine Tillion et pourtant, pendant quelque trente années, cette grande dame a répondu à la fidélité de mon admiration par une indulgence attentive, en vérité protectrice, et qui m'était une grâce.

Nous sommes sans doute nombreux pour qui cette grande dame n'était pas seulement admirable mais aussi *bénéfique*. Pas seulement une femme tranquille, lumineuse et obstinée, dont le parcours n'est constitué que d'étapes d'héroïsme secret et de lucidité prodigue. Car la vertu la plus contagieuse de Germaine Tillion était, selon le mot si juste de Geneviève de Gaulle, la *compassion*. Elle ne prêchait ni ne sermonnait. Elle ne se donnait ni en exemple ni en spectacle. Elle n'était même pas sûre qu'il faudrait, dans d'autres circonstances, faire ce qu'elle a fait ni ce qu'elle était en train de faire. Nul n'était plus éloigné de l'esprit de dénigrement, et nul n'était plus disposé qu'elle à écouter, à donner, à échanger, à partager – et à rire.

Comme elle disparaît à cent un ans et qu'elle a reçu tous les honneurs et toutes les distinctions, nous avons tous eu cent fois l'occasion de lui rendre hommage. On sait tout désormais sur elle. On a tout dit, du moins ce qu'elle permettait que l'on dît. Jeune ethnographe, elle devait souvent rappeler avec gratitude ce qu'elle devait à son maître Louis Massignon, qui l'avait initiée aux richesses du monde arabo-musulman. Mais c'est à Marcel Mauss, son autre maître, probablement l'un des plus prestigieux universitaires de la France de cette époque, qu'elle doit d'avoir été envoyée en mission dans les Aurès dès 1934, dans cette région magnifique, mystérieuse, passionnante, et alors ignorée. L'empreinte algérienne commence là. Cette immersion dans l'univers millénaire et immobile des sociétés berbères ne cessera jamais d'inspirer sa réflexion scientifique, mais aussi politique. Que la colonisation n'ait fait sortir ces tribus de l'équilibre relatif de l'archaïsme rural que pour les plonger dans la clochardisation urbaine, voilà un thème qui sera chez elle récurrent.

A quoi d'autre n'ai-je pas suffisamment prêté attention en dépit des si précieux essais de Jean Lacouture et de Nancy Wood ? On sait que, quand la capitulation de Pétain survient, elle entre en résistance dès le 17 juin 1940, un jour avant l'appel du général de Gaulle. Mais se rappelle-t-on que, sous l'Occupation, tous les Tillion ont donné leur propre passeport à une famille juive ? Et avec quelle fermeté d'ethnologue elle a décrit, après la guerre, et parmi les premières, les mécanismes concentrationnaires, notamment à Ravensbrück, où elle avait été déportée, retrouvant ainsi sa mère, Emilie, qui sera un peu plus tard gazée. L'historien Pierre Vidal-Naquet, qui n'a jamais cessé de suivre avec empathie le parcours de Germaine Tillion, quels que soient leurs désaccords, souligne avec éclat sa contribution à la connaissance du fonctionnement en quelque sorte mécanique des camps. Et je veux rappeler que, comme Geneviève de Gaulle, comme Simone Veil, comme Gilberte Steg, épouse du grand urologue, elle ne cessera de proclamer – contre les tenants de la « tradition antisémite de la France » – sa gratitude à l'égard de ceux des Français qui, sans être des combattants actifs, avaient pris tous les risques pour protéger les résistants.

Maintenant, bien sûr, je n'oublie pas l'Algérie. L'insurrection arrive en 1954 et François Mitterrand, alors ministre de l'Intérieur, lui confie une mission d'enquête, qu'elle sera conduite à mener auprès de Jacques Soustelle. C'est la reprise de la grande aventure : car c'est à partir des Aurès que l'insurrection a été déclenchée. Lorsqu'elle s'y était trouvée en tant qu'ethnologue, elle avait vu s'implanter discrètement l'islam réformateur des grands cheikhs, mais aucune trace, alors, d'une mentalité insurrectionnelle. En 1956, Germaine Tillion adapte ses idées, mais elles demeurent, sur le fond, les mêmes. Elle est familière des paysans et rencontre des élites qui, pense-t-elle, pourraient ne pas être amenées à se dresser contre la France si seulement on procédait à une véritable révolution économique. Elle est persuadée que cette révolution est possible.

Est-ce déjà trop tard? En tout cas, à ses yeux, c'est cela ou le chaos. L'ethnologue des Aurès se soucie moins alors de l'image de la France coloniale que du sort de tous les Algériens sans exception. Sort qu'elle a partagé sur le terrain et qu'elle accuse volontiers ses détracteurs de ne pas connaître. Or, elle le sait, les Français d'Algérie, qui sont souvent ses ennemis, n'accepteront jamais l'indépendance sans livrer une guerre civile. Trois ans après le déclenchement de l'insurrection, elle publie un livre sur *L'Algérie en 1957*. Camus, qui vient de proposer une « trêve pour les civils » avec la caution discrète du FLN, estime que c'est le seul livre fidèle à la situation algérienne et il va en préfacer la traduction américaine. Ce livre va être douloureusement mais sévèrement critiqué par Jean Amrouche et Pierre Nora. En fait, Germaine Tillion reste fidèle à une école de pensée qui a bel et bien existé – quoi qu'en disent ceux qui prétendent aujourd'hui reconstituer l'histoire : celle qui a conduit, lorsqu'ils étaient jeunes, Ferhat Abbas et ses amis, les écrivains Jean Amrouche et Mouloud Feraoun – bien avant Albert Camus et Jacques Derrida –, à soutenir qu'il valait mieux lutter pour l'égalité et la dignité avec le peuple français que se chercher artificiellement une patrie. Il fallait retenir ce que la France avait de meilleur, en l'occurrence sa capacité de procurer une égalité et une prospérité économique. C'est une position qui sera évidemment traitée de *néo-colonialiste*, ce qui serait parfaitement justifié si elle n'avait été aussi celle d'une partie des colonisés. Ils ignorent le grand élan décolonisateur qui a déjà émancipé les Tunisiens et les Marocains. Ils sous-estiment surtout les conséquences du déchaînement des violences. Il faut rappeler ici l'épisode de mai 1957, après que les résistants algériens ont décidé de recourir à la terreur la plus aveugle. On sait aujourd'hui qu'ils n'ont pas été tous d'accord pour le faire, mais enfin les deux principaux responsables de la terreur demandent à rencontrer Germaine Tillion. Elle accepte, sans savoir qui souhaite la voir ni pourquoi, et se laisse conduire à la Casbah. Elle y est reçue par Yacef Saadi et son adjoint Ali La Pointe. Saadi a lu le livre « néo-colonialiste » de Germaine Tillion, et il s'inquiète des raisons pour lesquelles son interlocutrice a écrit qu'après l'indépendance ce serait le chaos. Il sait tout sur elle et sur son passé de résistante. Il la respecte.

Dans la conversation, il sera bientôt surtout question du terrorisme. Germaine Tillion dit à ses hôtes qu'ils sont tout simplement des « assassins ». Le sang des civils innocents ne doit plus couler. Elle, Germaine Tillion, n'a jamais fait de différence entre les uns et les autres. Saadi évoque les bombardements et refuse calmement le terme d'« assassins ». Il ajoute qu'au cours du dernier attentat un de ses amis français a été tué, que sa fille a eu les jambes sectionnées et qu'il a pleuré. Il dit qu'il n'y aura plus d'attentats contre les civils si l'on suspend l'exécution des héros de la résistance qui ont été arrêtés et condamnés à mort.

Pendant cette scène incroyable, Germaine Tillion croit pouvoir remarquer la permanence d'un lien avec, disons, une certaine France. Plus tard, sur sa demande, de Gaulle graciera plusieurs condamnés à mort, dont Yacef Saadi, finalement arrêté. Les attentats contre les civils connaissent un répit. La guerre se poursuit, et Germaine Tillion croit pouvoir affirmer que la majorité des Algériens musulmans qui rejoignent les troupes françaises le font pour fuir les menaces de massacre venant du FLN. Elle découvre une nouvelle guerre civile qui déchire les insurgés entre eux. Mais ayant découvert dans le malheur la profondeur du nationalisme algérien, en luttant contre la torture qui la scandalise, contre les arrestations qui lui rappellent celles de la Gestapo, elle écrit à de Gaulle pour lui dire qu'il faut négocier avec les rebelles une autonomie politique de l'Algérie. Elle devient une médiatrice.

A partir de cette « mutation radicale », une question, en tout cas, ne se pose jamais pour elle : elle ne saurait être du côté des « poseurs de bombes » ni même des « porteurs de valises » d'où qu'ils viennent. Elle refuse de servir une autre cause que celle de l'arrêt des combats et de la négociation politique. Contre les avocats qui choisissent d'épouser l'idéal vindicatif de leurs clients, elle préfère tout faire pour sauver leur vie. Et elle fera tout pour cela. C'est d'ailleurs dans sa logique : Germaine Tillion n'a jamais vécu la guerre d'Algérie comme une simple, ancienne et définitive confrontation entre colonisateurs et colonisés, oppresseurs et opprimés, dominateurs et dominés. Elle a condamné une fois pour toutes et sans équivoque le colonialisme, mais sans exclure de la justice et de la compassion les héritiers de la colonisation.

Germaine Tillion ne pouvait souscrire à l'exigence de repentance formulée par le président de la République algérienne. La construction d'un avenir de

complémentarité s'accommode mal d'un ressasse-
ment du passé et de ses mutilations historiques. Justes
ou erronées, les positions de Germaine Tillion ne
sont récupérables par personne. Ni, bien entendu,
par les nostalgiques de l'Algérie française quand elle
affirme que ses militants ont été, au moins chronolo-
giquement, à l'origine des attentats terroristes. Ni
par ceux qui aujourd'hui, en Algérie, ne voient dans
les anciens amis et alliés de la France que des traîtres
et des collaborateurs. Comme elle l'a dit à de jeunes
visiteurs : « Vous êtes la preuve qu'on peut être
musulman et français. C'est ce que j'ai toujours
pensé... »

Jean-Marie Lustiger : *la fidélité juive d'un cardinal*

Les cérémonies religieuses qui ont célébré à Notre-Dame de Paris la mémoire du cardinal Jean-Marie Lustiger m'ont procuré l'occasion de revenir sur le rôle singulier qu'aura joué ce grand dignitaire de l'Eglise catholique française. J'ai persuadé tous les miens que l'on ne pouvait passer à côté de ce qui avait eu lieu à Notre-Dame. Il ne fallait pas que l'on pût dire un jour que nous avions ignoré les signes, les symboles, les ferveurs qui ont explosé dans cette cathédrale plus majestueuse, plus élégante, plus palpitante que jamais. C'est là, au cœur de la France et de la chrétienté au moins européenne, que l'on s'est rassemblé non seulement pour dire adieu à un grand prélat mais, en même temps, pour transformer son message en acte, car ce grand prélat était juif et jusqu'à la dernière minute il a voulu le rappeler. Je lis et relis l'inscription sur cette plaque que le cardinal a souhaité que l'on mît sur les murs de sa cathédrale : « Je suis né juif. Mes parents m'ont transmis le prénom d'Aaron. Je suis devenu chrétien par le baptême, et j'ai pris le prénom de Jean-Marie, mais je demeure juif comme les apôtres », etc.

Alors, je me souviens de cet homme à la coiffure de jeune premier, de son regard indulgent et protecteur, de ses épaules de chef et de sa poignée de main de scout. J'avais écrit : « Je refuse le judaïsme à cause de l'Election et le christianisme à cause de la Résurrection. » L'archevêque Jean-Marie Lustiger, qui n'était pas encore cardinal, m'a fait signe. Il avait des réponses aux deux refus. Irais-je le voir à l'archevêché ? Non. Il souhaitait venir me voir. Nous étions presque voisins puisque l'archevêché est situé rue Barbet-de-Jouy. Il est arrivé un jour où nous l'attentions, Hector de Galard et moi, rue Vaneau. Sa simplicité et son autorité nous en ont tout de suite imposé.

Ce juif dont la mère était morte à Auschwitz, je me demandais quel équilibre spirituel mais aussi social il avait trouvé. Je lui ai dit, évidemment avec beaucoup de déférence, que je ne comprenais pas comment la conversion pouvait conduire à la conquête d'une position de pouvoir, à savoir l'épiscopat. La cohérence me paraissait plutôt du côté des mystiques comme Bergson, Simone Weil, Edith Stein. Il m'a répondu qu'il n'était pas un converti. Il n'avait jamais connu d'autre religion que le christianisme, qu'il avait adopté à l'âge de quatorze ans, et il m'a persuadé que son cheminement n'avait jamais rencontré d'obstacles intérieurs. Il n'avait rien à renier et surtout pas ses parents ni le judaïsme.

Il disait de sa mère morte en déportation a Auschwitz, qu'il y pensait pratiquement chaque jour : « C'était comme si les crucifix portaient l'étoile jaune. » Nous avons parlé d'Edith Stein, cette jeune philosophe juive de langue allemande, disciple d'Edmund Husserl, lui-même converti au protestantisme pendant les années 30, qui sera admise dans un Carmel en Allemagne, puis envoyée dans un couvent aux Pays-Bas d'où les nazis viendront la déloger pour l'envoyer à Auschwitz. Née en 1891 à Breslau, dernière de onze enfants, le jour de Kippour, elle était morte en 1942 à Auschwitz. « Fille d'Israël bénie par la Croix », elle sera béatifiée par Jean-Paul II à Cologne en 1987. En se convertissant, Edith Stein avait plongé ses parents et surtout sa mère dans l'affliction mais, jusqu'au dernier moment, elle devait prouver sa fidélité en participant à toutes les fêtes juives, toutes sans exception, allant parfois jusqu'à rappeler qu'on ne devait pas négliger les fêtes dites mineures. Elle était sortie du Carmel pour rejoindre, dans son milieu familial, la fidélité à la judéité. Et elle a eu le sentiment, lorsque les nazis l'ont arrêtée à l'intérieur du couvent, qu'elle allait mourir pour expier la faute du peuple juif de n'avoir pas reconnu Jésus. Elle contribuait ainsi, selon elle, à sa repentance et à son absolution. C'est là que les deux destins de la carmélite et du cardinal-archevêque se séparent. Jamais Jean-Marie Lustiger ne s'est dit que les juifs avaient quoi que ce fût à se faire pardonner. C'était tout le contraire. Là où Edith Stein pensait au péché du peuple juif, lui pensait aux péchés de l'Eglise catholique pendant l'Occupation nazie et bien avant.

Loin donc de déceler et encore moins de dénoncer une faute quelconque, fût-elle théologique, dans le comportement du peuple juif au premier siècle de notre ère, Jean-Marie Lustiger voyait dans la pérennité de son existence comme dans celle de sa souffrance une preuve éclatante, et pour lui transcendante, de sa *nécessité* – c'est-à-dire du fait qu'il est nécessaire au monde, et en particulier aux chrétiens. J'eus l'occasion de faire observer à Jean-Marie Lustiger que c'était cher payé Il me répondit que c'était de la part des juifs une identification au Calvaire. Spinoza affirme tranquillement qu'il n'y a pas de mystère et que le secret de la pérennité du peuple juif peut très bien être expliqué par son désir effréné de singularité, de particularisme, d'autonomie et de séparation. Lustiger, lui, répondait, comme Paul Claudel, que le destin juif est inscrit dans la Révélation. J'étais plutôt spinoziste, mais la force placide de Lustiger me troublait.

La continuité entre le judaïsme et le christianisme l'habitait. Rien n'était possible ni pensable, selon lui, si l'on n'admettait pas les sources juives du christianisme. Il refusait de toutes ses forces la doctrine de certains Pères de l'Eglise qui voulait que le christianisme fût né de rien d'autre que de lui-même, c'est-à-dire la doctrine d'un Jésus déjudaïsé. C'est ce que devait me dire un jour le pape lorsqu'il m'a accordé audience. J'ai demandé à Jean-Paul II s'il donnait raison à l'archevêque de Paris d'insister à ce point sur le rôle du judaïsme. Le pape m'a répondu : « C'est tout de même avec cela que tout a commencé. » Remarque prodigieuse qui a été très commentée au Vatican et dans l'épiscopat français. Que le pape eût prononcé cette phrase et qu'elle le concernât était le plus beau cadeau que nous pouvions faire à Jean-Marie Lustiger.

Et c'est cette conception de la continuité judéo-chrétienne qui avait prévalu lors de la cérémonie de Notre-Dame. Ce qui m'a le plus frappé, c'est qu'il y régnait une sorte de gravité heureuse bien plus qu'une douleur éplorée. Personne n'a songé, même indirectement, pour le principe, à évoquer le fait que Dieu, après avoir abandonné son fils sur la Croix, ne s'est pas davantage soucié d'abréger les souffrances de ceux qu'il rappelle à Lui. Nous n'étions pas dans le *Miserere* mais dans les actions de grâce. Et lorsque, respectant les dispositions testamentaires de Lustiger, les petits-cousins ont lu en hébreu, sur le parvis de Notre-Dame, la prière du Kaddish, celle que l'on fait dans la tradition juive pendant les obsèques, alors, grâce à la traduction, on a vu qu'il s'agissait d'une louange sans cesse répétée adressée au Seigneur Tout-Puissant. Aucun des accents de Job, le prophète révolté avant d'être soumis, n'a été entendu.

Les deux mille Parisiens qui n'avaient pas pu prendre place dans l'église et se trouvaient devant le parvis, la centaine de cardinaux, d'évêques venus de France et d'ailleurs, comme la colonie juive repré-sentée par un Crif qui fait sa mue, ont assisté à un départ qui laisse des traces. C'était, en somme, la bonne nouvelle au sens chrétien de l'expression, la mort de celui-là était célébrée comme la naissance de l'Autre. Le lendemain, j'entendais sur France-Culture, dans l'émission de Frédéric Mitterrand, Simone Veil, grande amie du cardinal Lustiger, affir-mer que jamais les déportés ne se délivreraient de la mémoire, que les Justes qui ont sauvé des juifs ont été cent fois plus nombreux qu'on ne le prétend parce qu'ils ne voulaient pas se faire connaître. Alors, on se dit que la France ne s'est pas autant déshonorée que le prétendent avec complaisance les Américains, et que cette cérémonie, à laquelle ils n'ont prêté aucune attention dans leur presse, n'aurait pas pu avoir lieu ailleurs qu'en France.

Alexandre Soljenitsyne, le faiseur d'Histoire

Alexandre Issaïevitch Soljenitsyne fait partie des hommes qui font l'Histoire. Il est difficile d'en douter lorsque l'on voit les qualificatifs de la presse mondiale : « géant de l'Histoire », « icône », « conscience de l'éternelle Russie ». Ces hommes ne se contentent pas de subir l'Histoire comme une fatalité, ils en infléchissent le cours. Le miracle, dans le cas de notre grand homme, c'est qu'il puisse y parvenir seulement par ses écrits et par la façon dont il va les faire connaître.

C'est un seul texte, *Une journée d'Ivan Denissovitch* qui, en 1962, a contribué à faire exploser un système. Mais on ne souligne pas assez la dimension fabuleuse de cette histoire. Le texte de Soljenitsyne n'aurait pas pu paraître sans l'autorisation personnelle de Nikita Khrouchtchev, premier secrétaire du Comité central du parti communiste. Lequel Khrouchtchev avait écrit en 1956 un rapport qui devait garder son nom et qui constituait le procès le plus dévastateur du stalinisme jamais écrit par un membre de l'appareil du parti communiste soviétique.

Khrouchtchev retrouvait dans le livre de Soljenitsyne la recension concrète des effets du despotisme stalinien qu'il avait lui-même vigoureusement stigmatisé. Il est juste, ici, de dire que c'est le leader soviétique qui a tenté d'infléchir l'Histoire avant le romancier. Reste que Nikita Khrouchtchev, homme d'Etat incertain, avait depuis longtemps d'irréductibles ennemis qui ont obtenu son départ en 1964, l'interdiction du livre de Soljenitsyne et le bannissement de son auteur. Mais tandis que l'homme politique Nikita Khrouchtchev va se laisser expulser de l'Histoire, le romancier Alexandre Issaïevitch Soljenitsyne va réussir à mobiliser en secret cette âme de la nation alors soviétique : la dissidence.

En tout cas, l'œuvre de cet écrivain russe, officier dans l'armée soviétique, atteint d'un cancer après avoir été démobilisé, puis incarcéré dans l'un des camps du système concentrationnaire dont il va faire entrer le nom, le « Goulag », dans le vocabulaire universel, cette œuvre a constitué une puissante machine de guerre contre la forme bolchevique du totalitarisme. Et c'est une passionnante aventure.

L'apport de Soljenitsyne est évidemment très difficile à apprécier. Après tout, avant 1973, nous étions censés tout savoir déjà de ce que Soljenitsyne va pourtant nous « révéler ». Nous avions lu au moins *Vie et destin* de Vassili Grossman et *Milena* de Margarete Buber-Neumann. Le grand choc des rapprochements entre les totalitarismes nazi et soviétique, nous l'avions déjà subi, même si nous avons toujours eu du mal à l'accepter. Soljenitsyne ne nous apporte aucun matériau nouveau pour mieux démonter l'effrayant et massif mécanisme du système concentrationnaire. Et il nous en dit encore moins, c'est évident, sur l'ambiguïté désarmante des sentiments que suscite le dictateur du Kremlin, malgré la cruauté planifiée des valets du régime. Ce n'est certes pas lui qui m'a fait comprendre pourquoi mon ami, le professeur Youri Afanassiev, n'a pu s'empêcher de pleurer le jour de la mort de Staline. Mais ce n'est pas lui non plus qui a ajouté aux connaissances que nous avions déjà grâce à Gide, à Victor Serge, à Victor Kravtchenko et à tant d'autres.

Mais enfin, c'était une époque où l'hégémonie intellectuelle des partis communistes italien et français était quasiment souveraine, où l'anticommunisme était frappé de culpabilité et où le rappel du nombre effrayant de jeunes Soviétiques morts pour nous libérer du nazisme rendait obligatoire un certain respect à l'égard de l'Union soviétique. Qui avaient été les vrais libérateurs, sinon les 25 millions de sacrifiés et de martyrs ? D'autant qu'à ce moment-là la guerre des Etats-Unis contre le Vietnam plaçait les Soviétiques plutôt du côté des sauveurs que des bourreaux.

Pourquoi, alors, cette efficacité, jusque-là méconnue, du témoignage de ceux que l'on appelait les « dissidents » ? Pourquoi cet écho, soudain, du message de Soljenitsyne ? Deux raisons essentielles, selon moi, et que j'ai déjà rappelées. D'abord les ravages de ce « Rapport Khrouchtchev », qui finit par circuler dans son intégralité grâce aux communistes italiens alors que le *New York Times* en avait déjà publié des extraits explosifs dès le 16 mars 1956. Et la deuxième raison est tout simplement la publication du récit de Soljenitsyne *Une journée d'Ivan Denissovitch*. Il faut savoir que cette œuvre, souvent jugée mineure en France par d'éminents critiques littéraires (dont Max-Pol Fouchet), était ailleurs mise au même rang que celle de Dostoïevski et de Tchekhov.

Le lundi 18 février 1974, j'écrivais : « Alexandre Issaïevitch Soljenitsyne : depuis des semaines son destin ne cesse de me pénétrer, de m'envahir, de me fasciner. Aujourd'hui banni, il n'a jamais été plus grand. Au moment où M. Gromyko, ministre des Affaires étrangères de son pays, rend visite à la France, c'est vers Soljenitsyne que se fixent nos pensées : c'est à lui que nous tenons à souhaiter la bienvenue. »

Mais il faut le dire avec simplicité et avec foi : ceux qui approuvent la mesure dont Soljenitsyne a été « victime, ceux qui s'y résignent, tous ces hommes ne sont pas des nôtres. [...] Ils ne veulent pas ce que nous voulons et, finalement, s'ils nous traitent en ennemis, ils ont raison ».

Et ils nous ont effectivement bel et bien traités en ennemis. Ils ne tardèrent pas à en trouver l'occasion lors de la révolution des Œillets, à Lisbonne, lorsque nous avons pris résolument parti pour le socialiste Mário Soares contre le Mouvement des Forces armées mené par Otelo Saraiva de Carvalho et les communistes dirigés par Alvaro Cunhal. Bien plus, lorsque Gilles Martinet crut pouvoir déclarer en toute simplicité qu'un Etat socialiste tel que l'Union de la Gauche le préparait devrait évidemment pouvoir publier le livre – interdit à Moscou – de Soljenitsyne, alors les communistes annulèrent les rencontres prévues par l'état-major de l'Union de la Gauche et ils préparèrent la formule plus tard exhibée selon laquelle « toutes les formes d'antisoviétisme nuisaient gravement aux capacités unitaires de la gauche et donc à la constitution de son union ». Dans les communiqués du parti communiste, le nom de Soljenitsyne était rarement séparé de celui du *Nouvel Observateur*. Les noms de Maurice Clavel et d'André Glucksmann – qui venait de publier un livre dont j'avais souligné l'importance – étaient associés au mien. De Berlin, l'auteur de *L'Archipel du Goulag* nous envoya un salut par le truchement de son traducteur et de son éditeur. Mais il ne savait pas ce qui l'attendait à Paris.

En 1975, Bernard Pivot, pour son émission « Apostrophes », réunit autour de Soljenitsyne Jean d'Ormesson, Pierre Daix, Georges Nivat et moi-même. Deux semaines avant son arrivée à Paris, les communistes avaient fait circuler un cortège de calomnies plus graves que les précédentes. Il n'était plus seulement question d'accuser l'auteur de *L'Archipel du Goulag* d'escroquerie et d'usurpation, puisque Nikita Khrouchtchev avait déjà révélé dans son fameux rapport les terribles réalités du terrorisme carcéral. Mais on accusait Soljenitsyne d'affaiblir, de compromettre et de dénoncer, par anticommunisme, tous les mouvements tiers-mondistes qui demandaient la protection soviétique contre l'« impérialisme américain ».

Je suis arrivé à cette émission avec une sérénité relative. Sans doute mon illustre interlocuteur (qui avait ce jour-là encore plus de charisme que d'ordinaire) devait-il savoir que j'avais été pratiquement le seul éditorialiste français à lui souhaiter la bienvenue avec un enthousiasme quasi lyrique, mais l'idée de troubler l'instant en quelque sorte magique de cette rencontre avec un écrivain devenu une icône pouvait me frapper d'inhibition. En tout cas, passant outre, j'ai, par mon intervention, si modérée fût-elle et même si respectueuse, déclenché dès le lendemain des réactions indignées. J'avais osé demander à Soljenitsyne s'il y avait, selon lui, dans le monde, d'autres Goulags que ceux organisés par les communistes soviétiques et si la répression des pays colonisés comme le Vietnam n'était pas aussi barbare. C'était la période des bombardements les plus dévastateurs des Etats-Unis sur le Vietnam. Comment avais-je pu prétendre embarrasser le saint homme avec des questions perfides ! Ce fut l'une des émissions les plus populaires de Bernard Pivot. Soudain, tous ceux que nous avions eu envie de convaincre auparavant se découvraient partisans de Soljenitsyne.

Au *Nouvel Observateur*, François Furet et Maurice Clavel me demandèrent de les autoriser à publier d'amicales réserves. Raymond Aron, dans *Le Figaro*, sortit de son indifférence aristocratique pour m'administrer une leçon de comportement. Seul, je crois, Michel Foucault m'a adressé une lettre on ne peut plus chaleureuse (je la garde encore) pour me dire que mon intervention n'avait pas seulement été opportune mais qu'elle avait donné à Soljenitsyne une occasion de fournir des précisions que ses thuriféraires ne pensaient pas à lui arracher.

Soljenitsyne devait en effet rectifier bien des choses qui aboutiraient à rien de moins qu'à l'évolution d'une partie de l'électorat communisant français. On l'avait dit « panslave » : il s'est indigné de l'expansionnisme russe. On l'avait associé aux prêtres réactionnaires : voilà qu'il faisait le procès de l'Eglise. On avait cru pouvoir déduire de certains de ses jugements qu'il appelait l'Occident à une croisade en faveur du « monde libre ». Il affirma en martelant les mots : « La croisade est une abomination. On ne délivre pas en massacrant. Personne ne sauve personne. Il faut trouver son salut en soi seul. » Quant au colonialisme, c'était le crime des crimes, un péché que l'Occident chrétien et libéral n'aurait jamais fini d'expier.

A la fin de sa vie, et après s'être confiné dans une austère retraite pour achever de rédiger son œuvre, Soljenitsyne avait toujours gardé la nostalgie au fond de son cœur de l'idée qu'il se faisait de l'éternelle Russie. Il a découvert ce qu'il savait déjà, à savoir que ce n'est pas par la démocratie que l'on émancipe. Lorsque l'on émancipe n'importe quel pays, on l'émancipe de la servitude. Ce n'est pas en additionnant les caprices de chaque citoyen que l'on fait une grande nation et encore moins un empire. Devant le désordre, l'incivisme et le cynisme de la jeune société russe libérée, il préconise – ce que Poutine, en somme, apportera – un minimum d'autocratie et un pouvoir centralisé. Il ne faut pas abandonner la religion orthodoxe, qui est pour la Russie un ciment identitaire sinon unitaire.

Déçu par la nation américaine, qu'il avait crue émancipatrice, épouvanté de voir naître dans sa sainte

Russie toutes les dérives du matérialisme capitaliste, fasciné par l'histoire des peuples juif et chrétien dans la Russie éternelle, apaisé par ce qu'il pense être le succès de la pacification en Tchétchénie et douloureusement résigné à l'éloignement de l'Ukraine, cet homme exceptionnel nous quitte entouré du même mystère qui l'avait conduit à la gloire.

La merveilleuse histoire de Victor Cygielman

On me demande souvent de quelles personnalités juives je me sens le plus proche dès qu'il s'agit de lutter pour la paix entre Israéliens et Palestiniens. C'est très simple. Il s'agit, au moins depuis les débuts, d'une famille. On y trouve d'abord, bien sûr, Pierre Mendès France et Nahum Goldman, puis des femmes comme Gisèle Halimi et Simone Susskind et des hommes comme Maxime Rodinson, Pierre Vidal-Naquet, Théo Klein, Stéphane Hessel, Yehudi Menuhin, David Shulman, Charles Malamoud, Elie Barnavi, Alfred Grosser, Daniel Barenboïm, Amos Oz, avant que ne nous rejoignent tous les « nouveaux historiens », les grands écrivains et les jeunes cinéastes israéliens. Bien avant qu'Edgar Morin ne soit victime d'une absurde et humiliante condamnation pour anti-sémitisme. Mais un homme discret, actif, modeste-ment obsédé, humblement opiniâtre, aura sans le savoir compté plus que tous les autres, c'est Victor Cygielman, correspondant du *Nouvel Observateur* à Tel-Aviv, fondateur, avec Ziad Abu Zayad, de la plus ancienne revue israélo-palestinienne et judéo-arabe [1], qui a subi toutes les difficultés et accompagné toutes les guerres et qui n'en a jamais parlé sauf pour en dénoncer, presque en murmurant mais obsessionnellement, la malédiction.

Il y a des hommes dont le courage est fait de silences, d'effacements, preuves d'un total oubli de soi-même. Ils ne sont pas exaltés comme des mystiques ni sermonneurs comme des hommes de foi. Ils se contentent de témoigner de leur solidarité avec tout l'humour et toute la tendresse du monde. Mais ce que j'ignorais, et que m'a raconté un jour Victor, c'est une merveilleuse histoire.

En 1942, sa mère et lui sont cachés dans un couvent de frères maristes dans le sud de la Belgique occupée par les Allemands et la Gestapo. Le petit Victor tombe malade et le seul médecin du bourg voisin est perplexe. La fièvre ne cesse de monter et résiste aux médicaments habituels. On se livre à des diagnostics complexes. On redoute qu'il ne meure. Bientôt, on en est sûr. A son chevet, les frères demandent au médecin combien de temps il peut encore vivre. Deux ou trois jours, assène le medecin. Les frères s'inquiètent. S'ils l'enterrent au cimetière catholique, ils trahissent les parents de Victor. S'ils choisissent le cimetière juif, ils signalent aux autorités allemandes qu'il y avait un enfant caché dans le couvent, d'où possibilité de perquisitions et de découverte des autres juifs. Le petit malade entend tout. Il comprend tout. D'autant que sa mère, cachée dans un autre endroit, vient le voir et le bénit en couvrant

---

1. *Palestine-Israel Journal*, revue fondée en 1994.

sa tête de sa main. Victor appelle alors les frères. Il leur confie qu'il a été visité par la Vierge, qu'il répond à son appel et qu'il veut être baptisé! Douloureux soulagement des frères. On baptise Victor et on va pouvoir l'enterrer dans un cimetière catholique. Deux jours passent. La nuit d'après, au moment même où ceux qui le veillent croient que c'est la fin, la fièvre tombe d'un seul coup au milieu de transpirations sans fin. Miracle? La mère croit qu'il est dû à sa bénédiction. Les frères croient que la Vierge est donc bel et bien apparue à Victor. Le petit malade pense qu'il devait guérir...

Ce que Victor ne dit pas : pourquoi était-il si embarrassant d'enterrer un gosse dans un cimetière catholique? Est-ce que Victor s'est vraiment cru sur le point de mourir et a-t-il pensé dans un moment pareil à rendre plus facile la vie de ses protecteurs? Les frères ont-ils vraiment cru à la Visitation de la Vierge? Victor C. s'est-il laissé persuader par sa mère de l'efficacité de sa bénédiction par l'imposition des mains? J'aurais aimé faire une belle histoire, une grande histoire de ce récit.

Jean-Pierre Vernant : le dur désir de mourir jeune

Comment peut-on n'être pas helléniste ? Comment peut-on passer sa vie à côté de l'essentiel ? C'est ce que l'on est entraîné à se demander en lisant Jean-Pierre Vernant. Jacqueline de Romilly et Pierre Vidal-Naquet me séduisent chaque fois que je les lis. Mais Jean-Pierre Vernant m'entraîne et me convainc. C'est ce qui s'est passé avec le dernier tome de ses Mémoires [1]. A quatre-vingt-dix ans, Jean-Pierre Vernant se donne un mal inutile pour éviter l'autobiographie. Car cet universitaire, qu'un héroïsme véritable pendant la Résistance va tirer de ses études, n'a jamais cessé d'être présent dans la Cité. Comme René Char, lui aussi un géant de la Résistance, il a des choses à raconter et ne les lâche que par bribes.

Son père, comme lui agrégé de philosophie, s'engage dès les premières heures de la guerre de 1914 et se fait tuer quelques mois plus tard. Destin qui a pro-

---

1. T. 1 : *Entre mythe et politique*, Seuil, 1996. T. 2 : *La Traversée des frontières*, Seuil, 2004.

bablement inspiré la si tendre et si tenace admiration de Vernant pour Achille, le héros de la vie brève et intense dans *L'Iliade*. Géricault, Keats, Nerval, arrachés à leur génie, seront aimés des dieux plus tard. Mais seule la gloire abrège le destin d'Achille. Au point qu'en le décrivant, Jean-Pierre Vernant, surtout après la Résistance, aura mauvaise conscience de demeurer vivant tandis que tant de jeunes gens de son âge ont perdu la vie. Seuls les morts sont des héros. Comment parler de la guerre lorsque l'on n'a pas perdu l'essentiel ? Mais pendant cette période « terrible et dramatique » nourrie de « l'improbable alliance de l'insouciance et de la gravité profonde » qui est le lot de la jeunesse, Vernant a été cependant heureux. Pleinement. Pour les Grecs, la mort est un scandale. Il n'y a rien au-dessus de la vie sauf le risque que l'on prend de la perdre – surtout lorsqu'on est jeune.

Comment survivre alors ? Dans *L'Iliade*, Priam demande à son fils Hector de fuir les combats car « pour le jeune guerrier qui tombe sur le champ de bataille, tout est beau, tout est convenable. Mais la mort pour un vieillard comme moi, Priam, si toi tu succombes, sera horrible ». Ce texte parle. C'est le drame des survivants et dès lors que nous pouvons parler nous sommes tous des survivants. Témoigner, alors ? Par l'engagement ? Jean-Pierre Vernant a été communiste parce qu'il avait besoin que le scandale de l'injustice pût avoir une explication rationnelle. Parce que cela lui permettait de croire au progrès. Et puis il est retourné à l'étude de la Grèce en se disant qu'il ne comprendrait rien à ses héros s'il n'accordait pas d'importance à la religion et aux mythes.

Vernant s'est immergé une vie durant dans la Grèce, il s'est fait grec « au-dedans de lui ». Il dit qu'il n'aurait pas pu le faire sans la conquête d'une totale liberté d'esprit. Sans par exemple le message qui lui était parvenu, directement ou indirectement, du père qu'il n'a pas connu et qui dirigeait un journal anticlérical : à savoir que l'homme n'existe que par son lien à la Cité, c'est-à-dire aussi à la nation et même à la religion. Et avec la singulière idée, dans cet univers d'ombres et de nuits, que le monde offre des lumières qu'il a décidé tout de même et malgré tout de découvrir avec gratitude.

Nous sommes en 1950. Vernant a déjà trente-six ans et il sort, lui, de l'univers de la Résistance dont il connaît toutes les contraintes et tous les pièges. Il a joué tous les rôles jusqu'à devenir en somme un vrai chef de guerre au nom de l'idéal le plus noble. Mais enfin, toujours comme René Char, à un autre bout de la France, il a procédé à des attaques et il a fait tuer des hommes. Ce n'est rien à côté de toutes les horreurs, les abominations et les cauchemars du nazisme ou simplement du totalitarisme. Mais cela ne peut pas ne pas avoir marqué un jeune homme qui fut reçu – comme son frère – à l'agrégation de philosophie et qui a perdu son père pendant la première guerre, et qui avait l'ambition d'être un philosophe car sa thèse sur Platon et le travail, il le rappellera à plusieurs reprises, n'est celle ni d'un helléniste, ni d'un historien. Jean-Pierre Vernant est communiste. C'est là que commencent les ambiguïtés de la vertu. Il est communiste et le restera longtemps par goût de la fraternité. Pourquoi suis-je resté au Parti après en avoir renié la doctrine ? Simplement, répond-il, parce que c'est là que se trouvaient les *camarades*, c'est-à-dire les compagnons de Résistance. Il veut continuer à partager le pain avec ceux dont il ne partage plus les idées. C'est une première définition possible de l'amitié. C'est cependant une autre guerre qui va le lier intensément à un jeune ami, Pierre Vidal-Naquet.

En 1950, ce dernier, qui n'a que vingt ans, a vécu dans sa famille les horreurs de l'Occupation qui se termineront par le martyre des parents. Personne n'est plus enraciné que lui dans la nation française depuis des siècles et des siècles. Les livres qui paraissent à l'époque sur cet enracinement sont stupéfiants. Le patriotisme français de ces juifs en est encore plus naturel et profond que celui déjà immense des intellectuels allemands. Un jour, à la fin des années 50, dans une brasserie très littéraire, La Closerie des Lilas, a lieu une conférence de presse sur l'appel des intellectuels, la torture en Algérie et ce que l'on va appeler l'affaire Audin. C'est le début d'une inaltérable amitié. L'implacable procureur Pierre Vidal-Naquet, si indispensable dans la lutte contre le négationnisme et contre la guerre coloniale, manifeste une tendresse vigilante et remplie de gratitude à l'égard de son glorieux aîné. Mais restons dans *La Traversée des frontières*. Vernant reviendra sans cesse sur l'opposition entre Achille et Ulysse, entre le héros flamboyant et l'aventurier obstiné. La jeunesse d'Achille est irremplaçable, irremplacée. Il n'est pas victime de la mort, il tue la vieillesse. C'est le contraire du Thomas Mann de *La Mort à Venise* et surtout du Proust du *Temps retrouvé.* L'un et l'autre n'arrivent pas à en finir avec la vieillesse.

Après avoir écrit ce texte, j'ai reçu de Jean-Pierre Vernant, disparu depuis janvier 2007, la lettre suivante :

Cher Jean Daniel,

Quand je reçois au courrier Le Nouvel Observateur, *je commence par lire votre texte et, comme je vous l'ai dit, je m'étonne – je m'émerveille – de me trouver d'accord avec vous, non seulement pour le détail des analyses mais pour l'orientation essentielle. Dans le dernier numéro, je ne sais pourquoi, je n'ai pas été au-delà de vos pages (peut-être le téléphone qui n'arrête pas de sonner). Et c'est hier seulement que, à l'invitation de mon gendre qui avait, lui, mené la lecture à son terme, j'ai découvert Jean Daniel rendant compte de mon dernier bouquin. Un auteur est toujours ému qu'on parle de lui surtout quand la plume est tenue par quelqu'un qui n'a pas l'habitude de parler pour ne rien dire. Mais ce n'est pas cela que j'ai ressenti. Dans le tableau que vous avez brossé, ce qui m'a frappé et ému profondément, c'est que j'y ai perçu comme un témoignage aussi sur vous-même, comme si me regardant au miroir que vous m'avez tendu je vous y avais découvert présent à côté de moi, chacun lié à l'autre par ce qu'ils ont de commun et de différent.*

Cher Jean Daniel, merci pour ce texte, et pour tous les autres, et pour être ce que vous êtes. Je vous embrasse affectueusement.

J.-P. Vernant.
Janvier 2005

André Belamich et Marcel Domerc :
reconnaissance de dette

Mona Ozouf le sait comme moi, et Jacques Ozouf
l'a raconté comme personne : à l'école « laïque,
républicaine et obligatoire » il y a toujours un instituteur qui « distingue » un élève. Il le distingue, il lui
accorde une distinction en l'isolant de ses camarades,
en lui accordant des entretiens particuliers, en allant
voir ses parents pour que surtout « l'élève doué » ne
soit pas découragé dans son désir de continuer ses
études. Cela a d'ailleurs été le cas pour Giono et
Guilloux. Cela a été le cas pour Camus, qui a dédié à
son premier instituteur son prix Nobel. Pour moi, et
disons à un autre niveau, ce fut un peu différent.
D'abord, je n'étais plus à l'école mais au Collège
colonial. Et puis, j'étais en troisième. La différence
d'âge avec ce jeune stagiaire qui nous servait de professeur de lettres n'était pas très grande. Donc il m'a
distingué et c'est après la classe, chez lui et avec lui,
dans sa modeste villa, que j'ai partagé mes premières
émotions littéraires et musicales

Il est temps que je dise de qui il s'agit. D'un homme jeune, presque un jeune homme, nommé André Belamich, né à Oran, qui a fait partie de la khâgne de Camus au lycée d'Alger. A cette époque, il aime Mozart, Claudel et García Lorca. Il se découvre une passion pour la traduction. Il n'a pas d'argent. Il n'en aura pratiquement jamais. Il n'a encore qu'une licence de lettres. On lui propose un remplacement de trois mois dans un collège, à Blida, où je me trouve.

Je le revois, le front fuyant sous des cheveux bouclés, les yeux verts derrière des lunettes mobiles exprimant sa gêne d'exercer la moindre autorité. « Quoi qu'il arrive, je ne punirai personne », dit-il. Dans une classe de chahuteurs, je le protège. Il fait de moi un ami. Il me lit les *Cinq Grandes Odes* de Claudel et récite des poèmes de Lorca traduits en français, le *Romancero gitano*. Il apprend l'espagnol pour le lire dans le texte. Il lui arrive un jour ce qu'il n'aurait jamais osé espérer. On lui demande de traduire Lorca. Or non seulement on lui demande mais c'est Camus qui le fait. Et non seulement c'est Camus mais c'est pour une publication dans la prestigieuse collection de la Pléiade chez Gallimard. Il se tue au travail. Il est au comble du bonheur. Il transforme l'image de Lorca en France.

J'ai rarement connu un homme à qui les chefs-d'œuvre de la création procuraient tant de bonheur en même temps que tant d'humilité. Il m'a fait participer à toutes ses découvertes : aucune n'était banale. Il avait une indulgence incroyablement attentive pour tout ce que je pouvais écrire. A Alger, il y a très longtemps, si longtemps, nous avions formé un petit groupe avec Pierre Lemoine, conservateur en chef du musée de Versailles, ainsi qu'avec mon cher Norbert Bensaïd. C'est une voix protectrice, une encore, que je n'entendrai plus. Avant de partir, il m'a adjuré de lire, effaré que je ne l'eusse encore fait, Nicolas Bouvier. Il m'a exhorté aussi à ne pas mépriser certaines émissions de télévision. Pour meubler ce qui lui restait de vie, disait-il, il avait Odyssée, Planète, Arte et Mezzo. J'ai écouté ses conseils, retrouvant ainsi toutes les raisons qui m'ont fait aimer cet homme, disparu dans la solitude et la maladie, à Villefranche-sur-Mer, le 19 octobre 2006.

Trois ans après avoir été l'élève d'André Belamich, je devais être, année mémorable, celui de Marcel Domerc, mon professeur de première, dans ce même collège de la même ville d'Algérie. J'avais acquis une somme plutôt imposante de connaissances littéraires et mes lectures étaient souvent présentes, trop peut-être, dans ma conversation. Marcel Domerc m'empêcha de devenir cuistre. Un grand professeur dans ce petit collège de sous-préfecture. Un homme qui correspondait, point pour point, à tout ce que les lycéens réclament depuis Mai 68. Dans cette classe sans discipline, nous ne parlions en fait que de l'actualité. Pour comprendre le fascisme et la violence, Domerc nous initiait à Georges Sorel. Pour juger la guerre, il nous lisait Giraudoux. Quand nous avions à commenter Rousseau, dans ce jardin Bizot où il prenait la scandaleuse initiative de nous conduire, il découvrait avec nous le dernier livre de Giono. Grand, sec, noueux, nerveux, passionné, il donnait à tous les sujets une dimension théâtrale et pathétique. Il provoquait des rapports passionnels. Il nous traitait en adultes et, avec lui, nous le devenions. Nous étions séduits comme nous l'aurions été par le plus brillant de nos amis. Dans la classe de Domerc, nous devenions les acteurs d'une pièce épique dont il était le discret mais irremplaçable metteur en scène. Certains – je suis du nombre – n'ont cessé d'avoir avec lui des rapports chaleureux.

Il avait, lui, le culte de la clarté. Il nous montrait qu'elle n'était jamais appauvrissante. Il nous lisait des passages de Dostoïevski et de Kafka pour établir que l'on pouvait être génial et limpide. Le souci de Voltaire de se faire comprendre par le grand nombre était pour Domerc le plus noble. Il avait l'horreur du jargon et le mépris de ceux qui finalement n'arrivaient à écrire que pour leurs pairs. Dans son esprit, il s'agissait surtout, je crois, des universitaires. L'important, disait-il, est de transmettre le plus fidèlement et le plus simplement possible ; communiquer, disait-il, ne se doutant pas qu'il faisait ainsi la philosophie de tout enseignement mais aussi de tout journalisme, c'est avant tout se soucier de comprendre et de se faire comprendre. J'ai eu ainsi l'impression d'avoir été éveillé par André Belamich et formé par Marcel Domerc. J'ai souvent écrit à ce dernier qu'à certains moments il me semblait tout lui devoir. Lui protestait sincèrement qu'il n'en était rien, que ma notoriété était indépendante de ce que j'appelais pompeusement son « message ». Mais comme une personnalité plus célèbre, et qui est citée dans ce livre, il ne dissimulait pas qu'il aurait voulu que je consacre plus de temps à ce qu'il appelait, improprement lui aussi, mon « œuvre ».

Je ne peux pas finir sans rappeler qu'au collège de ce petit bourg algérien qu'était alors Blida, il avait eu dans ses classes tous ceux qui devaient devenir les leaders de la révolution algérienne, et qu'il était littéralement adoré d'eux : Ben Kedda, Saad Dahlad, Mohammed Yazid, Benteftifa, etc. Il voulait leur apprendre les leçons de la Révolution française. Mais sans s'en douter, il les préparait à l'avenir du nationalisme algérien. Le destin d'un Marcel Domerc a servi à montrer à tous ses disciples qu'il y avait une manière de s'émanciper de la France colonialiste tout en retenant ce qu'elle avait de meilleur dans la prophétie révolutionnaire. C'est ce que le grand historien Charles-André Julien, né lui aussi en Algérie, devait finalement conceptualiser : tous les colonialismes ne se ressemblent pas, tous les colonisés non plus, tous les colonialistes ne sont pas forcément des bourreaux, tous les colonisés ne sont pas forcément des victimes. Le péché de la colonisation peut être un jour effacé. Oui, j'ai souvent cité l'exemple de Domerc contre toutes les thèses de la pensée correcte, unique et bien-pensante sur l'essence immuable du fait colonial. Il fallait simplement l'avoir vécu. C'est à lui que je pense aujourd'hui, en janvier 2009, lorsque j'assiste, ébloui et désarmé, au conte de fées que constitue le parcours de Barack Obama. Le péché que l'on commettait en refusant à un petit étudiant noir de déjeuner dans un restaurant tenu par des Blancs a été effacé lorsque le même étudiant est devenu tout simplement le président du pays le plus puissant du monde. J'aurais bien voulu communier avec Marcel Domerc dans cet enivrement historique et dans le succès de nos idées.

Épilogue

Je relis tous ces textes en éprouvant un irrépressible sentiment d'inachevé. Les absents sont nombreux : comment aurait-il pu en être autrement ? Mais ne pas dire ma dette envers Stendhal, ne pas trouver le moyen de l'évoquer, fût-ce par le truchement de mes divers hommages, me blesse soudain comme une ingratitude. A vrai dire, c'est surtout autre chose qui me tourmente et par quoi je veux finir ici ce livre consacré aux grandes ombres familières. Je veux parler de la musique, encore de la musique, toujours de la musique. J'ai toujours redouté que, me rendant quelque part, je ne puisse trouver sur place l'occasion d'un moment musical quel qu'il soit. Parmi tous les monstres que la technologie a inventés et qui peu à peu m'excluent de mon siècle, il en est un que j'ai apprivoisé, c'est l'I-pod.

J'ai parlé au début de ce livre d'un ami d'enfance qui avait pour nom Jean Bonneterre. Son milieu social d'origine était supérieur au mien mais c'était chez lui que j'allais parce que sa famille était soit mélomane soit musicienne et que ma sœur Mathilde entendait surveiller mes fréquentations avec une exigence qui frôlait le snobisme. C'était l'époque où l'on découvrait les grandes chanteuses noires, de Billie Holiday à Ella Fitzgerald, et Mahalia Jackson lorsqu'elle chantait « In the upper room », l'époque de Duke Ellington et, bien sûr, de Louis Armstrong. J'ai toujours dans les oreilles un air, « Nobody knows the trouble I feel, nobody knows but Jesus ». Oublier Ray Charles ? Quelle injustice ! Mais j'ai le souvenir de conversations. Ma sœur, s'adressant à l'un des Bonneterre, lui disait qu'il n'y avait rien au-dessus de Stravinski et de Ravel, et nous faisait écouter *l'Oiseau de feu* et la *Pavane pour une infante défunte*. Pour moi, j'y ajouterai plus tard la *Symphonie concertante pour violon et alto* de Mozart. Je lui suis resté fidèle. J'ai eu la tentation insensée de lui consacrer quelques pages. Ce n'est pas seulement mon incompétence qui m'en a détourné (je ne sais pas déchiffrer une partition), c'est le fait de l'avoir réentendue au point de comprendre que plus je l'aimais, plus elle m'intimidait. Souvent, par la suite, j'ai eu recours à tous ces airs que j'invoque ici pour enrichir mes nostalgies.

Je n'ai pas évoqué Mathilde par hasard. Je l'ai accompagnée jusqu'au bout de son chemin. Dans les derniers moments, elle ne s'exprimait plus qu'avec des mots associés aux principales étapes de sa vie. Et, à la toute fin, elle m'a serré un peu plus la main – du moins en ai-je eu l'impression – et a trouvé la force imprévisible de murmurer : « Je t'ai un jour dit qu'au-dessus de tout, il y avait l'amour. En fait, pour moi, même au-dessus de l'amour, il y aura eu la musique… »

Remerciements

La construction de ce livre n'aurait pas été possible sans les compétences allègrement dispensées de Bérénice Levet. Je tiens à lui dire ici ma gratitude. Comme je n'aurai garde d'oublier les lectures toujours aussi pertinentes et aussi vigilantes de mes amis Josette Alia et Serge Lafaurie. Et je témoigne de même ma reconnaissance à Véronique Cassarin-Grand.

TABLE

DU MÊME AUTEUR *(suite)*

COLLABORATION À DES ŒUVRES COLLECTIVES

CAMUS, Hachette.
MAURIAC, Hachette.
CLAVEL, Laffont.
LE COMPLEXE DE LÉONARD, Julliard.
LE TIERS-MONDE ET LA GAUCHE, Seuil.
LE CITOYEN MENDÈS FRANCE, Seuil.
FRANÇOIS MAURIAC, UN JOURNALISTE ENGAGÉ, Editions Confluences, 2007.
LE SIÈCLE DE GERMAINE TILLION, Seuil, 2007.

PRÉFACES

LA SUITE APPARTIENT À D'AUTRES, Maurice Clavel, Stock, 1979.
« LE NOUVEL OBSERVATEUR », *témoin de l'histoire*, textes réunis et présentés par Nicole Muchnik, Belfond, 1981.
LES MOTS ET LES CHOSES, Michel Foucault, France Loisirs, 1990.
CHRONIQUES POUR LA MUSIQUE D'AUJOURD'HUI, Maurice Fleuret, Coutaz, 1992.
UN MÉDECIN DANS SON TEMPS, Norbert Bensaïd, Seuil, 1995.
QUARANTE ANS DE PHOTOGRAPHIE EN CHINE, Marc Riboud, Nathan, 1996.
L'OCCIDENT EN QUÊTE DE SENS, textes réunis par Catherine Davis et Jean-Philippe de Tonnac, Maisonneuve & Larose, 2000.
PARIS ANNÉES 1950, *Stanley Karnow*, Exils, 1999.
RELIGIONS ET PHILOSOPHIE, *anthologie des textes réunis et présentés par Pierre Quillet*, Maisonneuve & Larose, 2000.
LE BONHEUR, *anthologie de textes philosophiques et littéraires, textes réunis et présentés par Luc Prioret*, Maisonneuve & Larose, 2000.
L'EXPRESSION THÉÂTRALE, *1944-1991*, Guy Dumur, Gallimard, 2001.
CES COMÉDIENS QUI NOUS GOUVERNENT, Arthur Miller, Saint-Simon, 2002.
JEAN SÉNAC, *l'Algérien*, Emile Temime et Nicole Tucceli, Autrement, 2003.
LES ENNEMIS COMPLÉMENTAIRES : GUERRE D'ALGÉRIE, Germaine Tillion, Tirésias, 2005.
L'ALGÉRIE VUE DU CIEL, Yann Arthus-Bertrand, La Martinière, 2005.
CHOISIR, Pierre Mendès France, Fayard, 2007.
CARNETS D'ORIENT, Jacques Ferrandez, Casterman, 2008.
L'ALGÉRIE ALGÉRIENNE, *Fin d'un empire, naissance d'une nation*, Jean Lacouture, Gallimard, 2008.

OUVRAGES SUR JEAN DANIEL

POUR JEAN DANIEL, *ouvrage d'hommage*, a été publié en 1990 en tirage restreint et est aujourd'hui épuisé.
JEAN DANIEL, *observateur du siècle*, Recueil des témoignages de la journée d'hommage organisée par la Bibliothèque nationale de France le 24 avril 2003, Editions Saint-Simon, 2003.
JEAN DANIEL, 50 ANS DE JOURNALISME. *De « L'Express » au « Nouvel Observateur »*, Corine Renou-Nativel, Editions du Rocher, 2005.